Galileu Galilei

Atle Naess

Galileu Galilei

Um revolucionário e seu tempo

Tradução:
George Schlesinger

ZAHAR

Este livro sobre um homem que rejeitou antigas verdades em sua busca por um conhecimento novo é dedicado às duas pessoas mais inquisitivas que conheço: minhas filhas, Åshild e Unn Gyda.

Grafia atualizada segundo o Acordo Ortográfico da Língua Portuguesa de 1990, que entrou em vigor no Brasil em 2009.

Tradução autorizada, mediante acordo com Gyldendal Norsk Forlag AS e Vikings of Brazil Agência Literária e de Tradução Ltda., da primeira edição americana, publicada em 2005 por Springer Nova York, parte de Springer Science+Business Media, de Berlim, Alemanha

Esta edição foi publicada com apoio financeiro de NORLA

Título original
Da jorden stod stille (Galileo Galilei og hans tid)

Capa
Elmo Rosa

Imagem da capa
Justus Sustermans, *Retrato de Galileu Galilei*, 1636

Preparação
Diogo Henriques

Revisão
Eduardo Monteiro
Eduardo Farias

Indexação
Nelly Praça

CIP-Brasil. Catalogação na fonte
Sindicato Nacional dos Editores de Livros, RJ

Naess, Atle
N136g Galileu Galilei: um revolucionário e seu tempo / Atle Naess; tradução George Schlesinger. – 1ª ed. – Rio de Janeiro: Zahar, 2015.

Tradução de: Galileo Galilei: when the world stood still
Apêndice
Inclui índice
ISBN 978-85-378-1390-4

1. Galileu, 1564-1642. 2. Cientistas – Itália – Biografia. 3. Astronomia. I. Schlesinger, George. II. Título.

14-16707 CDD: 923.2
CDU: 929:32

EDITORA SCHWARCZ S.A.
Praça Floriano, 19, sala 3001 – Cinelândia
20031-050 – Rio de Janeiro – RJ
Telefone: (21) 3993-7510
www.companhiadasletras.com.br
www.blogdacompanhia.com.br
facebook.com/editorazahar
instagram.com/editorazahar
twitter.com/editorazahar

Sumário

Prólogo: Uma viagem a Roma

Quando Gustavo Adolfo, o "Leão do Norte", tombou na batalha de Lucena no outono de 1632, essa guerra cruel ao norte dos Alpes já vinha sendo furiosamente travada havia catorze anos. Por toda a Europa católica foram rezadas missas de graças. Quando a notícia da morte do rei sueco chegou a Roma, Sua Santidade o papa Urbano VIII ordenou a realização de um te-déum na Capela Sistina, e ele próprio cantou os versículos.

Em sua maior parte, os habitantes dos estados italianos também deram graças a Deus, felizes por terem evitado a guerra em si e os grandes e destrutivos bandos de soldados que saqueavam e impunham fome a regiões inteiras. Mas isto não queria dizer que os italianos haviam sido poupados de todo tipo de infortúnios. A sinistra meia-irmã da guerra, a peste, assolava a península.

O grão-ducado da Toscana e sua capital, Florença, foram severamente afetados. Todo mundo conhecia os sintomas: os infectados eram acometidos de fraqueza e após algumas horas surgiam ínguas negras na virilha e nas axilas. As ínguas eram um sinal de certeza. Todos sabiam o que aconteceria então. Os enfermos e seus parentes podiam fazer pouco mais que esperar. E não precisavam esperar muito. Em pouco tempo, manchas escuras apareciam por todo o corpo, seguidas de febre alta, surtos de vômito com sangue e uma morte rápida e certa.

Na pequena aldeia de Arcetri, numa encosta coberta de árvores logo ao sul de Florença, um velho estava sentado redigindo seu testamento. Precisava fazer uma viagem a Roma e queria estar preparado para qualquer eventualidade. Se a peste não o atacasse no caminho, o esforço da viagem poderia acabar com ele; além disso, estivera doente quase todo o outono, com tonturas, dores de barriga e uma hérnia séria. E mesmo se sobrevivesse a essas dificuldades, e o vento frio de inverno dos Apeninos não lhe desse uma pneumonia, não tinha ideia do que o esperava em Roma, sabia apenas que era improvável que sua chegada fosse celebrada com uma missa especial.

Ele tentara cancelar a viagem durante todo o outono anterior, alegando estar idoso e frágil. Não tinha feito a menor diferença; se muito, havia irritado ainda mais seus poderosos inimigos. A última intimação que recebera fora bem clara: se não viesse imediatamente por sua própria vontade, seria preso, acorrentado e levado, apesar da idade avançada e de sua alta posição.

Percorreu a curta distância através dos campos de trigo e vinhedos desfolhados para visitar suas duas filhas. Ambas eram freiras no convento de San Matteo, casadas somente com Cristo. Ele contribuíra pessoalmente para isso. Apenas alguns anos antes se mudara para a quinta em Arcetri para estar mais perto delas. Agora não tinha certeza se algum dia as veria de novo. Mas sabia que elas rezariam por ele, e que suas preces poderiam ser necessárias.

Em seguida, enviou uma notificação ao seu único filho homem e seus dois netos pequenos, ambos meninos, despedindo-se deles. O menino mais velho acabara de completar três anos e fora batizado com seu nome. O testamento que acabara de fazer nomeava seu filho como único herdeiro.

O patrão e protetor do velho era o jovial grão-duque da Toscana. Embora o nome Médici ainda impusesse algum respeito, o governante de 22 anos nada pôde fazer para impedir seu idoso matemático e filósofo de empreender essa humilhante e perigosa travessia. Mas forneceu os meios mais confortáveis de viagem que tinha a seu dispor, uma cômoda carruagem pertencente ao grão-ducado. A viagem ainda assim levaria pelo menos quinze dias, mas aliviaria um pouco o esforço para o velho homem.

Em 20 de janeiro de 1633, ele partiu de Florença rumo ao sul. Após um par de dias viajando pela região de Chianti, chegou a Siena, onde passara um inverno durante a juventude, quase meio século antes. Agora vento e neve sopravam através da praça da cidade, toda de tijolos vermelhos, em forma de anfiteatro. Ele não tinha tempo para reviver velhas memórias. Prosseguiu lentamente para o sul através das grandes florestas de nogueiras nas encostas do monte Amiata, a montanha que forma um cone quase perfeito erguendo-se de forma íngreme acima dos baixos morros arborizados que a cercam.

Quando chegou a Ponte a Centina, perto da pequena cidade fronteiriça de Acquapendente, foi recebido por uma desagradável surpresa. Devido à peste, ninguém tinha permissão de entrar nos Estados papais sem uma quarentena de catorze dias. As acomodações para dormir eram deploráveis e foi difícil comprar comida. Ele acabou conseguindo pão e vinho, e ocasionalmente alguns ovos. Suas ordens haviam sido vir a Roma o mais depressa possível, e o velho acreditava ter recebido uma isenção da quarentena. Mas os guardas da fronteira tinham suas ordens: nenhuma exceção independentemente da incumbência.

Finalmente pôde seguir adiante, passando pelo lago Bolsena e descendo por Viterbo até chegar à Via Cassia, uma das muitas estradas que irradiavam da antiga cidade de Roma. Esta rapidamente o conduziu para dentro da cidade.

Chegou a Roma em 13 de fevereiro. Era o primeiro domingo da quaresma e dois dias antes do seu 69º aniversário. Aqui, aguardava-o um pequeno conforto: seria hóspede do embaixador do grão-duque até seu caso ser apresentado.

A impressionante mansão nas encostas do monte Pincio invocou memórias de visitas mais felizes a Roma, quando seu nome estava nos lábios de todo mundo na cidade e as pessoas – professores, cardeais, nobres, até mesmo Sua Santidade – queriam ouvir suas teorias e descobertas. Agora a embaixada tornara-se uma prisão benigna. Mas ao menos por enquanto estava sendo poupado de um encarceramento real. Isto lhe deu a débil esperança de que tudo ainda poderia ser resolvido de forma amigável.

A esperança crescia à medida que se passava uma semana após outra, e o embaixador parecia trabalhar com afinco em seu favor. Chegou a primavera, ele podia sentar-se no grande parque que cercava a mansão e apreciar a vista do alto até a cidade de São Pedro, do outro lado do Tibre, admirando o domo que seu grande compatriota toscano Michelangelo havia construído. Mas o reumatismo o atormentava, e as notícias de sua família em Florença eram preocupantes: a peste havia voltado a irromper. Os florentinos ouviam o soar constante das sinetas na escuridão da noite, anunciando que os carregadores de cadáveres estavam trabalhando.

Na realidade, o embaixador pouco conseguiu com suas averiguações além de ganhar tempo. Mas não revelou nada disso para poupar o máximo possível de ansiedade ao velho homem. Finalmente, em 9 de abril, chegou intimação: o matemático e filósofo do grão-duque, *signor* Galileu Galilei, deveria apresentar-se perante o Santo Ofício, também conhecido como Inquisição, em três dias. Ali seria interrogado e encarcerado por um período indefinido, até que fosse emitido julgamento no caso contra ele.

O filho do músico

O CAMPANÁRIO ISOLADO da Catedral de Pisa pendia perigosamente para o sul. Era uma aparência peculiar, mas o fenômeno não atraía atenção fora da própria cidade. Os toscanos estavam acostumados a torres ostentosas tanto em edifícios privados como públicos, e era fato aceito que, de vez em quando, uma ou outra dessas torres podia se espatifar no chão.

A torre incorporava dois dos traços característicos dos toscanos: primeiro, sua intensa necessidade de chamar a atenção para si mesmos – colocar-se acima dos outros literalmente. Em segundo lugar, a quase miraculosa combinação de perícia, conhecimento técnico e talento artístico, que fizeram da Toscana, e em particular de sua capital, Florença, o centro indiscutível de arquitetura, escultura e pintura do mundo ocidental durante uma época que um futuro admirador viria a batizar de Renascença.

Essa época de ouro estava definitivamente em declínio no ano de 1564.

Cosme I de Médici era duque da Toscana. Os Médici haviam sido originalmente médicos, mas depois voltaram-se para os negócios e a atividade bancária. Por mais de um século a família dominara Florença com seu poder e riqueza. Mas novos tempos tinham chegado à Europa, uma era de monarquia absoluta, e o poder precisava ser legitimado com base na linhagem de nobreza e no direito divino do governante. Cosme adquirira um título de duque e se estabelecera como governante absoluto. Mudara-se do Palazzo Vecchio, no antigo e vibrante centro da cidade, do outro lado do rio Arno, para o enorme e isolado Palazzo Pitti. Ali, a régia distância da vida banal da cidade, o duque e sua corte viviam com uma pompa de causar inveja a vários reis da Europa.

O músico Vincenzo Galilei tinha a mesma idade de Cosme de Médici. Também provinha de uma velha família florentina com um ancestral médico. Aí cessava abruptamente qualquer semelhança com os Médici. Riqueza e poder haviam escapado por completo da família Galilei.

Para Vincenzo, a corte do duque era um local de trabalho, uma arena na qual podia tocar alaúde e viola de gamba. Mas ele não conseguia ter serviço suficiente, nem ali nem em Florença como um todo. As coisas ficaram ainda mais difíceis quando ele se casou com Giulia, uma mulher vinte anos mais nova. Sua família era de Pisa, e Vincenzo sentiu-se obrigado a se mudar para lá. Não foi uma decisão fácil para um florentino patriota. Mas o custo de vida em Pisa era mais baixo, um músico tinha menos concorrência e, acima de tudo, sua esposa tinha família na cidade – uma gente prática, trabalhadora, que vivia do comércio de lã e podia, vez por outra, dar algum trabalho a um parente pobre.

A relação entre Florença e Pisa nunca fora muito cordial. Em sua *Divina comédia*, o maior filho de Florença, Dante Alighieri, retrata Pisa como um berço de traição e coloca alguns eminentes nativos de Pisa nas profundezas mais profundas do Inferno. Mas as duas cidades não eram mais rivais de igual categoria. Da sua posição de uma das mais ricas e poderosas cidades da Europa, Pisa degenerara numa sonolenta cidade provinciana toscana, firmemente regida a partir de Florença.

Vincenzo casara-se para manter a continuidade da família Galilei: sua Giulia estava grávida. Em 15 de fevereiro de 1564, o filho primogênito do casal nasceu numa casa alugada perto da igreja de Sant'Andrea, a meio caminho entre a universidade e o palácio local dos Médici. Seguindo uma tradição toscana relativamente comum, o menino recebeu como nome de batismo a forma singular do nome de família: Galileo [Galileu]. Ele ganhou o nome do fundador original da linhagem no século XV, o médico que estava agora enterrado num lugar que não era nada menos que a igreja de Santa Croce.

Vincenzo Galilei não era somente um músico habilidoso e reconhecido compositor. Era um homem culto. O que mais o interessava era a teoria da música. Ele estudara com conhecidos humanistas em Veneza e Roma e estava envolvido com a escrita de uma grande tese na qual tentava ambiciosamente reviver a música contemporânea retornando aos princípios da antiguidade.

O jovem Galileu não foi filho único. Sua mãe Giulia deu à luz mais seis filhos em rápida sucessão, mas apenas um irmão e duas irmãs sobreviveram até a idade adulta. Vincenzo logo percebeu que o filho mais velho era extraordinariamente talentoso e merecedor de atenção especial. Ele ensinou Galileu a tocar alaúde, e o menino logo se tornou um músico de qualidade.

O garoto também aprendeu duas outras coisas da dedicação especial do pai em educá-lo. A primeira foi que ninguém jamais deveria se contentar com a sabedoria aceita, mesmo que viesse das fontes de maior autoridade, e sim combinar reflexões teóricas com experimentos práticos e chegar a suas próprias conclusões.

A segunda coisa aprendida foi que tal trabalho pioneiro era, com frequência, literalmente desvalorizado. Vincenzo vivia lutando para prover a si mesmo e sua família. Em 1572, mudou-se de volta para Florença sozinho. Cosme acabara de ser elevado a grão-duque, e as comemorações ofereceram oportunidade para um bom músico brilhar na corte. Mas Giulia e as crianças tiveram de permanecer com sua família em Pisa, e é tentador imaginar o jovem Galileu ouvindo os parentes de sua mãe fazendo comentários sobre quem precisava sustentá-lo, junto com seu irmão e suas irmãs.

Em 1574, o grão-duque Cosme morreu. Era um tirano temperamental que certa vez matara um servo porque este havia dito ao filho de Cosme que o pai estava considerando se casar novamente; mas era também um patrono generoso e um governante empreendedor, que trouxera prosperidade para o seu grão-ducado na Itália central. A maioria dos toscanos não alimentava grandes expectativas em relação ao filho do soberano, Francisco, e seus piores temores se concretizaram. A esposa de Francisco morreu em circunstâncias misteriosas, e após sua morte ele celebrou um extravagante matrimônio com sua infame amante, Bianca. Pior ainda foi o fato de o novo grão-duque ter protegido o irmão mais novo, Pietro, que estrangulara a esposa num ataque de ciúmes.

Era nessa corte que Vincenzo deveria ganhar a vida, em sua maior parte. A mudança de grão-duque não o assustou, pois trouxe Giulia e seus filhos para morar com ele em Florença. A família se estabeleceu perto de uma das pontes sobre o rio Arno, a Ponte delle Grazie. Era um lugar prático para se morar. O Palazzo Pitti do grão-duque ficava nas proximidades.

O menino Galileu, de dez anos, viera para casa. Sua família pertencia a Florença. Ele sempre se considerou florentino. Mas seu pai não estava satisfeito com a educação que o menino podia receber na cidade de seus antepassados. No ano seguinte mandou Galileu para um remoto mosteiro em Vallombrosa – o vale das sombras –, ao norte de Regello, em Valdarno, cerca de trinta quilômetros a sudeste de Florença.

O contraste com uma cidade como Florença dificilmente poderia ter sido maior. O mosteiro tinha uma localização belíssima, mas era completamente isolado e a uma altitude de mais de mil metros, cercado por uma floresta de árvores frondosas, bem como abetos pesados e escuros com troncos esbranquiçados.

Vincenzo sabia o que estava fazendo. Os monges desse mosteiro pertenciam à tradição intelectual florentina. Era um ambiente inspirador, muito além do padrão geral dos mosteiros. Aqui, o talentoso garoto poderia aprender grego, latim e lógica.

Galileu foi um aluno aplicado, que apreciou minuciosamente a vida nessas redondezas isoladas, espartanas. Mas gostou muito mais do lugar do que o pai esperava. Após dois anos quis entrar para a ordem, e apresentou-se como noviço.

Talvez uma paixão religiosa juvenil tivesse motivado essa decisão, mas Galileu também percebeu que a vida estrita de um monge lhe proporcionava oportunidades de trabalho e estudo, livre dos cuidados materiais que a vida de cidadão trazia. Vincenzo, porém, não teve simpatia pela decisão do primogênito. Em 1579, pegou a estrada montanhosa cheia de curvas até o mosteiro e trouxe de volta para casa o rapaz de quinze anos.

Os motivos do pai podem ter sido evitar que Galileu ficasse preso num local e ambiente que, no longo prazo, jamais poderiam lhe oferecer desafios suficientes. Porém o mais provável era que frios cálculos financeiros estivessem por trás dessa "expedição de resgate". Vincenzo teria de fazer contribuições para os custos correntes do mosteiro se o filho se tornasse monge. *Filhas* podiam ser candidatas plausíveis para a vida monástica. Também precisavam ser subsidiadas, é claro, mas se em vez disso se casassem, o pai tinha de achar um dote, então de qualquer modo as filhas custavam dinheiro. Contudo, um filho como Galileu deveria encontrar um trabalho pago, para que pudesse ajudar nas despesas da família.

Mas que carreira o filho escolheria?

Um jovem toscano de talento

Galileu Galilei era um rapaz pobre com grandes ambições e muitos talentos. Viria a se provar um grande escritor. Era musical como o pai. Sabia desenhar e pintar, e considerou seriamente ganhar a vida como artista – uma carreira tradicionalmente muito prestigiosa em Florença, o melhor lugar para oportunidades de treinamento.

Galileu sabia muito bem como era a vida de artista. Foi mais ou menos nessa época que estabeleceu uma estreita amizade com Lodovico Cardi, conhecido pelo nome de Cigoli, cerca de cinco anos mais velho. Numa idade precoce este talentoso pintor foi comissionado pela família Médici e era considerado um dos melhores entre seus contemporâneos em Florença.

O trabalho do pai e seu próprio ambiente inclinaram Galileu mais para a arte do que para a ciência. Mas na esteira da Renascença a linha divisória entre essas duas áreas não era definida com muita clareza. A teoria musical de Vincenzo fazia uso de matemática e física – de fato, no âmbito do ensino, a música era considerada uma das matérias do quadrivium, junto com aritmética, geometria e astronomia. (As disciplinas linguísticas – o trivium – eram gramática, retórica e lógica.) A pintura era vista como relacionada de perto com a geometria, principalmente por causa da teoria da perspectiva. Era tido como óbvio que pintores tinham de estudar anatomia. O jovem Cigoli era tão afiado em dissecções que contraiu uma doença grave e duradoura devido à superexposição a cadáveres!

Vincenzo, porém, não era um entusiasta das pretensões artísticas do filho. Sabia muito bem que tipo de existência uma vida daquelas tinha a oferecer. A pintura era algo no mínimo tão inseguro quanto a música. Ele tinha uma ideia melhor. Galileu deveria estudar medicina e tornar-se um médico próspero, como seu ancestral. Bom filho que era, Galileu deixou de lado suas ambições de pintura e obedeceu aos desejos do pai.

Medicina estava longe de ser uma escolha de carreira pobre para um rapaz ambicioso. A disciplina era particularmente prestigiosa na Itália, ao passo que na maioria dos outros países europeus a teologia ainda dominava as universidades. Era uma educação abrangente. Naqueles tempos, as fronteiras entre as matérias não eram bem-definidas – é questionável se chegavam a existir "disciplinas" no sentido moderno. Filosofia natural, lógica e matemática eram "matérias médicas", bem como a recentemente desenvolvida anatomia, com suas espetaculares dissecções. Matemática e astronomia eram importantes para os médicos principalmente porque eles tinham de ser capazes de elaborar horóscopos acurados de seus pacientes. Em seu arsenal tinham pouco mais que isso para combater doenças sérias.

Em 1581, Galileu retornou à sua cidade natal, Pisa, como um estudante de dezessete anos. Tinha vindo para as províncias. O ponto central da cidade, a Piazza dei Cavalieri, não podia se comparar nem em tamanho nem em animação com a Piazza Signoria em Florença, ainda que seu belo palácio exibisse belos afrescos externos de autoria do pintor da corte de Cosme, Vasari. De maneira similar, a vida intelectual da Universidade de Pisa não era nada semelhante aos centros como Bolonha ou Pádua. Era um estabelecimento de ensino sem chancela internacional, onde o professor médio estava tão interessado em seu status social quanto em realizações acadêmicas.

Galileu começou a frequentar as aulas relevantes para medicina, e não demorou muito para que ficasse visível que ele não era um aluno comum. Não se contentava em repetir a interpretação dogmática dos professores das verdades aceitas.

Diz-se que a primeira descoberta científica de Galileu foi feita na Catedral de Pisa durante a missa. Do seu banco na igreja, ele notou um lustre que balançava de um lado para outro, e percebeu que o tempo que essas pequenas oscilações duravam era constante e não tinha relação com a distância que a lâmpada oscilava.

Essa observação levaria, muitos anos depois, à construção do relógio de pêndulo e a uma desconhecida, até aquele momento, precisão na medição do tempo. Mas num primeiro instante o jovem estudante de medicina e alguns amigos fizeram um invento mais simples, chamado *pulsilogium*. A medição do pulso era uma importante ferramenta de diagnóstico para os médicos daquela época. Galileu construiu um pêndulo, cujo comprimento podia ser ajustado de maneira tal que oscilasse junto com o pulso do paciente. Agora o médico podia ler um diagnóstico diretamente do comprimento do pêndulo!

Em 1583, como de hábito, o grão-duque Francisco veio a Pisa, onde sua corte passava o tempo entre o Natal e a Páscoa. A família Médici possuía um palácio na cidade havia muitos anos, e Francisco começou a construir um palácio novo e maior, num distrito melhor, junto ao rio Arno. Desse modo, poderia adicionar brilho à cidade e lembrar aos habitantes de Pisa quem detinha o poder na Toscana.

O séquito do grão-duque continha um matemático e engenheiro militar chamado Ostilio Ricci. Ele entrou em contato com Galileu e descobriu que o jovem estudante era interessado em matemática.

O ensino de matemática na universidade era extremamente pobre. A matéria tinha um status inferior se comparada à filosofia natural geral. Ricci abriu um mundo novo para o jovem estudante, o mundo da álgebra e da geometria. Fez Galileu familiarizar-se com os trabalhos de um veneziano chamado Niccolò Tartaglia, que provavelmente fora professor do próprio Ricci e era visto como o maior matemático italiano do século XVI.

Tartaglia deixou sua marca na história da matemática. Foi o primeiro a encontrar um método geral para resolver equações cúbicas. Galileu, porém, passou de maneira bem rápida e superficial por essa nova aritmética, ainda que ela sem dúvida tivesse aplicações práticas. Fez precisamente o que seu pai havia feito na esfera musical, voltou-se para a herança da antiguidade. No que dizia respeito à matemática, isto significava a redescoberta de Euclides e Arquimedes. Era essa matemática clássica, tradicional, com sua forte ênfase na geometria, que o fascinava. E foi Ricci quem também abriu seus olhos para este aspecto do trabalho de Tartaglia: Tartaglia na verdade traduzira, comentara e publicara Euclides e Arquimedes em novas edições, tornando-os dessa maneira acessíveis.

Galileu era um estudante impetuoso, que necessitava muito de uma profissão lucrativa. Mas a revelação que a matemática lhe trouxera era mais importante que as exortações do pai ou que um possível futuro como médico. Também pode ter contribuído o fato de Ricci indicar um provável percurso de carreira que satisfaria até mesmo os mais ambiciosos: com os contatos certos e as qualificações necessárias era possível chegar a matemático de um grão-duque – uma posição que oferecia status social e recursos muito além do que um médico, ou um professor, poderia aspirar.

Tal associação com uma corte significava também, é claro, que qualquer queda das graças do nobre seria uma queda duradoura.

Vincenzo provavelmente entendeu o filho. Estava trabalhando duro em sua teoria musical e por fim completou sua grande tese em forma de diálogo (*Diálogo sobre música antiga e moderna*). Argumentava polemicamente com seus adversários profissionais, ao mesmo tempo que desenvolvia sua teoria em novas direções com auxílio de experimentos em acústica pura.

Mas teoria musical não trazia dinheiro. Vincenzo era simplesmente incapaz de sustentar a esposa, três filhos e um estudante. Em 1585, teve de pedir a Galileu para interromper seus estudos em Pisa e voltar para casa em Ponte delle Grazie, sem diploma.

Para Roma e os jesuítas

Galileu lançou-se na matemática com uma energia que mostrava que ele enfim encontrara um chamado, um rumo na vida. Mesmo sem diploma era indubitavelmente um dos maiores conhecedores de matemática na Itália. Mas isso pouco adiantava, a menos que seus talentos fossem reconhecidos. Em casa, em Florença, não havia contexto matemático. Dedicou-se um pouco à tutoria privada e passou um inverno em Siena. Para poder seguir adiante, precisava fazer contatos.

Tendo isso em mente, Galileu partiu em sua primeira viagem a Roma.

A Roma à qual o jovem matemático florentino chegou no outono de 1587 era completamente diferente da cidade renascentista onde Rafael e Michelangelo haviam sido heróis mais cedo naquele século. Nesse ínterim acontecera muita coisa, cuja essência pode ser resumida em duas palavras: Reforma e Contrarreforma.

O papado havia fortalecido seu controle sobre a Igreja. A Reforma de Lutero no norte da Europa foi uma onda de choque sísmica que exigiu um novo rumo. O Concílio de Trento (1545-63) traçou os dogmas básicos da fé católica e livrou-se de alguns dos defeitos que Lutero apontara. Foi o início de uma luta para recuperar sua posição perdida – a Contrarreforma.

O Concílio de Trento acentuou as cisões dentro da Europa ao definir o alicerce ideológico da Igreja católica: monopólio absoluto do ensinamento e interpretação cristãos. Tão importante quanto a ideologia foi a criação de dois órgãos executivos para realizar a Contrarreforma: a ordem dos jesuítas (1540) e a reorganização do aparato de fiscalização eclesiástica na área da fé, a Inquisição romana (1542). Ao mesmo tempo, os papas começaram a se enxergar cada vez mais como regentes absolutos; não apenas meros líderes espirituais, mas também príncipes dos Estados papais, exatamente como os outros soberanos na Europa autocrática.

Quando Galileu chegou a Roma, viu-se em meio a uma enérgica sublevação na cidade, em vários níveis. O papa Sisto V derrubava implacavelmente blocos de casas velhos e espremidos para construir vias públicas largas e retas entre as principais igrejas. As ruas ecoavam com o constante barulho de pedras sendo assentadas – mais de cem ruas foram aplainadas num período de cinco anos.

E assim Galileu pôde viajar sobre o calçamento tranquilamente até a poderosa e influente organização que ele resolvera contatar – os jesuítas.

A jovem ordem dos jesuítas fora fundada em Paris por um nobre espanhol, Inácio de Loyola. Com um passado no exército e educação superior, Loyola montou em poucos anos uma organização eficiente, elitista, que enfatizava grandemente o ensino e a erudição, e que se tornou a arma mais forte do papa contra as doutrinas de Lutero. Acima de tudo, os jesuítas conseguiram resultados impressionantes em seu trabalho missionário, tanto na Ásia como na América do Sul.

Os dois principais locais das operações da organização estavam em Roma, e acabavam de ser completados: a igreja Il Gesù e o Colégio Romano, grande centro de estudos que lembrava uma fortaleza e ocupava todo um quarteirão no meio de Roma, entre o Panteão e a rua principal, a Via Corso.

Em apenas poucos anos o Colégio Romano tornara-se uma instituição muito importante, sendo considerado uma das principais universidades de seu tempo. Quando Galileu chegou, 2.100 rapazes tinham se diplomado ou estavam estudando para obter o diploma. Havia também grandes colégios jesuítas em muitos outros lugares, como Colônia, Tréveris e Munique.

A Europa setentrional era uma importante área de operações para os jesuítas, e ali sem dúvida eles ajudaram a conter o avanço da maré luterana e calvinista. Os jesuítas literalmente conquistaram a educação superior. Um colégio-chave situava-se em Lovaina, hoje na Bélgica, na fronteira entre a Europa católica e a calvinista. Um dos mais argutos intelectos jesuítas, Roberto Belarmino, trabalhava lá, mas em breve voltaria a Roma para assumir um posto de importância ainda maior.

Os jesuítas eram famosos por seus métodos de trabalho um tanto não ortodoxos, nos quais infiltração e disfarce não eram incomuns. Um dos alunos de Belarmino em Lovaina, um norueguês chamado Laurits Nilssøn, de Tønsberg, foi enviado para a protestante Estocolmo, onde – disfarçado de pastor protestante! – montou uma influente escola e manejou o rei João III, que havia se casado com uma católica, a tal ponto que o monarca quis reintroduzir o catolicismo no país, ideia que o clero e seus irmãos rapidamente rechaçaram.

Galileu não viera a Roma e ao colégio por motivos religiosos. Os jesuítas tinham percebido que, se quisessem exercer influência, seu calibre escolástico teria de ser dos melhores, e o Colégio Romano podia congratular-se por possuir o maior matemático contemporâneo de qualquer parte da Itália, padre Clávio.

Cristóvão Clávio tinha cerca de cinquenta anos. Alemão de origem, fora admitido na ordem dos jesuítas aos dezessete anos e passara a maior parte da vida na Itália. Escreveu numerosos livros-textos sobre vários temas de matemática e astronomia, livros que Galileu conhecia de seus estudos. Desempenhou um papel fundamental no comitê instituído pelo papa Gregório XIII, que, apenas alguns anos antes, em 1582, instigara uma grande reforma. O resultado foi o calendário gregoriano, que é o fundamento da nossa contagem de tempo até hoje. Em suma, padre Clávio era um homem essencial a ser conhecido por qualquer um que desejasse fazer carreira em matemática no continente italiano.

Totalmente desconhecido e sem qualificações, o toscano de 23 anos não ficou por demais intimidado com a grandiosidade do Colégio Romano. Procurou de imediato padre Clávio. Galileu explicou suas teorias para calcular o centro de gravidade de vários objetos, uma área de estudo na qual os matemáticos jesuítas já estavam interessados.

Clávio ficou impressionado. Elogiou o trabalho prático que Galileu tinha feito e discutiu os problemas fundamentais que surgiam tão logo os modelos matemáticos eram transferidos para o mundo físico, real, e se isso chegava a ser possível. A esfera geométrica, ideal, toca um plano geométrico em um único ponto. Mas assim que se usa uma esfera *real* sobre um plano *real*, há entre ambos uma *superfície* de contato de maior ou menor extensão. Como resultado havia aqueles que sustentavam que a matemática era, numa maneira de falar, autorreferente; que podia de fato apresentar prova incontroversa, mas apenas quando se lidasse com sujeitos matemáticos abstratos. Padre Clávio, por outro lado, argumentava que a matemática era uma ponte necessária entre o mundo abstrato ("metafísico") e o mundo que realmente existia.

O trabalho de Vincenzo Galilei sobre a relação entre comprimentos de cordas e a percepção do tom refletia uma atitude prática da matemática como instrumento de trabalho. A abordagem de Galileu era a mesma, ele mostrou isso inclusive ao observar o pêndulo na Catedral de Pisa. Esta filosofia básica, de que modelos técnicos podiam ser usados para revelar conhecimento definido do mundo exterior, era fortalecida pelas ideias do Colégio Romano. Presume-se que ele tenha recebido anotações de aulas para levar consigo e estudar em casa em Florença.

Sua visita a Roma foi uma prova de quão elevado era o objetivo de Galileu. Trabalhar como tutor particular em sua cidade natal era perda de tempo e talento. Não obstante, a boa vontade jesuíta não foi suficiente para lhe assegurar uma posição permanente. Havia uma vaga no professorado de Bolonha, mas ela foi para Giovanni Magini, que era nove anos mais velho e tinha boas conexões com o duque Gonzaga em Mântua.

Galileu teve de se contentar em viajar de volta a Florença, para sua família e suas aulas particulares. Mas havia coisas acontecendo em sua cidade natal: duas mortes súbitas. Elas puseram em andamento uma sequência de eventos que acabaram por garantir a Galileu sua primeira cadeira em matemática.

Um topógrafo do Inferno

Era raro os cidadãos de Florença terem contato com seu senhor, o grão-duque Francisco de Médici. Ele passava a maior parte do tempo isolado em sua mansão em Pratolino com sua ex-amante, extremamente impopular, agora grã-duquesa Bianca. Boatos na cidade diziam que eles faziam experimentos com venenos que Bianca usaria em seus projetos assassinos. As piores suspeitas parecem ter se concretizado quando ambos morreram repentinamente, no mesmo dia de outubro de 1587.

Na verdade, foi a malária que os matou. Para todos os efeitos, foi essa a história contada por seu irmão e sucessor, e, uma vez que Fernando era de uma estirpe diferente de Francisco, as pessoas acreditaram. Fernando de Médici fora feito cardeal aos quinze anos e então passara muitos anos em Roma, onde se revelou um mulherengo de tipo bastante impróprio para um clérigo, mas também um administrador brilhante e ávido colecionador de estátuas antigas. Ele comprou uma grande casa nas encostas do monte Pincio para ter algum lugar onde guardar sua coleção. Era chamada de Villa Medici. Mas agora precisava voltar para Florença e seu título do grão-ducado.

De forma geral, Fernando foi um bom governante. Abandonou a Igreja e casou-se com uma parenta distante. Era Cristina de Lorena, neta do rei Henrique II, uma mulher que viria a ter grande importância para Galileu. Porém mais importante para o futuro imediato do matemático foi a escolha de Fernando de seu sucessor como cardeal.

Era geralmente aceito que uma família poderosa como os Médici precisava manter sua representação dentro do Colégio de Cardeais. Mas agora não havia nenhum membro adequado da família à disposição. Em vez disso, o grão-duque Fernando buscou eleger um homem em quem confiava – Francesco Maria del Monte.

O novo cardeal não era conhecido pelo interesse em questões de teologia. Era um esteta de boa educação, um homem com gosto pela boa vida, mas também seriamente interessado em poesia, arte, música e ciência. Era bem versado na teoria musical de Vincenzo Galilei. Del Monte não era opulentamente rico, mas vivia de maneira confortável no Palazzo Madama, perto da Piazza Navona. Gostava de pegar jovens rapazes promissores e ajudá-los – foi o primeiro a descobrir o gênio artístico rebelde de Caravaggio.

O cardeal tinha um irmão. Chamava-se Guidobaldo e era matemático.

Durante sua visita a Roma, Galileu conhecera Guidobaldo del Monte, embora isto não o tivesse ajudado muito em sua busca por um posto. Agora, de súbito, a situação mudara de forma drástica: o irmão de Guidobaldo não era apenas um cardeal, mas o homem de confiança do grão-duque em Roma.

Galileu falou com Guidobaldo, Guidobaldo com o cardeal, o cardeal com o grão-duque Fernando. O resultado foi que, no outono de 1589, Galileu pôde voltar mais uma vez à sua cidade natal, Pisa, agora aos 25 anos, como professor de matemática.

Mas antes de deixar Florença, deu uma palestra na prestigiosa Academia da cidade, fundada para promover o toscano como alicerce para a língua italiana escrita comum. Fora-lhe dada a tarefa de descrever a localização e as dimensões do Inferno de Dante. Florença não era uma cidade que costumava tratar seus autores famosos levianamente. Um conhecido dramaturgo uma vez fora exilado porque anunciara que a santificada Catarina de Siena era uma escritora melhor que o próprio Boccaccio de Florença!

O jovem matemático autônomo arrastou seus ouvintes como um furacão.

Galileu era intimamente versado na *Divina comédia* e no universo ali retratado. Explicou a construção precisa que Dante calculara para seu Inferno. Tinha o formato de um largo funil, com sua abertura superior na superfície da Terra. Em cada um de seus *círculos* descendentes eram reservados castigos cada vez mais terríveis para pecadores cada vez piores, e, usando sua habilidade em geometria, Galileu calculou o diâmetro dos vários departamentos demoníacos, nos quais demônios diversos torturavam os infelizes pecadores por toda a eternidade. Os círculos iam se estreitando mais e mais até que acabavam no centro da Terra, onde o próprio Lúcifer reinava e tudo era frio e gelo eternos – o mais longe possível que se podia chegar do céu, com sua luz e calor.

Lúcifer estava no centro de uma esfera. Galileu não precisou produzir argumentos para isto. Sua culta plateia sabia muito bem que a Terra era redonda. Todo estudioso sabia disso desde a antiguidade. Eratóstenes de Alexandria calculara com razoável precisão a circunferência da Terra duzentos anos antes do nascimento de Cristo – reconhecidamente com um pouco de sorte em suas suposições. Assim Galileu tinha um ponto de partida para estimar suas dimensões relativas.

Na questão da *relação* entre a Terra e o resto do Universo, Dante, como todos os outros homens cultos, apegou-se ao modelo que fora aperfeiçoado por Ptolomeu, outro grego de Alexandria, no século II. De modo sucinto, ele pode ser descrito da seguinte maneira: a Terra é o centro fixo e estável do Universo. Ao redor dela giram os corpos celestes a distâncias variadas, presos a conchas redondas invisíveis – esferas – que os propulsionam em órbitas circulares.

Este modelo *ptolomaico* parecia pouco mais que o senso comum óbvio e autoevidente – afinal, era assim que uma pessoa vivenciava o Sol, a Lua e as estrelas. Mas o Universo de Dante também era uma fusão maravilhosa, engenhosa, de cosmologia e teologia. Ao longo da Idade Média os pensamentos de Ptolomeu combinaram-se com ideias teológicas para formar uma poderosa estrutura, habitada por Deus e seus anjos em diferentes esferas – ou céus. A interação entre teologia e astronomia era extremamente intricada. Por exemplo, a inclinação do eixo terrestre era explicada pela Queda: como sabemos, esta pôs fim ao estado paradisíaco, trazendo transição e morte ao mundo. Deus introduziu as estações, e assim "a passagem do tempo", pelo simples expediente de inclinar ligeiramente a Terra em relação à sua posição originalmente "perfeita".

Mas o tema de Galileu era o inferno. Segundo Dante, os círculos formando um funil foram criados quando Lúcifer foi jogado dos níveis superiores do céu, atingiu a Terra com grande força – literalmente como um anjo caído – e então se enfiou no solo até o centro da esfera.

No entanto, o jovem matemático que tanto impressionara seus concidadãos com sua compreensão das dimensões do inferno sabia de algo que muito poucos de seus ouvintes tinham apreciado. Um obscuro cônego de nome Copérnico da longínqua costa báltica desenvolvera uma teoria nova. Esta teoria estava permeando de forma lenta os círculos educados europeus. Era temerariamente ousada e poderia demolir por inteiro todo o engenhoso edifício ptolomaico.

Galileu não disse uma palavra sobre isto para a Academia em Florença, porque outra coisa estava muito clara para ele: tamanha estrutura cosmológica e teológica jamais cairia sem resistência.

As esferas largadas da torre

A Universidade de Pisa ficava perto do rio Arno. Os Médici haviam construído um elegante prédio retangular em torno de um pátio interno com uma arcada coberta, sob a qual professores e alunos podiam caminhar e discutir de modo digno. O principal tema de discussão, pelo menos entre os temas afetos à filosofia natural, era Aristóteles. Seus discípulos haviam sido chamados peripatéticos – aqueles que ficam andando – porque alegava-se que era assim que o mestre lecionava.

Os pensamentos de Aristóteles sobre o mundo natural haviam se congelado num sistema de instrução inexpugnável. Em princípio, sua física estruturava-se na observação e nas deduções lógicas dela provenientes. Mas as observações podiam ser casuais e certamente não eram sistematizadas por meio de experimentos controlados. A ênfase recaía sobre as conclusões lógicas e filosóficas – em tal medida que todo o conhecimento *prático* que fora acumulado, ligado a avanços técnicos em arquitetura e construção naval ou fabricação de relógios e lentes (para mencionar apenas alguns), mal tinha influenciado o ensino universitário das questões físicas fundamentais referentes ao mundo natural.

Muitos professores consideravam maior prestígio acadêmico interpretar uma passagem obscura de Aristóteles do que fazer suas próprias observações. E a discussão acadêmica devia ater-se rigidamente ao padrão do mestre. Ainda era possível ouvir, como argumento irrefutável: *Ipse dixit!* – "Ele mesmo disse isto!" Havia muitos, é claro, que percebiam que nem *toda* resposta aos mistérios naturais podia ser encontrada em tratados com 1.900 anos de idade, mas mesmo assim o arcabouço aristotélico de compreensão limitava seus processos de imaginação e pensamento.

O muito jovem professor Galilei, ao ocupar sua cadeira em Pisa, não estava muito desconcertado por não ter ele próprio um diploma. Trinta anos depois ele escreveria, comparando "bons filósofos" a filósofos ruins:

> Acredito ... que eles voam, e que voam sozinhos como águias e não como estorninhos [*storni*]. É verdade que por serem escassas, as águias são pouco vistas e menos ainda ouvidas, enquanto pássaros que voam em bandos enchem o céu de sons agudos e grasnidos onde quer que se fixem, e sujam a terra abaixo deles.[1]

Ninguém deve duvidar que Galileu considerava-se uma das águias. Enquanto seus colegas aristotélicos mais velhos voavam em bando ao redor dos livros do mestre, o jovem de 25 anos buscava novos caminhos.

Mas ele também achou inspiração num pensador grego. O modelo declarado de Galileu era Arquimedes. Além disso, este era praticamente italiano, pois vivera e trabalhara em Siracusa, uma colônia grega na Sicília. Arquimedes combinava observação com dedução rigorosa e conseguia resultados práticos a partir disso. A famosa lei que leva o seu nome resultou de um complicado problema que lhe foi apresentado pelo despótico governante de Siracusa: calcular a proporção de ouro e prata na coroa real.

Em contraste com o lógico e especulativo Aristóteles, Arquimedes começou atrelando a poderosa ferramenta da *matemática* para calcular e descrever processos físicos. Galileu era professor de matemática. Via claramente que um fundamental emprego superior da disciplina resultaria em uma ciência natural qualitativamente melhor.

A corrente dominante em Pisa estava interessada nos princípios do movimento, o ramo da física que mais tarde seria chamado de *cinemática*. Um de seus colegas mais velhos escrevera um trabalho enorme, *De motu* (*Sobre o movimento*), que circulava em forma de manuscrito. O autor era bastante claro ao afirmar que a doutrina aristotélica do movimento deixava a desejar sob certos aspectos, mas mesmo assim não conseguiu se libertar da tradição.

O jovem Galileu, recém-indicado, não ficou especialmente impressionado com *De motu*. Mas em vez de sair na ofensiva contra esse bastião da teoria física em sua integralidade, resolveu mirar um único ponto, muito discutível, em que facilmente podiam ser feitas observações: ele descreveria um "corpo pesado" em "movimento natural" – o que hoje chamaríamos de "queda livre".

Aristóteles cometeu dois erros fundamentais em sua descrição de objetos em queda. Primeiro, sustentou que qualquer objeto em queda atingiria uma certa velocidade fixa; segundo, que tal velocidade era proporcional ao peso do objeto. Ou, colocando de outra maneira: todo objeto em queda cai com uma velocidade definida, "embutida", e quanto mais pesado o objeto maior é a velocidade.

Galileu demonstrou o absurdo dessas alegações com um simples experimento mental. Uma pessoa pega duas pedras de peso semelhante e amarra uma à outra – agora, de repente, elas cairão com o dobro da velocidade com que cairiam separadamente! Também contradiz toda a experiência que uma esfera pesando um quilo caia um metro no mesmo tempo que leva para uma esfera de dez quilos cair dez metros.

Galileu decidiu investigar o assunto a partir dos princípios básicos. Presumivelmente usou – como afirma seu primeiro biógrafo – o local óbvio para experimentos de queda livre: a famosa torre isolada e inclinada perto da catedral da cidade. Em contraste com quase todos os outros lugares na Itália, os arredores da catedral não eram o principal ponto de encontro da cidade, mas ficavam num tranquilo isolamento perto das muralhas ao norte, de modo que as chances de atingir um conterrâneo de passagem com bolas de ferro caindo eram mínimas.

Ele largou da torre bolas de madeira e de ferro, mas os resultados dos experimentos foram longe de ser conclusivos. Galileu pôde ver facilmente que as bolas caíam com a mesma velocidade aproximada, mas que a bola de ferro atingia o chão um pouquinho antes da bola de madeira. Ele não tinha como fazer observações precisas, nenhum relógio que fosse suficientemente exato para medir os tempos de queda.

Suas observações foram boas o bastante para mostrar que as teorias de Aristóteles não se sustentavam, e Galileu tentou lançar sua própria teoria. Concluiu de início – e equivocadamente – que a velocidade de queda de um corpo é proporcional à sua densidade de massa ("gravidade específica"), conceito que estudara de forma meticulosa em seu trabalho sobre Arquimedes. Percebeu também que a velocidade estava intimamente relacionada com o meio através do qual o corpo caía: uma bola de ferro e uma bola de madeira podiam cair mais ou menos com a mesma velocidade através do ar, mas na água comportavam-se de forma muito diferente! Arquimedes lhe ensinara o conceito de empuxo, e este o levou a rejeitar ainda outra premissa aristotélica errada: os corpos têm uma "leveza" embutida que opera em oposição ao seu "peso". O fato de a madeira flutuar na água deve-se não a ser erguida por sua "leveza" – o material simplesmente tem uma gravidade específica menor que a da água.

Contudo, por enquanto ele estava atrelado ao conceito errôneo de que um corpo em queda atinge certa velocidade estável por conta própria. Naquele momento era-lhe totalmente impossível, com as ferramentas que tinha à disposição, medir a velocidade – muito menos a aceleração – de uma esfera largada de uma torre.

Galileu não só pegou o ponto de vista de Arquimedes e defendeu experimentos práticos para refutar Aristóteles e o inflexível pensamento acadêmico, como também fez questão de provocar seus colegas em Pisa num nível mais pessoal.

O professorado trazia consigo o dever de vestir certo traje oficial bem solto, baseado numa toga romana. O jovem professor de matemática tinha pouco tempo para a presumida e, a seu ver, superficial dignidade que esta suposta indumentária conferia a quem a vestia. Ele redigiu um panfleto de trezentas linhas[2] sobre a toga em toda sua essência. Não só era possível tropeçar numa roupa daquelas, ele ressaltou, como ela também esconde o corpo de maneira absolutamente não prática. Toda roupa deveria ser desenhada para que homens e mulheres pudessem ter de imediato uma ideia dos atributos físicos do outro, de fato: "O melhor seria andar nu!" Mas pior ainda era a maneira como a dignidade da toga impedia os professores de visitar o bordel. Esta os forçava, literalmente, a tomar a coisa nas próprias mãos – um passatempo que era tão pecaminoso quanto visitar um bordel, mas consideravelmente menos satisfatório.

E assim Galileu deixou sua marca como paradoxista opositor. Para ele era impossível, ainda, dar vazão por escrito a esta mesma falta de respeito quando se tratava de sua própria matéria. Na verdade, ele escreveu sua versão de *Sobre o movimento*, mas não tentou imprimi-la. Seus experimentos sobre queda livre foram espetaculares, mas deficientes, e provavelmente é um mito que os outros professores e estudantes tenham se reunido em admiração aos pés da torre. Ainda havia muita coisa que ele não entendia.

De Pisa a Pádua

Músico, compositor e teórico, Vincenzo Galilei casara-se quando estava com mais de quarenta anos. Em 1591, o florentino orgulhoso de sua linhagem morreu em sua casa em Florença. Tinha um lugar permanente na história da música, bem como uma esposa e quatro filhos, todos, com exceção de Galileu e sua irmã Virgínia, sem meios para se sustentar.

A morte de Vincenzo significava que o jovem professor assumia a responsabilidade por toda a família – uma mãe que às vezes era difícil e que ainda viveria mais trinta anos, um irmão menor de idade e duas irmãs. Sua irmã Virgínia acabara de se casar, mas uma parte importantíssima do acordo de casamento ainda não fora concluída: Vincenzo não tivera recursos para pagar mais que uma fração do dote combinado. A conta sobrou para Galileu – em prestações regulares.

Sua irmã mais nova, Lívia, tinha acabado de completar treze anos e nesse meio-tempo foi mandada para um convento, mas o convento também custava dinheiro. E seu irmão de dezesseis anos, Michelangelo, naturalmente tinha de continuar a educação musical que havia começado.

Como professor de matemática recém-indicado, Galileu ganhava 60 escudos por ano. Era quase um salário de fome. Seus colegas em campos mais prestigiosos tinham pagamentos consideravelmente melhores; professores de filosofia podiam chegar a ganhar até 300-400 escudos. Um pintor de fato conhecido podia conseguir 50 escudos por um único quadro, ou até 75 ou 100 em circunstâncias efetivamente favoráveis. Um bom médico também ganhava seus 300 por ano.

Essas novas responsabilidades significavam que ele precisava ganhar mais dinheiro. As perspectivas de um aumento de salário iminente em Pisa eram mínimas. Tampouco o clima intelectual de seus colegas de toga era em especial inspirador, com seu estagnado dogmatismo aristotélico. Assim, Galileu ficou extremamente interessado quando vagou um posto na Universidade de Pádua no outono de 1592.

Pádua não é longe de Veneza continente adentro, na planície do Pó. A universidade era uma das mais velhas e renomadas da Itália e conhecida como "Il Bo" – "O Touro", provavelmente por causa de uma estalagem que ficava nas proximidades. Alojava-se num velho palácio e seu salão de banquetes era cenário de discussões e cerimoniais acadêmicos. E, como Pisa, tinha um quadrilátero interno, cercado de colunatas de dois andares, acima das quais a torre do palácio erguia-se imponente sobre o corpo docente e os alunos.

Do ponto de vista científico, o fato de Pádua possuir os mais velhos jardins botânicos da Europa era da maior importância. A botânica (como a zoologia) era uma ciência voltada para o "futuro". O contato com a América foi um fator que contribuiu para minar a história natural tradicional – provou que havia muitas espécies de animais e plantas das quais nem Aristóteles nem outras autoridades antigas tinham sequer ouvido falar. Quando Galileu chegou à cidade, os jardins botânicos em Pádua tinham acabado de receber toda uma remessa de uma espécie americana inteiramente nova, que foi cultivada e observada com grande interesse. Tratava-se da *Soleanum tuberosum*, como seria mais tarde chamada – também conhecida como batata.

A Universidade de Pádua era uma usina intelectual. Isso era em parte porque, como instituição de ensino, não fora estabelecida por privilégio papal ou imperial, como a maioria das outras. Desenvolvera-se a partir da cultura cívica da cidade e tinha o que se pode chamar apenas de "perfil liberal". Em 1564, o papa Pio IV havia decretado que qualquer um que tivesse obtido um diploma em uma universidade italiana era obrigado a jurar fidelidade à doutrina católica. No entanto, em Pádua as autoridades universitárias conseguiram criar furos no regulamento que permitiam a europeus do norte – protestantes – continuar se candidatando a postos ali.

Foi em Pádua que Vesalius assentara as fundações da anatomia moderna com suas controvertidas dissecções, meio século antes de Galileu vir para a cidade. Durante a época de Galileu *O Touro* ganhou seu famoso "teatro de anatomia", completo, inclusive com tribunas, onde estudantes e outros espectadores interessados podiam acompanhar dissecções em detalhe. Não menos impressionante é o fato de já em 1678 Pádua ter dado um diploma para a primeira mulher a receber um grau universitário, a filósofa Elena Lucrezia Cornaro.

A matemática era outro ponto forte. Havia numerosos candidatos para a cadeira de matemática, inclusive o mesmo Magini que alguns anos antes havia arrebatado Bolonha de Galileu. Mais uma vez Galileu precisou contar com seus contatos em Roma, os irmãos Del Monte. Sua cidade de origem era Veneza, e eles tinham amigos influentes tanto ali como em Pádua. Num esforço coordenado conseguiram assegurar o cargo para Galileu – com um salário de 180 escudos, o triplo de Pisa.

Pádua pertencia à República de Veneza. Durante séculos essa poderosa cidade de canais vinha pleiteando largas áreas no interior do continente. Galileu precisou se distanciar da sua terra natal na Toscana, e como servo do Estado requereu permissão do grão-duque Fernando. Esta foi graciosamente concedida.

Num certo sentido Veneza era bem semelhante a Florença: também ali a idade de ouro da arte e arquitetura estava chegando ao fim. O maior pintor da cidade, Ticiano, estava morto, após uma carreira que abrangeu a maior parte do século XVI. Mas Veneza ainda era uma república, e seu estilo era consideravelmente mais sóbrio e cívico que o da corte do grão-duque. As autoridades não gastavam dinheiro nas pomposas celebrações às quais Fernando em Florença tinha aos poucos se habituado – de preferência com um palco cheio de "vulcões" e dragões cuspindo fogo. O Senado veneziano estava mais interessado em projetos públicos sensatos: a Ponte de Rialto – tão linda quanto prática – atravessando o Grande Canal acabara de ser completada em 1592.

Sinais no céu

A INDEPENDÊNCIA VENEZIANA causou uma vagarosa e latente deterioração na relação com Roma e o cada vez mais absolutista poder papal. Nem os intelectuais nem a população comum de Veneza estavam preparados para aceitar sem crítica todo decreto do trono papal. Esta foi uma das razões para o desenraizado e apóstata frade dominicano Giordano Bruno ter escolhido estabelecer-se em Veneza e Pádua quando tomou a imprudente decisão de voltar a solo italiano.

Giordano Bruno era um visionário e filósofo, um pensador carismático profundamente envolvido com magia e panteísmo antigo e, no mundo de sua própria fantasia, a caminho de tornar-se um novo Messias. Nasceu na pequena cidade de Nola, perto de Nápoles, e assumiu a vida de frade mais por possibilidades de educação do que por devoção – era a filosofia que realmente lhe interessava. Na década de 1570, viajou a Roma, mas teve de fugir da cidade por conta de suas muitas opiniões pouco ortodoxas e também por uma acusação, sem dúvida forjada, de assassinato.

Por mais de quinze anos Bruno vagou pelo norte da Europa, França, Inglaterra e Alemanha. Deu aulas, discutiu e escreveu livros. Em Genebra foi preso e expulso pelas autoridades calvinistas, em Toulouse teve permissão de lecionar na universidade. O rei Henrique III o convocou a Paris para aprender as extraordinárias técnicas de memorização que ele tinha desenvolvido. Então ele viajou para a Inglaterra, onde tentou Oxford e posteriormente fez contatos na corte. Por fim acabou na Alemanha – via França –, onde foi de universidade em universidade adquirindo uma reputação de filósofo sabe-tudo, mas sem compromisso religioso firme.

Mas então quis voltar para casa. Giordano Bruno era um matemático muito talentoso, e estava em Pádua para tentar obter o professorado vago de matemática.

Bruno queria substanciar suas qualificações dando consultoria privada na cidade, mas a estratégia acabou não dando certo. Assim, quando Galileu veio para a cidade no outono de 1592, o frade acabara de deixá-la, fosse porque a cadeira havia ido para um concorrente ou por outras razões. Após dois meses em Veneza, Bruno foi denunciado pelo seu senhorio, preso e posto no cárcere da Inquisição.

O objetivo declarado da Inquisição romana era combater todas as formas de heresia, e, em princípio, sua jurisdição cobria o mundo inteiro. Na prática, seu poder se estendia apenas a todos os estados italianos, onde funcionava em uníssono com o sistema legal secular. Os inquisidores podiam eles próprios deter pessoas suspeitas, mas geralmente tais pessoas eram entregues a eles.

A pedante eficiência do sistema – vista isoladamente – era irrepreensível em termos legais. Sua sede em Roma – *Sant'Ufficio*, o Santo Ofício – controlava suas cortes provinciais e assegurava que a prática fosse uniforme em toda parte, e que não houvesse insinuação de justiça arbitrária com sentenças proferidas segundo os caprichos dos juízes. Eram mantidas minutas minuciosas, nas quais o notário deveria anotar palavra por palavra tudo que era dito de ambos os lados:

> Não só as respostas do réu e quaisquer declarações que ele pudesse fazer, mas também o que pudesse declarar durante tortura, mesmo seus suspiros, gritos, lamentos e lágrimas.[3]

Para começar, parecia que Bruno conseguiria superar o problema admitindo algumas aberrações menos importantes em questões de fé, e mantendo que, de qualquer modo, sua mercadoria era a filosofia e não a religião. Apesar da centralização, o inquisidor local em Veneza não era a pior pessoa com quem lidar. Mas então a sede central da Inquisição exigiu que Bruno fosse mandado para Roma. As autoridades seculares venezianas pouco fizeram para impedir a extradição.

Em seguida teve início um processo que duraria mais de sete anos. Bruno foi jogado no cárcere do Santo Ofício, não longe da praça de São Pedro. Suas obras literárias eram muitas e nem todas de imediato acessíveis, então o caso se arrastou lentamente, com interrogatórios e explicações. E assim ficou a situação, até que o culto cardeal jesuíta Roberto Belarmino assumiu o caso. Ele deixou a brincadeira de lado, especificou oito opiniões heréticas que Bruno teria promulgado em seus escritos e pediu-lhe que as repudiasse.

Bruno, isolado e agora confuso, primeiro concordou com isso – depois recusou. As circunstâncias não são claras e o documento não sobreviveu, então não sabemos exatamente pelo quê o filósofo foi condenado. Diz-se que ele acreditava que Moisés era um feiticeiro, que iludiu os egípcios por ser mais proficiente que eles nas artes mágicas. Bruno também sustentava que deve haver um número infinito de universos, porque qualquer outra coisa seria uma limitação da onipotência de Deus. Esta ideia era vista como herética porque não conferia à Terra o lugar central no Universo.

A sentença foi proferida em 8 de fevereiro de 1600. Giordano Bruno foi condenado como "herético impenitente", "inflexível" e "obstinado". Todas as suas obras foram incluídas na lista de livros proibidos (*Index librorum prohibitorum*) como "heréticas e errôneas e contendo muitas heresias e ensinamentos falsos".[4] Bruno foi transferido para as "celas de condenados" na masmorra de Tor di Nona, na margem oriental do Tibre, em frente ao Castelo de Santo Ângelo. Foi levado dali em 17 de fevereiro, depois que sete padres o visitaram e tentaram fazê-lo admitir o erro em seus modos antes da execução, o que ele se recusou a fazer. Foi levado em carro aberto, guardado por membros da ordem de São João, que carregavam tochas e entoavam preces.[5]

A última viagem de Giordano Bruno foi feita através do centro de Roma até o Campo de Fiori, o Mercado das Flores, que também foi o local de execução. Somente as execuções mais importantes eram realizadas ali, em parte porque o embaixador da França, que morava na praça, havia se queixado da visão e do fedor das fogueiras de hereges.

Mas a execução de Bruno *era* importante. Era um lembrete para todo mundo que viera a Roma para o santo jubileu, um lembrete das consequências da heresia. Assim os feixes de lenha ficaram à espera no Mercado das Flores, com fardos de galhos nas bordas de onde seria aceso o fogo. Bruno, aos 52 anos, foi despido e amarrado ao poste, sua sentença foi lida e os galhos externos, mais finos, foram acesos enquanto preces eram ditas e salmos entoados. Uma grande multidão acompanhou o terrível progresso das chamas lambendo o corpo nu.

O fim de Bruno no Campo de Fiori não foi de modo algum único. Seu caso é simplesmente o mais famoso. A Inquisição não distinguia entre classe alta e baixa, culto ou inculto. Apenas noventa ou cem quilômetros ao norte de Pádua, por exemplo, naquele exato momento corria um caso contra um humilde moleiro que tivera o infortúnio de aprender a ler e formara um conceito caseiro do mundo com base em fragmentos semicompreendidos e suas próprias percepções. Uma de suas muitas ideias era que a criação do mundo era semelhante ao processo de engrossar o leite, transformando-o em queijo. Ele também acabou na fogueira.

Uma das muitas acusações levantadas durante o processo contra Bruno foi que ele acreditava que o Sol era estático e que a Terra era um planeta que se movia através do espaço exatamente como os outros planetas. Giordano Bruno era, em outras palavras, adepto de Copérnico.

De revolutionibus orbium coelestium

Em 1592, quando Galileu chegou a Pádua e Bruno foi preso, Nicolau Copérnico já estava morto havia quase cinquenta anos, mas a força de suas ideias apenas começava a se fazer sentir seriamente.

Na sua vida privada Copérnico dificilmente foi um revolucionário; na verdade era um pacífico homem do clero. Levava uma vida tranquila como cônego da catedral da pequena cidade de Frauenburg, no episcopado semi-independente de Ermeland, às margens do Báltico, agora parte da Polônia. Quando jovem, por volta de 1500, passara alguns anos estudando na Itália, graças a um tio rico. Chegara mesmo a estar em *Il Bo* em Pádua, embora sem chamar a menor atenção.

Copérnico fez seu doutorado em lei canônica. Mas havia estudado muitas disciplinas e seu maior interesse residia em astronomia. Ele sabia – como todos os homens cultos – que a visão ptolomaica aceita do mundo era difícil de conciliar com observações astronômicas precisas. Para fazer seu sistema funcionar conforme o modelo, Ptolomeu precisou introduzir diversas "órbitas auxiliares" ou *epiciclos*, pequenas órbitas circulares que os planetas descreviam em sua trajetória em volta da Terra. Em seu leito de morte, em 1543, o cônego Copérnico publicou um livro – *De revolutionibus orbium coelestium* – que tentava demonstrar que a descrição do Universo seria bem mais simples e correta se um conceito básico fosse alterado: em vez de assumir que o Sol, estrelas, planetas e Lua percorriam círculos e epiciclos ao redor de uma Terra fixa, era possível conjecturar que a *Terra* e os outros planetas giravam ao redor do Sol, ao mesmo tempo girando em torno de seus próprios eixos.

Esta ideia não era original. Fora proposta por filósofos gregos, mas Copérnico foi o primeiro a tentar desenvolvê-la sistematicamente.

Seria de presumir que a revolucionária ideia de Copérnico com o Sol no centro (o sistema *heliocêntrico*) se revelaria imediatamente irresistível para todos os astrônomos profissionais e que, num único golpe, tudo se encaixaria em seu lugar. Mas não foi de modo algum o caso. Um exemplo do ceticismo que sua teoria despertou é mostrado nesta silenciosa reação britânica a uma palestra dada por Giordano Bruno em Oxford:

> Arregaçando as mangas como um malabarista, e dizendo-nos muito de *centrum & chirculus & circumferenchia* (conforme a pronúncia na língua de seu país), ele se propôs entre muitos outros assuntos a pôr de pé a opinião de Copérnico, de que a Terra gira, e os céus ficam parados; quando na verdade era sua própria cabeça que girava, & seus miolos não ficavam parados.[6]

O sistema de Copérnico era quase impossível de se encaixar no simples senso comum. Qualquer um podia levantar objeções a ele: por que não notamos que a Terra está girando, muito menos deslocando-se pelo espaço a uma velocidade enorme? Nem mesmo homens cultos bem versados em física e astronomia tinham boas respostas. Na Universidade de Copenhague, na Dinamarca protestante, o astrônomo Tycho Brahe fora um dos primeiros a ensinar a teoria de Copérnico no verão de 1574-75. Mas o próprio Brahe não estava convencido, e, em vez disso, apresentou seu próprio modelo cosmológico.

Uma coisa estava perfeitamente clara para qualquer um que tocasse a noção de Copérnico de tirar a Terra de seu lugar no centro do mundo e reduzi-la a um dos diversos planetas orbitando o Sol: encontraria a sólida resistência de uma frente unida composta de filósofos naturais conservadores e teólogos. Pois o sistema ptolomaico era considerado parte da descrição aristotélica da realidade física, mas um problema muito pior eram as palavras da própria Bíblia. Não era preciso olhar além da primeira página da Santa Escritura, Gênesis, capítulo 1, versículos 17-8, que dizia inequivocamente do Sol, Lua e estrelas que: *Deus os pôs no firmamento do céu para dar luz sobre a terra. E para governar o dia e a noite e dividir a luz das trevas.* Nem uma única palavra sobre a Terra criar o dia e a noite girando.

Mesmo assim, a ideia cativou alguns, tanto por sua notável simplicidade – chega do complicado sistema de esferas e epiciclos! – como também muito por sua ousadia revolucionária e desafio intelectual.

O professor Galilei adorava desafios intelectuais e desprezava o obstáculo do pensamento aristotélico conservador e ossificado que impedia ideias novas sobre fenômenos naturais. Não podia *deixar* de ser atraído pelo sistema de Copérnico. Por iniciativa própria e sem discutir o assunto a não ser com amigos próximos, estudou as revolucionárias ideias. Em 1597, anunciou que era "adepto de Copérnico" em uma de suas raras cartas a seu colega alemão Johannes Kepler.[7]

Contudo, suas novas ideias não foram representadas em seus ensinamentos. Com certeza Galileu deve ter se sentido superior ao frade-místico Bruno e ao simples moleiro com seu desafortunado pendor para filosofia camponesa. Mas a Inquisição era igualmente parte de sua vida cotidiana, uma parte que ele não podia ignorar.

A paquidérmica burocracia e estrutura centralizada da Inquisição significavam que ela não era particularmente eficiente. O Santo Ofício era responsável por apenas uma minúscula fração das execuções e homicídios diretos infligidos a membros de credos minoritários por toda a Europa nos séculos XVI e XVII.

Mas apesar de tudo isso a instituição era uma realidade não menos onipresente. Não há indício de que Galileu tenha ensaiado algo diferente da pura teoria ortodoxa ptolomaica de seu pódio na universidade em Pádua. Durante suas aulas a Terra permanecia absolutamente fixa como o centro definitivo do Universo. As responsabilidades de um professor incluíam não conduzir seus alunos para a heresia nem cruzar aquela fronteira invisível – e tristemente mal definida – entre ciência e religião.

Em Florença, o grão-duque Fernando encomendou um imenso planetário, um modelo dos planetas e corpos celestes. O equipamento levou cinco anos para ser construído. Tinha três metros de altura, era feito de madeira completamente folheada a ouro e podia ser girado com auxílio de uma manivela para que o Sol e os planetas se movessem.

Mas a Terra permanecia parada no centro do modelo. O planetário era uma expressão do excêntrico amor de Fernando pelo espetacular, mas também uma demonstração da adesão de governante absoluto à sabedoria astronômica e teológica reinante, e portanto uma discreta advertência àqueles que pensassem de modo diferente.

Mas a situação para aqueles inclinados na direção da teoria do Sol no centro não era desesperadora. O livro de Copérnico até o momento não tinha sido incluído na lista de obras proibidas. Ainda de maior importância era a tradição clara que havia se desenvolvido dentro da ciência astronômica de distinguir estritamente entre *astronomia* e *cosmologia*.

A verdadeira astronomia preocupava-se em calcular as órbitas dos planetas, a posição das estrelas, eclipses e esse tipo de coisa. Podia ter certo valor prático, sobretudo em navegação. Até onde chegava, esse tipo de astronomia podia usar muitos modelos diferentes, contanto que dessem resultados coerentes. Tais "modelos matemáticos" não visavam necessariamente representar a verdade cosmológica e física final sobre o aspecto do

Universo. Isto veio também a aplicar-se aos detalhes ajustados do sistema ptolomaico, com seus epiciclos e outras complicações (por exemplo, que o centro matemático das órbitas dos planetas não era exatamente a Terra). Considerava-se que isso era um auxílio ao cálculo e não uma descrição real do mundo.

Visto sob essa luz, o sistema de Copérnico era viável como um modelo puramente intelectual e matemático, sem que houvesse a necessidade de a Igreja se envolver no assunto. E uma quantidade de experimentos nesse sentido foi feita, sem produzir resultados notavelmente melhores do que o modelo antigo, pois Copérnico não fora muito preciso em sua especificação.

O problema era que o próprio Copérnico não encarava seu sistema como um auxílio útil para cálculos complicados. Via-o como uma representação concreta e uma realidade cosmológica: o Sol *permanecia* parado, a Terra *movia-se* ao seu redor. A respeito da tentativa dos astrônomos de costurar remendos de modo a criar um modelo geocêntrico defensável, ele disse com desdém:

> Eles não conseguiram descobrir o principal, ou seja, a forma dos céus e o equilíbrio de suas partes. Ao contrário, são como alguém [um pintor] que escolhe mãos, pés, cabeça e outros membros dos melhores modelos, todos eles de excelente qualidade, mas que não se encaixam no retrato de um corpo único, e portanto viram um monstro em vez de um homem quando são reunidos.[8]

Galileu também acreditava que o Sol na verdade permanecia parado, formando um centro para o movimento dos planetas e da Terra. Mas nesse momento não transformou a ideia num ponto de discórdia. Em vez disso, retornou ao pêndulo e às esferas em queda. Pois aqui também, em miniatura, havia muito a aprender sobre como o mundo de fato funciona.

Professor e projetista

O motivo de Galileu ter rapidamente se tornado um membro muito respeitado do círculo acadêmico de Pádua deveu-se em larga medida ao seu brilhantismo como professor, onde exibia sua aguçada inteligência, bem como seus consideráveis dotes linguísticos. Tinha alunos dos estados italianos e de mais longe. Alguns vinham dos mais altos escalões da sociedade, como o exilado príncipe sueco, que para lá foi enviado pelo seu tio, o rei Sigismundo da Polônia.[9] O príncipe chegou a morar sob o teto de Galileu por algum tempo, e este lhe deu aulas de italiano.

As fronteiras vagas entre as matérias significavam que Galileu de modo algum se limitava à matemática pura. Lecionava astronomia – mas sem revelar sua crença no movimento da Terra. Em vez disso, recitava os tradicionais contra-argumentos ptolomaicos: as aves ficariam para trás à medida que a Terra se movesse debaixo delas, os objetos que caíssem de uma torre pousariam muito longe do pé dela.

Matemática era uma "disciplina utilitária" com muitas aplicações. Galileu chegou a dar aula sobre engenharia militar, um dos temas que seu professor Ricci, na corte do grão-ducado, também dominava. Galileu deu duas aulas sobre o assunto. A primeira foi sobre "a arte de fortificar cidades" – a segunda, com toda a lógica, como tais cidades fortificadas deviam ser conquistadas!

Prover alojamento e instrução para estudantes aristocratas suplementava sua renda. Galileu vivia eternamente sem dinheiro. Pagava as prestações do dote, taxas do convento, aulas de música e despesas diárias da mãe e do irmão. Além disso, era um homem na flor da idade, e a vida não era só lecionar e fazer experimentos. Logo fez amigos, bons amigos, tanto em Pádua como em Veneza.

O Galileu prático, projetista e artesão, sempre pronto a relacionar cálculos teóricos com experiência empírica, não escondia sua luz. Durante seus primeiros anos em Pádua, desenvolveu um instrumento notável para observação e cálculo, o *compasso geometrico militare*, ou compasso geométrico e militar.

O instrumento baseava-se parcialmente no setor proporcional, um instrumento usado para transferir dimensões de uma escala a outra. Guidobaldo del Monte construíra um. Aos poucos, o uso de setores proporcionais tornou-se relativamente comum entre os pintores, pois permitiam que estes encontrassem com mais facilidade a correlação entre seus modelos e o que deveria aparecer na tela. Deve ter sido um setor proporcional de fato enorme, do tipo de Del Monte, que uma vez levou o pintor Caravaggio a ser preso nas ruas de Roma – no calor do momento o policial imaginou que se tratava de uma arma!

O outro protótipo usado por Galileu era o fio de prumo e esquadro, que inseria em canos de canhão para calcular elevações, de maneira que os projéteis pousassem onde deveriam pousar. Mas este instrumento plenamente desenvolvido teve uma aplicação muito mais ampla.

O compasso geométrico e militar é uma fina peça de artesanato em bronze. Suas duas pernas têm cerca de 25 centímetros, e uma delas tem uma extensão acoplada de modo a poder aumentar seu comprimento. As pernas são ligadas por uma peça transversal curva e, no ponto mais alto, onde se articulam, pode-se prender um fio de prumo. As pernas e a peça transversal têm gravados traços e escalas de ambos os lados.

O instrumento é *geométrico*. Galileu se manteve fiel a suas raízes euclidianas. Todos os cálculos que podem ser executados com auxílio do compasso são aproximações, baseadas na comparação entre partes de retas e triângulos. Fundamentam-se na proporcionalidade, não em alguma unidade de medida determinada, absoluta. (Não existia tal unidade absoluta, mesmo o *braccio* de uso comum variava de uma cidade a outra.) Como se fazia necessária uma unidade de comprimento para quantificar as proporções, Galileu utilizou a medida mais ou menos privada do *punto*, plural *punti*, aproximadamente 0,94 milímetros.

O compasso era um instrumento impressionantemente versátil. Em uso militar, podia, é claro, servir para medir a elevação de um canhão, mas com ele podia-se também estimar distâncias e diferenças de níveis. Em navegação podia ser usado como quadrante astronômico para fixar a posição das estrelas.

Suas funções puramente geométricas incluíam o cálculo de círculos inscritos e circunscritos a polígonos; mas podia-se também empregá-lo para achar o raio de um círculo com a mesma área de vários polígonos retangulares – apenas em estimativa, pois "a quadratura do círculo", como sabemos, é um dos problemas insolúveis da matemática. Mais interessante de tudo, talvez, fosse que com um polígono dado, por exemplo um quadrado, podia-se calcular facilmente os lados de um novo polígono com uma área *n* vezes maior. Se se escolhe um quadrado conveniente, isto fornece um método direto de encontrar – ou pelo menos de estimar – raízes quadradas (expressas como o lado do quadrado *n*, podem ser medidas em *punti*). Pode-se afirmar, portanto, que o compasso de Galileu foi a primeira calculadora mecânica.

Fazer um instrumento desses requeria grande precisão e levava muito tempo. Galileu resolveu esse problema empregando um artesão, um fabricante de instrumentos que trabalhava num famoso estaleiro de Veneza, o Arsenal. O homem se mudou para a casa do professor em Pádua – com toda sua família, numa base de casa e comida. Dessa maneira Galileu conseguiu ganhar um pouco de dinheiro. O compasso era vendido por 5 escudos, o que não dava muito lucro depois de pagar o bronze e o salário do artesão que fazia o instrumento. Mas este era suficientemente complicado para que o usuário precisasse de instruções meticulosas. Galileu dava uma orientação privada para seu uso – por uma remuneração considerável: 20 escudos.

Compromissos de um professor

Veneza seduziu o jovem professor. A poderosa cidade velha, com suas gôndolas pintadas de preto subindo e descendo os canais, o atraía por uma variedade de motivos. Após a descoberta do caminho marítimo para a América, esta região lacustre no alto do Adriático estava, com toda certeza, no processo de se tornar água estagnada como eixo marítimo e comercial, mas, em comparação com Pádua, Veneza era uma cidade grande. E

Galileu fez ali amigos influentes. O mais importante entre eles era o rico aristocrata Gianfrancesco Sagredo. Sagredo tinha seu próprio palácio no bairro mais elegante da cidade: sua fachada levemente oriental refletia-se no Grande Canal.

O professor de Pádua era sempre bem-vindo nesse palácio, onde apresentava suas ideias sobre o mundo físico e seus segredos. O profissional e o amador interessado não só trocavam ideias, mas também pequenos presentes – Galileu podia trazer algumas trufas e ganhar de presente um vinho do *connoisseur* Sagredo.

Galileu não ia a Veneza apenas para reavivar sua relação com amigos influentes. Ia lá também para se encontrar com mulheres, fato que não provocava o menor constrangimento. Mesmo na Roma papal a maioria das cortesãs de elite era convidada para animados jantares com altos prelados e emissários estrangeiros. Uma das mais eminentes dessas mulheres morava em seu próprio apartamento, que custava 70 escudos por ano, incluindo cocheiras e baias para as carruagens dos visitantes, e recebia seus clientes numa cama enfeitada com "cortinas de cor turquesa feitas de pura seda de Bolonha"[10] e roupas de cama feitas do mesmo tecido.

Mas Galileu teve sorte suficiente de conhecer uma moça de Veneza com quem pôde criar uma relação permanente. Seu nome era Marina Gamba, e tinha apenas vinte anos quando ela e o professor se conheceram.

Em vez de casamento, havia viagens frequentes a Veneza. Galileu estava na casa dos trinta, e bem estabelecido. Marina era jovem, pobre e necessitava de um provedor – então nem ela nem sua família foram escrupulosos demais em relação à forma externa da ligação. Marina logo engravidou, e o professor estava em processo de começar uma família.

Galileu trouxe sua Marina para Pádua. Não a alojou em sua casa, que já era uma combinação de alojamentos, sala de aula e oficina de compasso. A casa de um professor era uma extensão da universidade, um lugar de encontro para estudantes sérios do sexo masculino, onde a noção de mulheres (para não mencionar o barulho de crianças) era completamente deslocada.

A vida familiar de Galileu fora removida para uma pequena casa a apenas alguns minutos de distância. Ali, a filha mais velha do casal, Virgínia, nasceu em 13 de agosto de 1600, *de fornicazione*,[11] como declara maliciosamente o registro da igreja, isto é, "fora do casamento". Galileu não é mencionado no registro, tampouco no documento de sua segunda filha, Lívia Antônia, no ano seguinte. Neste caso o tom é certamente um pouco mais brando: "filha da madonna Marina Gamba e...".[12] Quando Marina e Galileu tiveram seu terceiro e último filho em 1606, o registro da igreja é ainda mais discreto: o jovem Vincenzo é registrado como "filho da madonna Marina, filha de Andrea Gamba, e de pai desconhecido".[13]

Naturalmente, nunca houve dúvida quanto à real paternidade de Galileu, e ele tampouco tentou ocultá-la. As crianças receberam os nomes de suas duas irmãs e de seu pai. Ele também fez seus horóscopos baseado na hora de seus nascimentos – Lívia seria caracterizada por *probitas, simplicitas, eruditio, prudentia et humanitas*. Isto com certeza parecia promissor para a criança: probidade, simplicidade, erudição, sensatez e humanidade!

Então por que Galileu não podia apenas casar-se com a mãe de seus filhos? Não era algo impossível – seu colega Kepler, por exemplo, fizera exatamente isso. As razões eram sem dúvida complexas, mas decerto sociais e financeiras na raiz. O sistema de classes ditava que Marina dificilmente se adequava aos círculos nos quais Galileu se movimentava, para não mencionar a vida a que aspirava: perto de uma corte principesca. Talvez uma consideração mais financeira fosse o fato de que ela não tinha nenhum dote sobre o qual falar. Faltava o lado financeiro do *contrato* que também era um aspecto do casamento.

Se Galileu admitisse oficialmente a paternidade de suas filhas, elas seriam elevadas à sua própria classe social – e isto, por sua vez, significaria que ele teria de oferecer robustos dotes quando estivessem prontas para se casar, para não mencionar as efetivas despesas dos matrimônios em si.

O professor sabia um pouco acerca de custos que famílias geravam. Ainda estava lutando para terminar de pagar o dote de sua irmã mais velha. A essa altura tinha consciência de que deveria estar recebendo ajuda do irmão mais novo, o músico Michelangelo, mas este ganhava tão pouco que precisou pedir a Galileu dinheiro e roupas para viajar quando um nobre polonês lhe ofereceu um posto. E como se não fosse ruim o bastante, sua *outra* irmã,

Lívia, agora estava para se casar. Esse casamento deveria ser celebrado num estilo digno de uma velha e distinta família toscana, ainda que desprovida de dinheiro – no mínimo sua mãe Giulia asseguraria que os padrões fossem mantidos. Só o vestido do casamento, de veludo preto napolitano decorado com adamascado azul-claro, custou uma pequena fortuna. E Galileu pagou.

Nasce a física moderna

Não foi nem como projetista de calculadoras nem como astrônomo adepto de Copérnico que Galileu deixou sua marca pioneira durante seus anos em Pádua. Seu trabalho mais importante foram experimentos e pesquisas no reino da física. Durante aqueles dezoito anos ele mudou as fundações da física tradicional – ou, na visão de outros, estabeleceu uma ciência inteiramente nova. No entanto, pouquíssimas pessoas fora de Pádua perceberam isso. Por diversos motivos ele não tornou seus resultados públicos até quase a velhice, e quando enfim ficou famoso por toda a Europa, foi por coisas bastante diferentes.

Mesmo com a torre inclinada como seu laboratório, Galileu não conseguira absolutamente resolver o problema da queda livre durante sua época em Pisa. Agora voltava mais uma vez a encarar o desafio.

Os escritos de Galileu – tanto públicos como privados – estão cheios de ataques aos aristotélicos e sua falta de disposição para se envolver em observação e raciocínio renovados. Claramente, isto era em parte expressão de suas próprias e enérgicas tentativas de encontrar meios novos e mais precisos de descrever as coisas físicas.

Mas havia também outro lado. O status dos matemáticos no mundo acadêmico era baixo. Se ele ao menos conseguisse demonstrar, com o auxílio de experimentos práticos analisados através de métodos matemáticos, que os intérpretes de Aristóteles estavam errados, a matemática aplicada e a física experimental tomariam o proeminente lugar da "filosofia natural" na academia, tanto em termos de prestígio como de pagamento. Por experiência pessoal, Galilei sabia que ideias brilhantes não necessariamente traziam dinheiro e reconhecimento. Dificilmente podia esquecer que, por vezes, seu pai tivera de deixar os parentes da esposa, mercadores de lã, sustentarem a família.

A renovação radical de Galileu brotou, não obstante, do esquema mental aristotélico, conforme era ensinado no Colégio Romano dos jesuítas: a razão humana tem uma capacidade básica de reconhecer e compreender os objetos registrados pelos sentidos. Os objetos são reais. Têm propriedades que podem ser percebidas e então "depois processadas" segundo regras lógicas. Esses conceitos lógicos também são reais (ainda que não exatamente da maneira que os objetos físicos).

Este é o alicerce filosófico da subsequente e crescente autoconfiança radical de Galileu: *existe* um caminho definido para o conhecimento. O mundo existe independentemente de nós, é "só" uma questão de entendê-lo da maneira correta.

Havia um problema fundamental: se apenas percebemos objetos individuais, e estes estão sujeitos a toda espécie de mudanças, como, com base nisso, podemos dizer qualquer coisa definida sobre as características comuns a *todos* os objetos desse tipo – por exemplo, corpos caindo? A resposta a essa pergunta é crucial para toda experimentação. Pouco adiante Galileu percebeu que a solução era separar o individual e aleatório do particular para chegar ao geral.

Seus experimentos em Pisa haviam lhe ensinado que esferas do mesmo tamanho mas de pesos diferentes caíam aproximadamente na mesma velocidade. A diferença entre uma bola de ferro e uma de madeira era tão pequena que ele acreditava que pudesse ser explicada pelo empuxo do ar. Mas Galileu também percebera que era quase impossível *medir* distâncias e tempos na queda livre. As bolas apenas caíam rápido demais. Mas não era de fato na "queda livre" que ele estava interessado, mas naquilo que Aristóteles chamara de "movimento natural", isto é, o movimento que não tinha nenhuma causa externa visível, nenhuma mão que empurrasse nem cavalo que puxasse.

Em Pádua, Galileu teve a seminal ideia de usar planos inclinados. Uma bola num plano inclinado continua se movendo "por vontade própria", mas não tão depressa. Ademais, o observador pode alterar a inclinação e ver como a velocidade se altera.

A técnica de fazer muitas observações comparáveis de um fenômeno para possibilitar o estabelecimento de uma ligação subjacente não era nova. Este fora o método de trabalho da *astronomia* desde a antiguidade. No tempo de Galileu, observações astronômicas estavam sendo feitas com maior precisão do que jamais tinha sido possível, principalmente pelo excêntrico e despótico aristocrata dinamarquês Tycho Brahe na ilha de Hven em Øresund. A diferença – que muitos aristotélicos teriam considerado intransponível – era que Brahe observava fenômenos que ocorriam naturalmente. Galileu queria ele próprio organizar os "fenômenos", puramente com o propósito de observá-los.

Outra importante inspiração para a experimentação foi a experiência de Galileu com a música. A rotina diária de afinar um alaúde para que seu som fosse puro era outro tipo de tentativa e erro experimentais: era preciso pôr mais ou menos tensão nas cordas, até que caíssem num padrão subjacente e matematicamente descritível.

É provável que os primeiros planos inclinados de Galileu foram aparelhados com algo que parecia um tributo ao seu pai: uma cópia do braço de um instrumento de cordas, com pequenas faixas ou cordas móveis atravessando-o. Alterando a distância entre essas faixas e escutando o clique quando a esfera descia rolando e passava sobre elas, era possível ter uma percepção da relação entre o tempo e a distância que a bola rolava.

O primeiro grande problema que ele encontrou foi para medir o tempo com exatidão. Ao que parece, tentou primeiro fazer isso *cantando*. Não era tão absurdo quanto pode parecer. Um músico treinado e habilidoso tem um sentido "metronômico" da duração de uma batida subdividida.

Mas nem as faixas móveis do braço nem a canção rítmica foram completamente satisfatórias. As faixas perturbavam a descida uniforme e regular do movimento da bola rolando, e cantar era sem dúvida algo um tanto impraticável e impreciso. Galileu trabalhou para deixar o sulco onde as bolas corriam o mais liso e regular possível. Então teve também a ideia de medir o tempo com uma espécie de relógio de água – simplesmente deixando a água fluir de um recipiente a outro através de um tubo fino. Se o fluxo de água fosse constante, ele podia obter uma medida de quanto tempo se passara pesando a água no recipiente. A excruciante precisão que caracterizava Galileu como homem prático e experimentador era visível na forma como ele também estimava o peso da água que permanecera nas paredes do recipiente!

Galileu queria descobrir como a velocidade das bolas variava com a distância e o tempo. Mas estava operando dentro de um contexto matemático euclidiano, influenciado geometricamente. Em outras palavras, não estava muito interessado em números puros. Em vez disso, tentou descobrir as *proporções* entre os vários estágios. A nova álgebra lhe era estranha e ele não usava decimais, apenas frações vulgares. Os decimais estavam sendo introduzidos, mas é possível que Galileu não considerasse o sistema suficientemente sólido em sua base lógica para ser utilizado num trabalho que deveria fornecer conclusões lógicas 100% válidas.

Uma dificuldade básica em analisar a relação entre distância e tempo para bolas rolando, descobriu ele, era que sua velocidade se alterava o *tempo todo*. Ele superara portanto a falsa conclusão do período de Pisa, de que qualquer corpo caindo (ou rolando) acabará atingindo uma velocidade constante. (Em experimentos práticos de queda livre no ar, o aumento da resistência do ar eventualmente retardará tanto o objeto que sua velocidade após um certo tempo se tornará aproximadamente constante. De outro modo seria imprudente, por exemplo, saltar de paraquedas.)

O próprio conceito de "velocidade" não é fácil de captar. A velocidade é igual à "distância dividida pelo tempo" – mas o que acontecia com a distância quando ele ia reduzindo mais e mais o intervalo de tempo e finalmente perguntava a velocidade *nesse* instante ou *nesse* ponto, e não havia distância para dividir nem tempo pelo qual dividir? O que de fato *significava* "velocidade num dado ponto"?

A solução matemática é encontrada no desenvolvimento do cálculo diferencial, um desenvolvimento para o qual Galileu contribuiu mas que estava fora da sua esfera de interesses. Na ausência dessa ajuda, os conceitos de velocidade de Galileu estavam ligados a movimentos completados ao longo de certa distância, e não a pontos. Numa primeira instância ele se contentou em medir até onde no seu plano inclinado as esferas desciam se ele aumentasse o tempo que rolavam. Ele precisava manter medições médias (distância dividida por tempo), mas podia estudar quanto a velocidade média variava ao longo de um dado período. Não era capaz, portanto, de calcular a variação *contínua* da velocidade, que é a verdadeira chave para compreender esse tipo de movimento.

Como esperava, suas medições revelaram uma regra. Se a velocidade média durante a primeira unidade de tempo fosse 1, na segunda unidade subia para 3, na terceira para 5, e assim por diante. Usando as unidades arbitrárias "segundo" e "pé", o arranjo foi o seguinte:

Após 1 segundo 1 pé percorrido	velocidade média primeiro seg.	= 1 (pé/segundo)
Após 2 segundos mais 3 pés percorridos	velocidade média segundo seg.	= 3 (p/s)
Após 3 segundos mais 5 pés percorridos	velocidade média terceiro seg.	= 5 (p/s)

Satisfeito, Galileu concluiu que havia descoberto uma regra, uma proporcionalidade – ainda que um tanto desajeitada – que dizia respeito ao aumento na velocidade média, que era claramente proporcional à progressão dos números ímpares. Se, por outro lado, tivesse *somado* as distâncias e examinado a distância total a partir do início, teria estado por um fio de uma lei simples e geral de fundamental importância.

Mas isto viria mais tarde. O resultado mais significativo dos experimentos no plano inclinado nessa ocasião era que a velocidade aumentava de maneira constante à medida que a esfera rolava para baixo. Não havia "uma dada velocidade" que um corpo naturalmente alcançaria. Isto de modo algum reduziu a crença de Galileu em seu método experimental: ele mostrara de forma clara que aqui, também, Aristóteles cometera um erro elementar.

Uma estrela nova num céu imutável?

Em outubro de 1604, uma estrela completamente nova de repente apareceu na constelação de Ofiúco. Ela foi vista por toda a Europa, e despertou uma grande dose de interesse. Naquela época, o público era quase obcecado em interpretar sinais no céu e em outros lugares. Naturalmente, a estrela foi vista de forma geral como um mau presságio, porque as pessoas estavam acostumadas com guerra, fome e doença.

Novas estrelas aparecendo no céu não era um fenômeno totalmente desconhecido. Elas eram rotuladas de *stella nova* ("estrela nova") ou apenas *nova*. A nova de 1604 foi de fato o que agora chamamos de *supernova*, uma catástrofe estelar muito rara que por um breve período aumenta 1 bilhão de vezes ou mais a emissão de luz de uma estrela explodindo. Foi o astrônomo Johannes Kepler, em Praga, o primeiro a notar o fenômeno – e em consequência a nova de 1604 é conhecida como "nova de Kepler", sendo a mais recente supernova registrada na Via Láctea.

Nem Kepler nem Galileu nem ninguém tinham a mais leve explicação para como a nova surgira. O que foram capazes de fazer, porém, foi dizer alguma coisa a respeito da distância a que estava. E esta era uma questão do maior interesse astronômico, filosófico – e portanto também religioso.

Kepler, matemático da corte imperial, escreveu um livro – *Sobre a estrela nova* – que se preocupava largamente com especulações astrológicas. O mais racionalista professor Galilei deu três palestras sobre o assunto. Mas ambos compartilhavam a mesma opinião sobre sua distância.

A palavra-chave é *paralaxe*, ou o ângulo que pode ser medido quando se observa um objeto de dois pontos diferentes. Naturalmente, quanto maior a distância entre as observações, maior o ângulo. Mas também quanto mais perto o objeto está do observador, maior é o ângulo ao se mudar de lugar para fazer a observação de outro ponto. (Se algo está perto o bastante, podemos registrar com clareza a paralaxe apenas olhando o objeto com um olho e depois com o outro.) Ou o contrário: se alguém olha uma estrela de dois locais diferentes e não consegue medir *nenhuma* mudança no ângulo de visão, ela deve estar extremamente longe, a uma distância que é de uma magnitude bem diferente da distância entre os pontos de observação.

Galileu não saiu em viagem para observar a nova, mas tanto ele como Kepler puderam com facilidade comparar dados de observações por toda a Europa. E num ponto ambos concordaram: não havia paralaxe mensurável. Em outras palavras, a nova estava muito distante – consideravelmente mais longe que a Lua.

Essa opinião era – para dizer de forma branda – controversa.

O motivo precisa ser mais uma vez buscado no sistema aristotélico-ptolomaico e na sua interpretação teológica. Em Aristóteles há uma clara distinção entre o que é encontrado sob a Lua (mais precisamente: o que é encontrado dentro da esfera à qual a Lua é presa e que gira em volta da Terra) e o que está mais distante: estrelas, planetas e as esferas celestes a eles pertencentes.

Sob a Lua – na zona *sublunar* – tudo era composto dos quatro elementos: terra, ar, água e fogo. Aqui reinavam mutabilidade e transição: as estações se alternavam, plantas cresciam, floresciam e murchavam, pessoas nasciam e morriam, bolas caíam pesadamente no chão se largadas de torres. Além da Lua, contudo, aplicavam-se leis naturais bem diferentes. Tudo era feito de um único elemento – éter ou *quintessência*. Este não tinha peso (senão tudo teria caído sobre a Terra imóvel, o centro do Universo), e a única mudança ou movimento que ocorria era o "movimento natural" das esferas, em círculos perfeitos ao redor da Terra. Em contraste, todo movimento natural sob a Lua é reto, como a queda da bola, ou gotas de chuva caindo das nuvens.

Está claro que esta noção tinha profundas implicações teológicas. A perfeição eterna reinava nos céus; a existência terrena era, por outro lado, caracterizada por fragilidade e mudança temporais.

Então, por definição, uma "estrela nova" não podia absolutamente ser uma estrela – pois nesse caso devia ter ocorrido uma mudança na esfera celeste, lugar das estrelas fixas. A nova devia ser algum tipo de fenômeno natural no espaço entre a superfície da Terra e a Lua – na mesma categoria que a aurora boreal ou, por sinal, as próprias nuvens.

A acreditar-se em Galileu e Kepler, Aristóteles cometera um erro elementar também nesse ponto: o céu não era perfeito e imutável. Se a estrela nova não fosse um argumento direto em favor de Copérnico, com certeza punha outro ponto de interrogação contra a sabedoria aceita.

Para Galileu, talvez o resultado mais importante da nova fosse que ele precisou se dedicar com afinco à astronomia, um canto do "currículo" que não havia estudado em profundidade até aquele momento. Mas com certeza ele estava ciente de que a questão da paralaxe podia também se tornar um argumento sério *contra* a teoria de Copérnico do Sol no centro e a Terra em órbita, presumivelmente o melhor argumento científico de que dispunham a Igreja e os defensores da tradição.

Se a Terra de fato gira em torno do Sol, diziam os céticos, ela deve se mover uma distância enorme no curso de um ano. Logo, se observarmos uma estrela na primavera, e fizermos a mesma observação no outono, a Terra terá, nesse meio-tempo, se movido através do espaço até um ponto diametralmente oposto em sua órbita, uma distância muitas, muitas vezes maior do que podemos medir na superfície da Terra. Então por que ainda assim não conseguimos medir nenhuma paralaxe para essa estrela? ("Quanto maior a distância entre as observações, maior o ângulo.")

O próprio Copérnico dera a resposta a esta objeção. A paralaxe está lá, mas, como as estrelas estão muito distantes, mesmo em comparação com a distância da Terra em volta do Sol, ela é quase imensurável de tão pequena. Mas isso dava a incontroversa sensação de um argumento *ad hoc*. Qualquer coisa pode ser provada quando os dados são postulados de forma aleatória. (O argumento estava na verdade *correto*, mas a paralaxe estelar só foi medida pela primeira vez dois séculos depois, em 1838.)

Chegando perto de uma corte

Nenhum jubileu foi celebrado em Florença, mas mesmo ali o ano de 1660 foi bem agitado. O grão-duque Fernando teve justificativas de sobra para criar o tipo de entretenimentos pródigos que adorava. O maior deles ocorreu numa das ocasiões mais gloriosas na história de sua família: a sobrinha de Fernando, Maria de Médici, ia se casar com o rei da França, Henrique IV de Navarra. É verdade que a cerimônia na Catedral Santa Maria del Fiore em Florença foi realizada com seu representante, mas isto de forma alguma empanou as festividades. Houve corridas de cavalos, lutas, procissões e fogos de artifício – e grandes espetáculos musicais. O amigo íntimo de Galileu, o pintor Cigoli, tinha ligações com o exclusivo grupo interno *La Camerata*, pois tocava alaúde, e há forte evidência a sugerir que também foi ele quem desenhou o que hoje chamaríamos de cenário para *Eurídice*. Era o primeiro espetáculo operístico do mundo, e foi produzido na corte naquele ano.

Cigoli tinha outros encargos importantes, como arquiteto e como pintor, na sua cidade, onde era figura-chave na ruptura com o frio estilo "maneirista" de Bronzino. Cigoli era o último estilo da corte, o barroco, que evoluiu na música e nas artes pictóricas por volta de 1600.

Da sua cátedra professoral em Pádua, Galileu acompanhou os acontecimentos em Florença, e não só nas artes. Cigoli e outros o mantinham informado sobre todos os assuntos, grandes e pequenos. A corte claramente necessitava de especialistas de muitos tipos, e o tempo viria a mostrar que certos "espetáculos" eram tão grandiosos que exigiam pessoas com conhecimento de física e engenharia prática.

Mas é provável que, mediante seus diversos canais, ele tenha acompanhado a sorte do filho mais velho do grão-duque Fernando, príncipe Cosme, em quem depositava grandes esperanças. Em 1601, Galileu recebeu uma carta de um amigo e colega de Pisa, o professor Mercuriale, que também era médico da família Médici. Como uma dica amigável a um talentoso filho da cidade vivendo no exílio, Mercuriale mencionou a Galileu o futuro príncipe: algum dia o rapaz sucederia o pai no trono do grão-ducado – e, nesse ínterim, será que ele não estaria precisando de um bom professor de matemática?

A posição social de Galileu o impedia de dirigir-se diretamente à corte para tal consulta. Ele teria de deixar intermediários cuidarem do assunto, e foi só em 1605 que se sentiu seguro o bastante para abordar o príncipe, então com quinze anos, numa carta particularmente obsequiosa:

> Tenho, até agora, cuidado de enviar as necessárias demonstrações de minha estima por intermédio de amigos e benfeitores da minha maior confiança, porque não considerava apropriado – deixando a obscuridade da noite – revelar-me diretamente diante de vós e olhar diretamente nos olhos que contêm em si a luz mais clara do sol nascente, sem antes ter me preparado e fortalecido com o reflexo dessa luz.[14]

A carta trouxe resultado. Galileu passou o verão de 1605 como tutor privado de Cosme na mansão em Pratolino, nos arredores de Florença, onde um dia o grão-duque Francisco se recolhera para estudos nefastos com sua Bianca.

A vida em família do grão-duque era agora idílica, se comparada com as condições na época de Francisco. Cristina de Lorena era uma mulher devota e muito religiosa, que acabou tendo nove filhos com seu grão-duque, oito dos quais sobreviveram: quatro moças e quatro rapazes. Estes últimos Galileu mais tarde exploraria de maneira particularmente propícia e elegante.

Galileu saiu-se bem com o jovem Cosme, que estava longe de não ser talentoso em matemática. Terminado o serviço, Galileu conseguiu usar seu primeiro contato direto com os Médici para obter um necessitadíssimo aumento de salário em Pádua. (Era verdade que seu salário fora aumentado de 180 para 320 escudos em 1597.) Por meio de seu emissário em Veneza, o grão-duque Fernando insinuou que seu eminente conterrâneo, o professor Galilei, talvez pudesse estar ligeiramente sub-remunerado em seu posto. O Senado veneziano costumava ser cético em relação a tentativas de influência por meio de potentados estrangeiros, mas ele claramente não perdeu a viagem, pois o salário de Galileu foi aumentado para 520 escudos.

Após esse verão de sucesso, Galileu planejou sua próxima investida rumo à corte em Florença. Estava relacionada com seu invento, o compasso geométrico e militar. Tal instrumento – uma versão especialmente construída, feita de metais preciosos – viria a se revelar um presente oportuno para um futuro comandante militar em potencial como o jovem Cosme, sobretudo agora que o rapaz aprendera matemática o suficiente para usar algumas de suas funções. E Galileu podia matar dois coelhos com uma só cajadada bem aplicada: imprimiria um livreto dando a introdução ao uso do compasso, liberando-se dessa forma da instrução particular, podendo ao mesmo tempo ganhar algum dinheiro com a venda do compasso e do livro. O livro seria convenientemente dedicado ao príncipe Cosme, com asseverações da sua humilde estima:

> Se, poderoso príncipe, eu quisesse registrar nestas páginas todos os elogios reservados aos próprios méritos de Vossa Alteza, e de vossa incomparável família, seria obrigado a inserir uma descrição tão volumosa que este prefácio excederia em muito o tamanho do restante do texto.

É contra esse pano de fundo que devemos encarar a excessiva fúria de Galileu em relação a Baldassare Capra, autor de uma edição pirata (em latim) de *O funcionamento do compasso geométrico e militar*. Os biógrafos de Galileu muitas vezes têm se mostrado assustados com o temperamento exibido por Galileu nessa inconsequente questão. Galileu tinha um orgulho incomum e uma excitável disposição para brigar. E, sem dúvida, tal edição pirata poderia ter consequências financeiras. Ele levou a questão para a esfera legal, e o tribunal decidiu plenamente em seu favor: o livro de Capra foi confiscado. Mas Galileu não ficou satisfeito. Mandou imprimir um panfleto no qual dizia em termos claríssimos que seu adversário era "um malévolo inimigo meu e de toda a humanidade" e em que chamava os escritos de Capra de "o veneno do lagarto perverso",[15] para mencionar apenas dois epítetos que bombardearam o infeliz matemático e insignificante vigarista.

No que dizia respeito a Galileu não era simplesmente sua "honra" abstrata que estava em jogo, embora esta também tivesse bastante importância. Capra maculara seu presente para o futuro grão-duque, atrapalhando a bem considerada estratégia que o levaria para a corte florentina.

A própria grã-duquesa assegurou que Galileu fosse convidado quando o jovem Cosme casou-se em 1608. O casamento foi mais um triunfo dinástico da família Médici. A noiva, a arquiduquesa austríaca Maria Madalena, era irmã de Fernando de Habsburgo, que mais tarde se tornaria o imperador Fernando II. As comemorações desse matrimônio excederam qualquer coisa a que Florença já estivesse acostumada. O rio Arno foi transformado num "palco", com tribunas ao longo de suas margens. Nesse palco foi apresentada uma peça sobre Jasão e a busca pelo velo de ouro, incluindo golfinhos gigantes, ameaçadoras lagostas e uma Hidra que cuspia fogo.

Seria o reluzente espetáculo final do grão-duque Fernando. Em janeiro de 1609, Galileu recebeu em Pádua uma carta da grã-duquesa Cristina pedindo-lhe que fizesse um horóscopo para Fernando, pois este ficara gravemente enfermo. De maneira obediente, Galileu observou os astros, mas sem a perspicácia habitual, pois, apesar de predizer muitos anos de vida feliz para o grande homem, Fernando morreu apenas três semanas depois.

Com o falecimento de Fernando, foi-se o último Médici com algum bom senso. O grão-duque Cosme II, agora com dezenove anos, sem dúvida herdara do pai o gosto por eventos magnificentes, mas – a despeito das palavras de Galileu e todo o pródigo louvor esbanjado sobre seus méritos – muito pouco de sua inteligência calculista e sagacidade política.

Mas para Galileu a sucessão representava uma chance maravilhosa. A ascensão de Fernando ao título abrira-lhe a porta para o mundo acadêmico nos idos de 1587. Agora a morte do grão-duque simplesmente lhe oferecia uma oportunidade de ouro de sair daquele mundo e entrar em outro, ainda mais promissor.

As bolas caem no lugar

Depois das aulas, da vida familiar e das tarefas práticas, o que mais absorvia Galileu eram seus experimentos. E como ele não conseguiu avançar mais com seu plano inclinado, começou outra vez a observar o movimento do pêndulo, um tema que o havia interessado desde seus dias de estudante em Pisa.

Ele sabia que o tempo que um pêndulo levava em sua oscilação era constante, sem relação com a distância percorrida – contanto que as oscilações fossem pequenas. Mas a rapidez com que oscilava tinha uma correlação clara com o *comprimento* do pêndulo, embora ninguém soubesse que correlação era essa.

Era relativamente fácil medir com alguma precisão o tempo das oscilações constantes do pêndulo, uma vez que se podia medir o tempo de *muitas* oscilações e dividi-lo por esse número. Galileu percebeu que o movimento do pêndulo também é uma espécie de queda – um "movimento natural" não ditado por uma força externa. (Da perspectiva moderna isso não é verdade porque o pêndulo é afetado pela força da gravidade. Mas Galileu não sabia nada disso.)

E assim ele começou a medir o tempo das oscilações de pêndulos de diferentes comprimentos. Quando sua sala de trabalho ficava pequena demais, subia para os andares superiores da universidade e pendurava o pêndulo pela janela – o mais longo que testou tinha bem mais de nove metros. O tempo ainda era medido pesando a quantidade de água que entrara num recipiente.

Depois de algum tempo Galileu descobriu uma relação entre tempo de oscilação e comprimento. Com a escolha adequada da unidade de tempo (que chamou literalmente de "tempo"), ele pôde estabelecer uma proporção simples no modelo geométrico em que o tempo de oscilação era a *proporção média* entre 2 e o comprimento do pêndulo. Escrita em forma moderna, com o tempo = T e o comprimento do pêndulo = l, a relação fica assim:

$$\frac{2}{T} = \frac{T}{l}$$

Como o leitor interessado pode facilmente concluir, isto é o mesmo que dizer que o tempo de oscilação do pêndulo é proporcional à raiz quadrada do seu comprimento.

Depois disso, Galileu retornou aos seus corpos em queda para investigar o que acontecia com eles quando cobriam a mesma distância que o comprimento do pêndulo. Agora ele sabia o que estava procurando. Para sua grande alegria descobriu que aparentemente o *tempo de queda* também era proporcional à raiz quadrada do comprimento da queda. (Os valores absolutos eram, obviamente, diferentes do tempo de oscilação do pêndulo.)

Então aí estava a chave para a descrição precisa do "movimento natural". Só faltava pegar de novo seus planos inclinados e repetir os experimentos onde era mais fácil variar e medir. E aqui a coisa também funcionou – o tempo era proporcional à raiz quadrada da distância. Quando Galileu voltou a examinar suas velhas proporções para velocidade média em tempos diversos, constatou que essa lei estivera na sua cara o tempo todo, por meio dos seus números: se ele medisse o *comprimento* combinado que a bola rolara, a distância desde o ponto de partida era proporcional à raiz quadrada do *tempo* que tinha levado!

Era simples assim – e difícil assim.

Foi preciso excluir tanta coisa do antigo esquema mental, investir tanta precisão e método nos experimentos, dedicar tanta reflexão a áridos números para encontrar a relação que os ligava. O achado de Galileu ficou conhecido como a "lei dos corpos em queda" e forma a base para todo o ensino moderno do movimento, o ramo da física conhecido como *cinemática*. Na verdade, essa descrição matemática precisa de um movimento físico idealizado – movimento com aceleração constante – é realmente o próprio alicerce da física moderna.

Galileu formulou sua lei como uma proporção, no padrão geométrico, e não na forma moderna que conhecemos dos livros escolares:

$$s = \frac{1}{2} a t^2$$

onde s é a distância, a a aceleração e t o tempo.

É altamente duvidoso que uma operação aritmética como "elevar o tempo ao quadrado" tivesse algum significado para Galileu. E tampouco tem para nós – pelo menos nunca falamos em "segundos quadrados" ou "anos quadrados". Galileu trouxe as ciências naturais para um divisor de águas decisivo quanto à compreensão das pessoas do mundo ao seu redor: a descrição científica de forças naturais veste-se com uma roupagem matemática e decididamente se afasta do *senso comum* e das observações cotidianas que qualquer um de nós pode fazer. Em suma, o mundo é bem mais estranho do que parece à primeira vista.

Essa compreensão foi um pré-requisito fundamental para o avanço firme das ideias de Copérnico: podia-se *calcular* que a Terra girava em torno do Sol, mesmo que com certeza não parecesse estar girando. Galileu disparou o tiro inicial no desenvolvimento de suas ideias com a seguinte afirmação:

> A filosofia é escrita neste grandioso livro – me refiro ao Universo – que permanece continuamente aberto ao nosso olhar, mas que não pode ser compreendido a menos que primeiro se aprenda a entender a linguagem e interpretar os caracteres na qual é escrita. E o Universo está na linguagem da matemática, e seus caracteres são triângulos, círculos e outras figuras geométricas ...[16]

O estilo romano

Um dos amigos mais próximos de Galileu em Veneza era o monge servita Paolo Sarpi. O irmão Sarpi era um homem extremamente erudito que havia ocupado uma posição elevada dentro da ordem em sua sede em Roma, onde estivera em bons termos com o papa Sisto V e, acima de tudo, com o poderoso jesuíta Roberto Belarmino. Quando os chefes da ordem quiseram reformar seus claustros, Sarpi foi escolhido para a tarefa. Ele foi enviado de Roma para o norte como um clérigo muito respeitado e digno de confiança.

Sarpi era, na realidade, um homem cheio de dúvidas, influenciado pela Reforma e pelas novas ideias de sua época. Ele se esquivou da sua atribuição, estabeleceu-se em Veneza e ofereceu seus serviços para a República, porém permanecendo dentro da ordem servita. À sua maneira, levava uma espécie de existência dupla. Usava uma máscara que o protegia da ira da Inquisição. Por trás da máscara, vivia uma vida reservada e cautelosa, com a equivocação e ambivalência cética que sentia em relação a todas as verdades aceitas, fossem em religião, política ou ciência. Entre as coisas de que duvidava estava a Santíssima Trindade, e ele acreditava que Jesus fora um profeta, não o filho de Deus. Discutia essas opiniões com os rabinos em Veneza, um exercício intelectual que estava longe de ser seguro.

Sarpi e Galileu foram naturalmente atraídos um para o outro. As questões teológicas com certeza não interessavam a Galileu, mas a curiosidade cética de Sarpi era abrangente. Os dois discutiam cosmologia, mecânica, cinemática e a teoria do calor – esta última resultando num instrumento bastante impreciso para medir temperatura, o "termoscópio".

As relações entre Veneza e Roma eram tensas. A República defendia sua independência, enquanto o papado se preocupava com a possibilidade de ideias heréticas do norte se infiltrarem através de Veneza, e tentava afirmar sua supremacia em todas as questões relacionadas com a vida religiosa.

A crise surgiu quando dois padres foram presos em Veneza em 1605, acusados de assassinato. A Igreja exigiu que, seguindo as regras normais, eles fossem entregues a seus superiores no clero, que então examinariam o assunto. O Senado veneziano recusou-se a entregá-los e, em vez disso, denunciou os padres ante uma corte secular. A Igreja viu essa atitude como um sério ataque a seus privilégios.

Em Roma, o jurista e teólogo Camillo Borghese acabara de ser eleito papa com o nome de Paulo V. Seu estilo de vida pessoal era simples e modesto – mas ele tinha ideias bem-definidas sobre a autoridade absoluta do papado. No mesmo dia da sua eleição, ordenou a imediata decapitação de um escritor de Cremona, cuja ofensa fora comparar um papa anterior com o imperador romano Tibério.

O papa Paulo ficou furioso com o tratamento dado por Veneza aos dois padres, e mobilizou seus melhores advogados eclesiásticos para redigir uma recomendação, uma base legal para a ação contra a República. Este trabalho foi entregue a um grupo de jesuítas especializados, chefiados pelo cardeal Roberto Belarmino, velho amigo de Sarpi, e o homem que desempenhara um papel decisivo no caso contra Giordano Bruno.

Com base nessa recomendação, o papa mostrou sua maior arma, à parte uma guerra aberta: em abril de 1606, impôs um interdito sobre Veneza. Proibiu todos os serviços eclesiásticos aos venezianos, como a missa, a comunhão e outros sacramentos, inclusive o enterro cristão. Isto significava que qualquer um que morresse em Veneza teria de passar a eternidade num inferno dantesco.

Durante o caso Bruno as autoridades venezianas não tinham se empenhado para tentar salvar seu cético frade da extradição. Mas agora não era mais uma questão do destino de um frade, ou de um par de padres – era uma questão de poder, de quanta soberania legal um Estado independente realmente tinha em relação à Igreja.

Então o Senado revidou, rápido e com força. Ordenou que todos os padres da região de Veneza considerassem inválido o interdito de Roma, expulsou todos os jesuítas do solo veneziano e redigiu sua própria contrarrecomendação, que concluía que a bula de excomunhão do papa "não estava de acordo com nenhuma razão natural, e em contravenção com os ensinamentos da Sagrada Escritura, das doutrinas dos Pais da Igreja e dos sagrados escritos canônicos". O interdito, portanto, "não era apenas ilegal e injustificável, mas também vazio e sem qualquer tipo de força".[17]

Esta recomendação – e aqui pode-se realmente falar em "cuspir na cara de Roma"– foi formulada por Paolo Sarpi. O frade representava uma nova era no campo político. Estava defendendo o Estado moderno, secular, capaz de chegar a decisões independentes com uma base imparcial legal, em vez de teológica.

Ao fazer isso, o irmão Paolo Sarpi saíra do esconderijo, mostrando que, atrás da máscara, era um homem muito corajoso. Mas quando a crise evoluiu a ponto de uma guerra, foi ordenado a apresentar-se em Roma. Sabiamente, absteve-se de fazer a viagem.

O interdito foi rescindido depois de um ano, após um acordo que não satisfez nenhuma das partes. Mas houve aqueles que se lembraram do envolvimento de Sarpi.

A rede labiríntica de estreitas ruelas deveria ser um local ideal para assassinatos. Mas os dois homens armados que atacaram Sarpi numa noite do outono de 1607 não conseguiram completar o serviço. Deixaram o frade sangrando profusamente, com um corte de punhal no rosto, mas não morto. Se foi o próprio papa ou o ainda mais injuriado e raivoso Belarmino quem esteve por trás da tentativa de assassinato, nunca se pôde estabelecer com segurança.

Sarpi tinha suas próprias suspeitas. "Reconheço o *stilus* da cúria romana", disse ele. *Stilus* significa tanto "estilo" como "estilete". Os agressores se safaram.

O Senado percebeu que Sarpi precisava de uma proteção melhor. Um espião papal apanhado em 1610 quando tentava cair nas graças do secretário de Sarpi foi imediatamente condenado ao afogamento na laguna; punição que evitou ao admitir e documentar que fora enviado pelo papa. Aos poucos, Sarpi encontrou paz suficiente para começar sua obra magna: a história do Concílio de Trento, uma revisão histórica crítica da própria base da Contrarreforma.

Galileu acompanhou os feitos do amigo a uma distância respeitosa. Questões políticas e legais não estavam no âmbito de seus interesses, tampouco a independência de Veneza, sobretudo porque ele tinha planos de deixar a República assim que se apresentasse uma oportunidade. Manteve-se em contato com Sarpi, mas certamente não tinha interesse em chocar-se com a autoridade papal, pois poderia fazer bom uso de seus contatos em Roma. Acima de tudo, não compartilhava da repulsa de Veneza pelos jesuítas, que, apesar de tudo que foi dito e feito, incluíam em suas fileiras vários dos melhores matemáticos da Itália.

E estava menos disposto ainda a se indispor com a profundamente religiosa grã-duquesa Cristina, que ainda exercia muita influência na corte do Palazzo Pitti. Porque, agora, a chance que ele vinha esperando chegara.

O tubo com a longa perspectiva

Paolo Sarpi tinha contatos por toda a Europa. Em algum momento perto do Natal de 1608, ouviu boatos de que um construtor de lentes na Holanda havia criado um tubo longo. Se alguém olhasse por ele, tudo parecia ficar mais perto e maior.

O monge servita não estava pessoalmente muito interessado nisso. Mas, quando os boatos ficaram mais fortes, e considerando as implicações militares que tal instrumento poderia ter, mencionou o fenômeno ao amigo Galileu, numa noite de junho de 1609, quando o professor estava em visita a Veneza.

O inventor do compasso geométrico e militar percebeu de imediato que aí estava uma oportunidade completamente nova. Enquanto o compasso podia apenas calcular a distância até as posições inimigas, este novo instrumento podia *mostrá-las*! O "vidro de espiar" era, ao mesmo tempo, um desafio prático e intelectual e possivelmente uma dádiva divina financeira.

Galileu entendeu que o segredo estava relacionado a lentes, do tipo feito por fabricantes de óculos. Como Veneza era um centro de fabricação de vidro, era fácil ter acesso a uma seleção adequada de diferentes lentes. Ele então viajou para Pádua sem demora e começou a trabalhar.

Não estava familiarizado com nenhuma teoria prática da refração, então foi tateando o caminho por meio de tentativa e erro. O instrumento tinha o formato de tubo, então era razoável supor que havia uma lente em cada extremidade, com uma certa distância no meio. Mas que tipo de lentes? Havia lentes curvas de dois tipos, convexas e côncavas, e outra que era plana de um lado e curva do outro.

Após um dia de experimentação Galileu tinha um telescópio primitivo. Pôs no tubo uma lente plano-convexa e uma plano-côncava e obteve uma imagem fora de foco de objetos distantes, ampliados cerca de três ou quatro vezes. Orgulhosamente, retornou a Veneza por água e mostrou o resultado a Sarpi e outros amigos: o que quer que inventores estrangeiros fizessem, os profissionais da própria República podiam copiar e superar facilmente!

Seus amigos ficaram com o telescópio. Galileu voltou a Pádua para continuar o trabalho.

Ele tinha plena consciência de que o instrumento não estava bom o suficiente, e que sem dúvida versões melhoradas seriam feitas por outros. Assim, tentou compreender a teoria por trás do funcionamento e, ao mesmo tempo, aprendeu a polir vidro.

Entrementes, Sarpi e os outros empenhavam-se em Veneza. Entraram em contato com o Senado, demonstrando e gabando-se da nova invenção. Galileu foi elogiado e lhe foi prometido um pagamento melhor. Ele trabalhou conscienciosamente nas suas lentes. Em agosto tudo estava pronto para a grande demonstração.

Mais uma vez Galileu subia no alto de uma torre, dessa vez o esguio e lindamente isolado campanário da famosa Piazza San Marco em Veneza.

Junto com ele, subindo pela rampa circular e sem degraus, iam os líderes da República, senadores e outros. Ele próprio carregou o instrumento; deu-lhe o nome de *cannocchiale*. O tubo parecia pesado nas suas mãos – era feito de chumbo e coberto com um tecido de algodão carmim. Tinha cerca de sessenta centímetros de comprimento e era bastante estreito.

O dia estava claríssimo. Do alto da torre, cem metros acima da praça, a vista se abria em todas as direções.

Cada um dos convidados olhou na sua vez. Punham o tubo num dos olhos, fechavam o outro e o apontavam por sobre a laguna.

Um dos homens apontou o tubo para o norte, na direção da ilha fabricante de vidro, Murano, a pouco mais de um quilômetro. Teve um pouco de trabalho para localizar a igreja de San Giacomo dentro do pequeno campo de visão, mas, assim que conseguiu, pôde distinguir claramente as pessoas que entravam e saíam pela porta da igreja. Um pouco além, uma gôndola estava amarrada no Canal, onde pessoas desembarcavam.

Outro homem virou o tubo para o sudoeste e seguiu a linha costeira com a lente. Viu algo que devia ser Fusina, o lugar onde desaguava o canal vindo de Pádua. E assim continuaram, dando a volta pelo horizonte – até que um senador avistou algo que seguramente era uma cúpula distante, ou um campanário no continente. Ele apontou, os homens discutiram a direção, vários outros deram uma olhada – e então concordaram: devia ser Santa Giustina, em Pádua!

Galileu lhes dera a possibilidade de espiar pela planície da torre mais alta de Veneza e ver todos os arredores da cidade em que viviam.

Veneza ficava virada para fora, para o Adriático. O mar trazia riquezas para a República – mas também perigos. Nenhum dos senadores tinha qualquer dúvida sobre as implicações do *cannocchiale* de Galileu: um navio inimigo podia ser observado com várias horas de antecedência, e os defensores podiam ter uma ideia de seu tamanho e armamentos.

Após essa convenção, Galileu *presenteou* Veneza e o Senado com seu invento. Ele era um acadêmico, não um artesão que vendia seus serviços. Cabia aos administradores mostrar o quanto tinham apreciado o presente. Ele não pôde reclamar da reação: o professorado em Pádua era seu para o resto da vida, e seu salário foi praticamente dobrado para a quantia redonda de 1.000 escudos por ano. Era ponto pacífico que ele não divulgaria o funcionamento do tubo mágico para mais ninguém.

Mas aqui o Senado cometeu um erro de cálculo. Um cético agente toscano em Veneza relatou à corte do grão-duque: "Conta-se que na França e em outros lugares o segredo já é bem conhecido, e pode ser comprado por uma pequena quantia." E então, apenas duas semanas depois: "O segredo do *signor* Galileu, ou 'o tubo com a longa perspectiva', está sendo agora vendido aqui publicamente por um certo francês..." O agente, porém, teve de admitir que os telescópios de Galileu eram muito superiores, uma superioridade que – graças à habilidade prática e visão técnica do professor – continuaria por vários anos.

Um mundo novo

O TELESCÓPIO COM a capa carmim ampliava nove vezes. Galileu fez muitos deles no decorrer do outono. Não se sentia restringido pela sua promessa ao Senado de manter a invenção em segredo – ainda mais porque basicamente a invenção não era sua –, mas tinha de admitir que os produtos eram de qualidade variada dependendo do seu sucesso com as lentes.

As lentes da objetiva nos primeiros telescópios eram pequenas. Galileu descobriu que podia lapidá-las com mais precisão se as fizesse maiores, mas isso afetava a definição da imagem. Então começou a trabalhar na objetiva, a cobrir a maior parte dela até que só restasse uma pequena abertura. Este foi um aperfeiçoamento, assim como seus experimentos em confeccionar o tubo de modo que pudesse ser puxado para fora e para dentro.

Embora Galileu também tentasse descrever a teoria da "perspectiva" e da "refração", foram seus experimentos práticos que gradualmente melhoraram o telescópio. No começo do outono ele tinha um modelo capaz de ampliar vinte vezes.

Tão logo as noites em Pádua ficaram longas e escuras, Galileu deu o passo seguinte. Ergueu seu *cannocchiale* e o apontou para o céu.

Ele ainda não viera a público com suas opiniões sobre cosmologia. No que dizia respeito ao sistema de Copérnico, ainda vivia e ensinava segundo a máxima de Sarpi:

> Seus pensamentos mais íntimos devem ser guiados pela razão, mas você deve agir e falar apenas como os outros.[18]

Mas ele tinha uma sensação definida de que o consenso sobre verdades astronômicas era basicamente tão falho quanto ele demonstrara com a "verdade" sobre corpos em queda livre. De fato, desconfiava, embora não pudesse provar, que os corpos de forma esférica no céu de algum modo obedeciam às mesmas leis simples que as bolas terrenas, cujo tempo ele medira centenas de vezes rolando abaixo por seus planos inclinados.

Agora o telescópio lhe permitia uma oportunidade de ouro para observar fenômenos celestes que ninguém ainda vira. Mas seus concorrentes logo teriam instrumentos similares nas mãos, então era preciso fazer o melhor uso dessa vantagem inicial.

A Lua era o objeto óbvio mais fácil de se observar. A partir do fim de novembro, ele fez observações regulares que forneceram um quadro totalmente novo e surpreendente. Em vez de esférica e lisa, como descreviam os livros-textos, a superfície da Lua era áspera e irregular, com vales, montanhas e crateras. Não havia ali nenhuma perfeição circular, aristotélica.

Um mundo novo se abriu quando ele ergueu o telescópio ainda mais alto: a larga faixa da Via Láctea dissolvia-se em estrelas, miríades de estrelas desconhecidas! Nunca haviam sido vistas por Ptolomeu nem mais ninguém, não estavam assinaladas em nenhum mapa celeste, nunca lhes fora conferida qualquer importância astrológica. Mas existiam.

Tudo isso já era muito relevante. Mas sua grande e revolucionária descoberta começou na noite de 7 de janeiro de 1610.

Galileu, professor de matemática, não era um astrônomo experiente da escola de Tycho Brahe, acostumado a fazer estimativas minuciosamente precisas. Mas nessa noite ele tentou localizar Júpiter, cujo aspecto era então favorável. Como as lentes da objetiva precisaram ser reduzidas usando um pedaço de cartolina com um furo, o ângulo de visão era mínimo. Quando o professor enfim achou o planeta, notou que ele parecia um minúsculo disco achatado, e não só um ponto de luz. Além disso, viu três pequenas estrelas desconhecidas diretamente alinhadas com Júpiter, bem perto do planeta. Duas delas estavam localizadas a leste de Júpiter, a terceira mais a oeste.

Era uma visão esquisita, mas Galileu já tinha descoberto que seu telescópio captava muitas estrelas novas e desconhecidas. Então, calmamente, anotou as recém-achadas, contente por ter feito mais uma descoberta que deixaria estarrecida a corrente dominante em astronomia e lhe traria ainda mais crédito – e talvez, no longo prazo, uma renda ainda maior que os 1.000 escudos do Senado veneziano.

Na manhã seguinte, 8 de janeiro, estava pronto para fazer mais observações do movente planeta Júpiter, que, de acordo com os cálculos e tabelas, deveria ter então mudado um pouco de posição em relação às estrelas fixas. Como Júpiter, visto da Terra, deveria ter se movido *para oeste*, Galileu esperava que o planeta tivesse ultrapassado a terceira das estrelas recém-descobertas, de modo que todas as três estariam agora a *leste* do planeta. Mas quando conseguiu afinal localizar Júpiter no seu pequeno campo de visão, não havia nada a se ver do lado leste. As três estrelinhas estavam todas nitidamente dispostas do lado *oeste*.

Galileu desenhou a constelação num pedaço de papel e comparou com suas anotações da noite anterior. Não havia margem para dúvida: Júpiter não estava se comportando do modo como deveria se comportar. E Galileu não tinha ideia do motivo. Mas como sabia que a maioria dos aparentes mistérios acaba tendo explicações simples, imaginou que pudesse ter algo a ver com erros nas tabelas. Durante a maior parte do ano, a órbita observada de Júpiter move-se *para leste* em relação às estrelas fixas. Se isso valesse também para esses dias de janeiro, não haveria nada para explicar.

Mesmo assim, ele ficou ansioso para saber o que veria na noite seguinte. Mas 9 de janeiro foi um dia morno e encoberto em Pádua. O céu era de um cinza uniforme, sem o menor sinal de qualquer estrela conseguindo perfurar o cobertor de nuvens.

O dia 10 de janeiro de 1610, por sua vez, foi frio e claro, e o bom tempo perdurou até o cair da noite. Assim que escureceu, Galileu montou seu telescópio. Fixou-o num tripé – sem apoio era difícil manter o instrumento parado quando se observavam objetos distantes. Então limpou as lentes e virou o telescópio para o ponto no céu onde agora deveria estar Júpiter.

O que viu foi o suficiente para se convencer de que estava no caminho de algo incompreensível, algo inteiramente novo e desconhecido.

Apenas duas das estrelas estavam agora visíveis, mas de volta à posição onde ele as tinha visto três dias antes, alinhadas a *leste* de Júpiter.

Talvez a principal característica de Galileu Galilei como cientista fosse a sua misteriosa capacidade de tirar conclusões rápidas, quase intuitivas, de um número limitado de observações. Certa vez ele escreveu que seu modo de raciocinar era o modo do próprio Deus: "... conclusões imediatas, sem transições, são o que caracteriza a mente de Deus." (Mas quando era Galileu, e não Deus, quem dava os saltos mentais, as conclusões nem *sempre* estavam corretas.)

Fez mais uma vez um desenho dos três corpos celestes e ponderou sobre o fenômeno. As tabelas dos movimentos de Júpiter não tinham nada a ver com o assunto. Independentemente de qualquer falha nas tabelas, os planetas sempre se moviam de forma mais ou menos regular para leste ou para oeste, não pulavam para a frente e para trás de uma noite para outra.

Havia obviamente a possibilidade de, de uma observação para a seguinte, ele ter misturado as estrelinhas novas com outras estrelas nas proximidades. Mas não importava com quanto cuidado vasculhasse o céu em torno de Júpiter, ele não achou outras estrelas. E a única explicação razoável para a aparente ausência de uma delas era que, por enquanto, estivesse escondida atrás de Júpiter.

Só restava uma explicação: o estranho fenômeno não tinha nada a ver com a órbita de Júpiter. *Devia estar relacionado com um movimento das próprias estrelinhas!*

O problema era que, de acordo com todo o conhecimento astronômico desde os gregos até Tycho Brahe, as estrelas fixas permaneciam paradas – era por isso que eram chamadas de estrelas fixas. Só os planetas se moviam, e só em suas órbitas fixas, e não de forma confusa.

Já nessa noite Galileu suspeitou sobre o que estava observando. Mas na noite seguinte, 11 de janeiro, quando as estrelinhas exibiram mais uma configuração diferente, ele teve certeza. A questão, escreveu, era "clara como o dia": os pequenos pontos de luz não eram estrelas nem planetas. Eram – não importava quão ridículo soasse – *luas*.

Ao contrário da grande maioria dos seus contemporâneos, o professor Galilei certamente desprezava a astrologia. Mas sabia ler um portento no céu quando via um. E soube muito bem o que esses satélites – duas noites depois descobriu que na verdade eram quatro – anunciavam. Pressagiavam não somente uma revolução na astronomia, mas, se ele agisse de maneira ágil e segura, poderiam provocar também uma dramática mudança em seu próprio destino.

Os filhos de Júpiter

No Palazzo Pitti em Florença, o grão-duque Cosme II, agora com vinte anos, levava uma vida de afetação e modismos, enquanto a mãe e a esposa dedicavam a maior parte do tempo à religião. A família governante distanciava-se cada vez mais das realidades da vida política cotidiana. Em consequência, os *símbolos* de poder e sua fundação assumiam uma importância maior.

Galileu, com seus bons contatos na corte, estava bem ciente disso. Já em 1608 tentara persuadir a grã-duquesa Cristina de que sua percepção científica podia ser transformada em lucro num uso avançado de simbolismo. Em uma carta a ela, sugeriu que fosse cunhada uma medalha para comemorar o casamento de seu filho com Maria Madalena. O emblema central da medalha seria uma pedra de ferro imantado em forma de globo atraindo pedacinhos de ferro de todos os lados. O poder magnético do ímã – sob o dístico *Vim Facit Amor*, "O amor cria a força" – simbolizaria a indomável ânsia dos súditos pelo seu governante, mas também o poder irresistível que ele irradiava.

Nenhuma medalha foi cunhada, ao que parece o simbolismo era um pouco etéreo demais para Cosme e o cortesão mediano. Mas não havia nada de errado com a ideia. E ela podia ser aplicada até mesmo ao próprio Júpiter.

Os febris esforços científicos de Galileu, sempre orientados para sua carreira, durante a primavera de 1610 devem ser vistos como dois lados da mesma moeda. Se ele fosse abrir espaço para uma ciência natural moderna, não aristotélica, baseada na experimentação, observação e análise matemática, essa ciência precisava ter status. E o status estava vinculado à posição do expoente dentro da sociedade – não à aprovação colegial dentro das torres de marfim da academia.

O nome Cosme muitas vezes era ligado a *cosmo*. Cosme I gostava de representar a si mesmo como realizador da sorte predestinada de Florença, garantida pelo cosmo mediante os horóscopos adequados que ele fazia questão de mandar elaborar. Nessa mitologia Médici, Júpiter – tanto o deus como o planeta – desempenhava um papel principal. Da mesma forma como Júpiter era o chefe dos deuses, pai da dinastia divina, assim também Cosme I era o fundador de uma linhagem de grão-duques, uma família de governantes absolutistas erguidos acima da vida comum cotidiana.

Agora Cosme II tinha o título. A única maneira de se aproximar dos governantes era dando presentes incondicionais. Galileu presenteara seus patrões em Veneza com seu telescópio, e fora recompensado. Mas agora tinha um presente ainda mais espetacular – se não na manga, pelo menos no talento.

Ainda no outono anterior, Galileu mostrara o telescópio a Cosme II durante sua visita à cidade. O jovem governante havia se interessado, então agora Galileu propôs-se a escrever um breve relatório para a corte em Florença sobre suas novas descobertas. Logo ficou sabendo pelos seus contatos que o nobre ficara perplexo e impressionado com as façanhas de seu velho tutor. E o mesmo acontecera com seus três irmãos mais novos.

Galileu já começara a escrever um pequeno livro sobre suas descobertas telescópicas, ao mesmo tempo que continuava suas observações. Agora o essencial era a rapidez. Em 13 de fevereiro, escreveu ao "primeiro-ministro" de Cosme, seu secretário de Estado, Belisario Vinta, perguntando-lhe como deveria chamar esses quatro corpos celestes: estrelas *cósmicas* ou *mediceias*?

Os quatro satélites de Júpiter eram a maior descoberta astronômica já feita. Galileu literalmente queria dedicá-los aos Médici dando-lhes nomes e incorporando-os ao universo simbólico da família.

Mas a pressa se fazia necessária. Pessoalmente, gostava mais da associação "Cosme-cosmo", e descreveu seu achado usando essa terminologia. Isto significou que, quando o livro estava quase pronto para ser impresso, e a resposta de Florença chegou, teve de fazer um pouco de trabalho de recortar e colar. Embora o jovem grão-duque ficasse graciosamente feliz em aceitar que os quatro satélites de Júpiter viajassem pelo espaço em homenagem a ele e seus três irmãos, seu desejo era que recebessem o nome da família.

Seriam então as estrelas mediceias.

O livro de Galileu sobre a descoberta saiu em 12 de março. Era dirigido a um amplo público europeu e escrito em latim, não em toscano. Os quinhentos exemplares foram vendidos na mesma semana. O título era *Sidereus nuncius*, que podia significar tanto "O mensageiro das estrelas" como "A mensagem das estrelas". A intenção de Galileu era o segundo significado.* Entre várias páginas de dedicatórias ele escreve a Cosme II:

> As graças imortais de vossa alma mal começaram a brilhar sobre a terra e reluzentes estrelas se oferecem nos céus que, como línguas, falarão e celebrarão vossas mais excelentes virtudes por todos os tempos.[19]

A mensagem que as estrelas tinham era um tributo aos Médici. Era impossível dizer mais claramente que Galileu encontrara evidência científica para o horóscopo dinástico da família.

Mas entrelaçada com esta mensagem havia outra: o professor Galilei, florentino, possuía todas as qualificações necessárias, tanto nas suas vir-

---

* A tradução consagrada do título da obra de Galileu *Sidereus nuncius* é *O mensageiro das estrelas*, em inglês *The Starry Messenger*. No entanto, segundo o autor neste parágrafo, a intenção de Galileu era "mensagem" e não "mensageiro". Assim, manteremo-nos fiéis ao autor e adotaremos *A mensagem das estrelas*. (N.T.)

tuosas realizações científicas quanto na maestria em exageros elogiosos como cortesão, para o posto de matemático na corte de Florença.

A tal posição não era possível se candidatar; era uma marca de graça e favor.

Além de um exemplar de *A mensagem das estrelas*, Cosme II também foi presenteado com o telescópio usado por Galileu por ocasião da sua descoberta. Agora o grão-duque podia ver por si só, se estivesse em dúvida. Galileu viajou para Florença e Pisa no feriado da Páscoa a fim de mostrar os satélites ao grão-duque e a sua corte pessoalmente.

O grão-duque e a corte tiveram *sim* suas dúvidas. Até então, apenas Galileu identificara as estrelas mediceias. O telescópio era tão primitivo que exigia um operador muito habilidoso e com prática para localizar os objetos, quatro minúsculos pontinhos de luz na ponta do tubo do telescópio. Se a descoberta fosse refutada por outros, pouca honra haveria para Cosme, e sim ridículo internacional por um nobre conceituado que aceitava indiscriminadamente qualquer bajulação.

A primeira resistência de fato surgiu bem depressa. De forma não inesperada, emanou da Universidade de Bolonha. Era o reduto do matemático Giovanni Magini, o velho rival de Galileu.

Galileu decidiu visitar Bolonha na volta de Florença, de modo a poder demonstrar pessoalmente os quatro novos corpos celestes. Foi um encontro estudadamente polido de colegas eruditos. Magini organizou uma reunião profissional naquela noite, incluindo colegas e estudantes. Todo mundo teve a chance de apontar o telescópio para o céu.

Mas Magini não viu, ou não quis ver, os satélites. Além disso, estava longe de acreditar que descobertas feitas com o auxílio de um telescópio fossem cientificamente válidas. Quem podia afirmar que os novos fenômenos não eram ilusões ou fantasias brotando da própria construção do aparelho?

Magini tinha um jovem aluno da Boêmia chamado Martin Horky morando em sua casa. O professor permitiu ao estudante servir como ponta de lança no ataque a Galileu, uma tática não desconhecida, e que o próprio Galileu seria capaz de empregar. O bom Horky empunhou a clava com zelo. Numa carta a ninguém menos que Johannes Kepler, escreveu:

> Mas todos reconheceram que o instrumento enganava. E Galileu ficou calado, e no dia 26, uma segunda-feira, abatido, deixou o sr. Magini muito cedo pela manhã. E não agradeceu os favores e os muitos pensamentos, porque, muito cheio de si, quis vender uma fábula … Assim o desgraçado Galileu deixou Bolonha com seu vidro de espiar.[20]

Sem perda de tempo Horky publicou um livreto que intitulou *Contra Sidereum nuncius* – "Contra a mensagem das estrelas". Admitidamente, precisava reconhecer que o telescópio fazia maravilhas *in inferioribus* – "nas regiões inferiores". Mas era inutilizável *in superioribus* – para fazer observações de fenômenos astronômicos. Desta maneira Horky podia alegar uma base aristotélica para sua crítica. Mas seu ataque foi muito virulento, ao acusar Galileu de ser um charlatão acadêmico e comparar os satélites de Júpiter a tentativas de encontrar a quadratura do círculo. Isto foi demais para Magini, que chutou o estudante para fora de sua casa professoral. Mas os rumores do relatado fiasco de Galileu espalharam-se depressa. Horky mandou o livro a qualquer um que pudesse ter influência, até mesmo Paolo Sarpi – e não menos para Florença.

Ali ele foi lido com o maior interesse. Patriotismo não era o único traço que floresceu em Florença. Ele era misturado com um sentimento igualmente intenso de inveja e ceticismo em relação aos filhos da cidade que se destacavam, algo que com certeza Dante poderia ter confirmado. Entre os que embarcaram no panfleto de Horky havia dois filósofos locais chamados Sizzi e Delle Colombe. Este último nome significa "das pombas". O homem estava obviamente longe de contente pelo fato de a águia Galileu estar retornando à sua cidade natal.

Pois Cosme II havia superado suas dúvidas. Em 10 de julho, nomeou Galileu matemático e filósofo do grão-ducado. Formalmente, ele se tornaria professor extraordinário na Universidade de Pisa, mas sem quaisquer obrigações de residência e ensino.

O motivo para Cosme ter se deixado persuadir tão depressa, apesar da resistência, deveu-se principalmente ao apoio pleno, entusiástico e incondicional que Galileu recebeu do mais conceituado astrônomo da Europa. Foi um apoio bem-vindo – e mais do que um pouco estranho, considerando que esse astrônomo também não conseguira distinguir os satélites de Júpiter através dos telescópios que tinha a seu dispor!

Johannes Kepler, matemático imperial

Uma das coisas mais extraordinárias na vida e no trabalho de Galileu é a sua relação com este importantíssimo colega, um homem sete anos mais novo, que ele nunca conheceu pessoalmente e com quem raras vezes se correspondia. Kepler, alemão e protestante, tinha as chaves de que Galileu necessitava. Além disso, elas eram formuladas de forma simples e espantosa "na linguagem da matemática".

Johannes Kepler nascera na pequena cidade de Weil, junto ao Reno, onde o rio forma a fronteira entre a moderna Alemanha e a Suíça. Tornou-se professor numa escola primária protestante em Graz, na província da Estíria, hoje sul da Áustria, onde, em 1596, aos 25 anos, publicou sua grande obra, *O mistério cosmográfico*, uma sóbria descrição do sistema de Copérnico, misturada com grandes doses de numerologia influenciada pela religião.

Kepler assumia que os planetas – inclusive a Terra – giravam em torno do Sol. Naquela época havia seis planetas (a descoberta de Urano, Netuno e Plutão* estava esperando o telescópio). Kepler acreditava poder provar – com ajuda de uma boa dose de suposições – que nos cinco espaços entre as órbitas dos planetas achavam-se os cinco chamados *corpos perfeitos*, que consistiam em poliedros regulares.

Usando esta astuta construção, virou de cabeça para baixo os argumentos religiosos contra Copérnico. Simplesmente declarou que o engenhoso plano de Deus para a criação não era *refutado* pelo sistema de Copérnico,

* Descoberto em 1930 pelo astrônomo norte-americano Clyde Tombaugh, Plutão foi rebaixado para a categoria de "planeta anão" em 2006.

mas, ao contrário, era *demonstrado* em sua plena perfeição. "Agora pode-se ver como, por meio dos meus esforços, Deus também se permite ser aclamado em astronomia", escreveu ele ao seu professor, Mästlin. Colegas mais céticos ficaram impressionados, mas não convencidos.

Galileu também recebeu um exemplar de *O mistério cosmográfico*, e Kepler pediu seus comentários sobre a obra, mas estes nunca se concretizaram; houve apenas uma evasiva carta de agradecimento na qual Galileu reconhece compartilhar da convicção de que Copérnico estava correto – mas diz não querer declarar o fato em público.

Em Praga ficava o trono de Rodolfo II, imperador do Sacro Império Romano. Enquanto ao seu redor eram travadas furiosas disputas de poder, o imperador recolheu-se à arte e à ciência. Rodolfo providenciou para que Tycho Brahe, que praticamente fugira da Dinamarca após ser acusado de maltratar seus inquilinos, fosse convocado à cidade como matemático imperial.

Tycho Brahe reconheceu que Kepler era um gênio e pediu-lhe que viesse a Praga, para cessar suas especulações e concentrar-se em observações empíricas, área em que o próprio Brahe era um consagrado mestre. Kepler aceitou o convite – mas não antes do fatídico ano de 1600, e apenas porque, sendo protestante, fora literalmente expulso da Estíria, onde predominavam os católicos.

Kepler era um místico e teórico especulativo. A força de Brahe residia na observação minuciosa, na qual cada premissa era verificada. No seu auge na Dinamarca, ele despachou uma expedição a Frombork apenas para checar se Copérnico tinha com precisão a latitude correta para *suas* observações. Kepler e Brahe não se davam bem, mas seu trabalho mudou a astronomia para sempre. O primeiro encontro entre os dois teve lugar em 4 de fevereiro de 1600, data que pode muito bem ser chamada de despertar de uma nova era.

Kepler, tímido e sensível, logo descobriu que não era fácil trabalhar com o turbulento aristocrata dinamarquês. Além disso, não gostou muito do trabalho que lhe fora dado – redigir um panfleto atacando um dos oponentes de Brahe! Mas a colaboração entre ambos não durou muito, porque em outubro de 1601 Brahe morreu súbita e inesperadamente – conta-se que sua bexiga estourou porque não podia se levantar da mesa do imperador antes que este se levantasse. Mas com toda a probabilidade ele morreu de envenenamento por chumbo ou mercúrio, talvez como resultado de muitos anos de experimentos com substâncias químicas.

O imperador Rodolfo II do Sacro Império Romano não teve escrúpulos em nomear outro protestante – Kepler – para o posto de matemático imperial depois de Brahe. Neste papel, Kepler recebeu a incumbência de pôr em ordem os resultados póstumos de Brahe. E isto lhe daria acesso a uma coisa que Brahe guardara como um tesouro: observações incomparavelmente precisas sobre a trajetória de Marte pelo céu.

A órbita de Marte era a chave para a descrição dos céus. Era irregular e caprichosa, impossível de se encaixar em qualquer sistema astronômico. Os herdeiros de Brahe com certeza não tinham a intenção de permitir a Kepler livre acesso a esse meticuloso trabalho. Mas a órbita de Marte era algo que ele *precisava* descobrir – então ele apenas roubou as anotações.

Usando décadas de observações de Brahe, Johannes Kepler descreveu de modo correto o sistema solar baseado nos princípios de Copérnico. Com pena e papel, calculou, utilizando uma série de observações, os movimentos de um planeta – Marte – que tinha uma certa órbita. Essas observações não foram feitas, obviamente, de um "ponto fixo" – era isto que as tornava difíceis –, mas de outro planeta móvel, a Terra, que se movia numa órbita inteiramente *diferente*. Ele precisou fazer isso sem conhecer de antemão a forma exata das órbitas, muito menos suas circunferências.

Kepler publicou seus cálculos no livro *A nova astronomia*, lançado em 1609. Nesse livro, demonstrava que a órbita de Marte, com suas aparentemente inesperadas cabriolas pelo céu, podia ser explicada de forma simples e correta a partir de duas premissas fundamentais. Uma provinha de Copérnico: o Sol estava parado e era orbitado por Marte e pela Terra.

A outra premissa era, de certo modo, uma ruptura ainda mais radical com a totalidade do pensamento aristotélico. Pois ninguém – e com certeza não Copérnico – tinha sido capaz de conceber que as órbitas dos planetas fossem algo que não circulares. O círculo era a forma perfeita, o símbolo clássico da perfeição, onde cada ponto era equidistante do centro.

Mas Kepler fez seus cálculos. E descobriu que as órbitas planetárias não eram círculos divinamente perfeitos, mas terrenas e bojudas elipses, figuras que nem sequer tinham um centro, apenas dois "focos", sendo um deles o Sol. E demonstrou também uma proporcionalidade peculiar, a "segunda lei de Kepler", que deve ter deixado contente o coração de Galileu: a área que uma linha imaginária do Sol até o planeta "varre" é sempre proporcional ao período do planeta, independentemente de como varia a distância do planeta ao Sol.

Para Kepler, isto era coisa séria. Ele não estava falando de modelos matemáticos, mas dando uma descrição factual da realidade cosmológica, uma descrição que também tinha o mérito de fornecer cálculos exatos.

Não havia nada que ele pudesse fazer para solucionar o problema da paralaxe. Tirando isso, ele havia mostrado, se não provado, ser irresistivelmente provável que Copérnico estivesse certo. Deve-se ressaltar, porém, que este não era o ponto mais importante para Kepler. Eram as grandes revelações astronômicas de natureza religiosa, metafísica, que ele de fato queria encontrar e descrever.

O mundo culto reagiu com desalento, assombro e – temporariamente – silêncio. Galileu também não disse nada nessa ocasião.

No ano seguinte, em março de 1610, um dos mais antigos conselheiros do imperador chegou na sua carruagem à casa de Kepler. Estava empolgado e trazia notícias extraordinárias. Na corte corriam boatos de que um matemático em Pádua olhara o céu através de um telescópio e vira quatro novos planetas!

Kepler aguardou ansiosamente mais detalhes. Havia pouco sentido em espiar pessoalmente, pois o telescópio disponível em Praga mal podia ser usado para identificar grandes e não detalhadas características na superfície da Lua. Alguns dias depois chegou uma correspondência de Galileu, o primeiro contato entre eles em treze anos. Era *A mensagem das estrelas*.

Mesmo antes de receber o livro, Kepler percebeu que o que o italiano tinha visto deviam ser satélites. E não demorou para concluir que este era um sólido argumento em favor de Copérnico. Estritamente falando, a existência dos satélites de Júpiter nada provava acerca do tipo de centro ao redor do qual os *planetas* giravam. Mas era um aviso sério de que uma das premissas básicas de Aristóteles e Ptolomeu estava caindo por terra. Satélites orbitando Júpiter demonstrariam que a Terra não era o centro de *todo* o movimento cósmico.

Segundo a lógica de Kepler, a evidência circunstancial copernicana era prova suficiente de que os satélites existiam. Com considerável pressa, ele se sentou e redigiu uma brilhante defesa de Galileu e dos corpos celestes que ele próprio nunca vira. O trabalho estava cheio de digressões, algumas brilhantemente incisivas, outras relativamente especulativas. Entre estas últimas deve-se incluir uma breve reflexão sobre o tipo de estilos de construção que hipotéticos habitantes da Lua poderiam empregar. Kepler enviou seu trabalho para a Itália pelo primeiro portador, mas conservou uma cópia que lapidou um pouco mais e mandou imprimir.

Conseguiu mandar a peça impressa para Magini, quando o professor escreveu de Bolonha tentando mobilizar Kepler contra Galileu. Sua carta de apresentação foi seca e formal:

> Queira aceitar isto e desculpe-me. Nós dois [Galileu e ele] somos adeptos de Copérnico. Visão similar, companhia similar ...[21]

Um apoio entusiástico de Kepler, o matemático e astrônomo imperial, era exatamente do que Galileu precisava. Talvez a declaração fosse mais uma defesa de Copérnico do que de Galileu, mas chegou no momento certo. O grão-duque podia agora ter certeza de que as estrelas mediceias de fato estavam ali ao redor de Júpiter para a glória eterna de sua família.

Galileu nunca retribuiu o favor. Nem sequer respondeu à carta de Kepler, e tampouco lhe agradeceu pelos ventos favoráveis gerados pelo panfleto impresso. Em agosto, recebeu outra carta, na qual Kepler dizia ter recebido vários outros relatórios da Itália, onde os satélites ainda eram dúvida. Kepler distanciava-se veementemente do libelo de Martin Horky, mas acrescentava que Galileu precisava obter verificação independente de suas observações tão logo possível.

Agora Galileu *precisava* responder, e depressa. O apoio de Kepler era vital demais para ser posto em risco. Foi uma carta amistosa, porém vazia, na qual Galileu evitou cuidadosamente a promessa de mandar um telescópio a Kepler – embora naquele verão tivesse mandado telescópios para pessoas proeminentes em toda a Europa, através da rede de embaixadores dos Médici. (Foi um desses que Kepler enfim conseguiu por empréstimo.)

Não sabemos ao certo se Galileu tinha lido *A nova astronomia*, mas, mesmo antes de 1612, o mais tardar, ele estava bem familiarizado com as percepções que o livro trazia. No entanto, jamais as utilizou. Talvez o estilo bombástico de Kepler, cheio de digressões e afirmações curiosas, o tenha assustado. *A mensagem das estrelas* de Galileu é tão diferente dos escritos de Kepler quanto se possa imaginar; uma elucidação concisa, cristalina, na verdade o primórdio do estilo científico moderno.

Ou talvez fosse pura inveja.

Quando o imperador Rodolfo morreu, em 1612, Johannes Kepler sabiamente se retirou da desconfortável corte em Praga, onde todas as disparidades nacionais e religiosas estavam entrando em choque. Estabeleceu-se na provinciana cidade de Linz. Quando sua mãe foi implicada num julgamento como bruxa, teve de começar uma batalha legal e teológica para salvá-la. Mesmo assim, encontrou tempo para trabalhar. Sua grande obra *Harmonia do mundo* (1619) era cheia de especulações místicas, mas também continha sua "terceira lei": o quadrado do período do planeta é proporcional ao cubo do maior raio de sua órbita.

Kepler, porém, não encarava essa lei como uma chave fundamental para entender a mecânica do movimento dos planetas – Newton, mais de cinquenta anos depois, foi o primeiro a fazê-lo. Em vez disso, acreditava ter achado aqui uma prova de seu misticismo planetário, a harmonia divina que deve permear o mundo.

Esse trabalho tampouco impressionou Galileu. O matemático do grão-duque na Toscana jamais se permitiu ser persuadido pelo matemático imperial na Áustria. (Kepler manteve o título pelo resto da vida.)

É um paradoxo histórico estranho ter sido o supersticioso Kepler, com pelo menos um pé no misticismo da Idade Média, quem provou a exatidão do sistema de Copérnico. O sóbrio Galileu conservou a autossuficiente tradição toscana de pensamento cético e independente. Um século antes, Leonardo da Vinci anunciara que a astrologia era uma ciência insustentável cuja principal função era tirar dinheiro dos tolos. A mesma afirmação poderia muito bem ter sido feita por Galileu (o que não o impedia de por vezes fazer horóscopos como parte de seus deveres ou por simples divertimento).

Galileu, sob muitos aspectos, foi um racionalista moderno. Mesmo assim, não conseguiu *provar* que Copérnico estava certo – e, pior ainda, repudiou ou ignorou as provas de Kepler. Se, a despeito de tudo isso, ficou impressionado e influenciado pelas profundas percepções do colega, jamais admitiu a qualquer pessoa. Talvez o orgulhoso toscano visse Kepler não como um brilhante astrônomo, colaborando no trabalho de adquirir um conhecimento novo, mas como seu maior rival como principal precursor das verdades de Copérnico na Europa.

Vários sinais no céu

Depois de mais de vinte anos, Galileu retornou para casa em Florença. Tanto sua mãe como a mais velha de suas irmãs, Virgínia, moravam na cidade. Nos primeiros meses Galileu alugou suas acomodações da irmã e do cunhado, até conseguir organizar sua própria casa.

Mas não foi só uma volta para casa, foi também uma despedida. Ele deixou para trás Sarpi, Sagredo e outros bons amigos em Pádua e Veneza, bem como seu patrão – o Senado veneziano –, que não ficou contente com sua partida, pois ele aceitara o acordo do emprego vitalício. Alguns dos seus amigos acharam que ele estava agindo com precipitação ao abandonar a relativamente liberal Veneza. Na Toscana, seu espaço de manobra dependeria dos favores do grão-duque.

Ele estava deixando também Marina Gamba, depois de mais de dez anos juntos. A "família" se dividiu. Seu filho Vincenzo, na época com apenas quatro anos, ficou em Pádua. As duas filhas foram com Galileu para Florença – na verdade, Virgínia, a filha mais velha, já estava lá. Havia acompanhado a mãe de Galileu quando esta voltou a Florença após uma de suas últimas visitas. Visivelmente satisfeita de ter livrado a neta das garras de Marina, a velha Giulia escreveu: "A menina está tão feliz aqui que não quer mais ouvir falar de nenhum outro lugar."

O que de fato aconteceu com Marina não se sabe. Com seu passado modesto, seu lugar obviamente não era ao lado do matemático de um grão-duque, e tampouco, talvez, na altiva cidade de Florença. Muitos biógrafos de Galileu dizem que ela se casou em Pádua e que Galileu mandava dinheiro para o sustento de Vincenzo, mas isso é pouco provável. É mais provável que ela tenha morrido pouco tempo depois que Galileu a deixou e que seu filho tenha sido adotado por um casal que Galileu conhecia.[22]

O jovem grão-duque Cosme governava uma cidade e um grão-ducado que perdia cada vez mais a sua relevância nas finanças, cultura e política europeias. Florença não era mais um centro internacional de poder para o comércio e a atividade bancária, era mais uma capital de província autossuficiente numa área rica e tradicionalmente agrícola. Os grandes desafios artísticos agora eram encontrados em Roma, onde encomendas papais de grandes e pequenas obras de arte eram a força motriz. O amigo de Galileu, Cigoli, mudara-se para lá. Mas a verdade era que, depois de dois séculos de dominação italiana, as coisas mais excitantes aconteciam em outros lugares: a pintura florescia na Holanda de Rubens, a literatura na Inglaterra de Shakespeare. Apenas na música a Itália retivera sua posição de liderança.

Cosme não carecia de ambições políticas. Queria, nada mais nada menos, organizar uma nova cruzada e libertar o Santo Sepulcro da dominação turca. Em termos de realidade, não conseguiu ir além de trazer um duvidoso chefe árabe para Florença, um homem que se dizia capaz de provocar uma revolta entre as tribos locais insatisfeitas com a administração turca. Ele e sua comitiva pavoneavam-se pelas ruas da cidade à custa de Cosme, despertando muito interesse. Cosme II certamente não era um cruzado, mas um homem frágil que com frequência estava doente; além disso, era fortemente influenciado pela esposa e a mãe – que, por sua vez, nem sempre concordavam entre si.

Contudo, a vida na corte era magnificente como antes. A aristocracia de Florença e outros convidados precisavam ser distraídos e entretidos com frequência. Galileu devia ajudar acrescentando lustro à corte, mas seu trabalho na realidade era bastante nebuloso. Não tinha obrigações definidas, e nunca visitava Pisa, onde era nominalmente empregado. Não era nobre de nascença, e portanto não podia ser incluído nos círculos mais internos da vida na corte. De outro lado, suas observações telescópicas haviam lhe trazido renome internacional.

A casa que comprou tinha um pátio coberto, onde podia montar seu telescópio. Ele construiu mais instrumentos e de melhor qualidade, dando-lhes um belíssimo acabamento – um deles era revestido de couro com enfeites dourados, não muito diferente da capa de um livro.

Sua fama não chegou a declinar durante o outono de 1610. Ele recebeu uma comunicação secreta da corte francesa rogando-lhe seriamente que descobrisse outros corpos novos no céu para que o rei Henrique IV também pudesse ser representado no firmamento. Isto nunca se concretizou, mas em compensação observações independentes dos satélites de Júpiter começaram a fluir.

Galileu fez sim duas novas descobertas. Para proteger sua primazia, e também para impedir que outros ouvissem falar sobre o que descobrira antes de ele próprio verificar e publicar seus achados, codificou-as em anagramas que enviou a pessoas confiáveis como Cristóvão Clávio no Colégio Romano e Johannes Kepler. Este último era muito inquisitivo e tentou persistentemente, mas sem sucesso, decifrar o código.

A primeira descoberta referia-se ao planeta Saturno, o mais externo dos planetas conhecidos até então. Ele se achava no limite do que o seu melhor telescópio podia discernir, e, o que Galileu viu, descreveu como dois pequenos satélites próximos ao planeta. Todavia, estes sumiram de suas observações antes que ele pudesse nomeá-los. Eram na verdade os anéis de Saturno, mas ainda levaria cinquenta anos antes que fossem corretamente descritos.

A outra descoberta era mais importante. Ele "divulgou" o achado no misterioso anagrama *Haec immatura a me iam frustra leguntur o y*, que quer dizer algo do tipo: "Estas coisas imaturas são reunidas em vão por mim."

Era uma referência a Vênus. Se Copérnico estivesse certo, e Vênus orbitasse o Sol, o planeta exibiria "fases" do mesmo modo que a Lua. Quando o planeta está à distância máxima da Terra, fica totalmente iluminado pelo Sol e portanto "cheio". De forma gradual, à medida que prossegue seu curso, a parte iluminada pelo Sol contribui cada vez menos para o que pode ser observado, e quando Vênus está entre o Sol e a Terra, a iluminação está do lado oposto a nós, e o planeta para todos os efeitos e propósitos fica invisível.

Mas Vênus era difícil de observar; era tão brilhante que causava refração de cores nas lentes primitivas. No fim do outono de 1610, estava bem posicionado no céu noturno, e Galileu tinha à mão um telescópio aperfeiçoado. Durante três meses ele observou Vênus cuidadosamente, e não lhe restaram dúvidas. Em dezembro, pôde dar a solução do seu anagrama: *Cynthiae figuras aemulatur mater amorum* – "A mãe do amor [Vênus] imita as aparências de Cynthia [a Lua]".

Após um ano apenas de observações telescópicas, os adeptos de Copérnico tinham fortalecido de modo considerável sua hipótese. Galileu estava em processo de revelar abertamente a sua opinião. A fama internacional dava-lhe uma plataforma, suas descobertas falavam por si sós. Mesmo em *A mensagem das estrelas* havia uma passagem cautelosa sobre como a existência dos satélites de Júpiter enfraquecia a teoria de a Terra ser o centro definitivo do Universo. Em cartas e conversas, Galileu ia muito além.

Os peritos da Igreja precisavam rapidamente ter acesso ao fluxo de novas observações. E os mais proeminentes astrônomos da Igreja eram os velhos amigos de Galileu, os cultos jesuítas do Colégio Romano. Seu líder ainda era Cristóvão Clávio, agora já idoso, porém mais do que nunca mergulhado no seu tema. Para começar, era altamente cético. Cigoli escreveu em outubro: "Clávio disse a um dos meus amigos, a respeito das quatro estrelas, que dá risada delas."[23] Galileu tomou a iniciativa em favor das estrelas mediceias. Enviou cartas a Clávio, convidou os jesuítas a Florença para espiarem pelo seu próprio telescópio. Eles foram e se convenceram – segundo relato do próprio Galileu.

Mas a necessidade de qualquer influência era desnecessária. Padre Clávio era um cientista absolutamente honesto. Tudo que precisava era de um telescópio melhor. Uma vez convencido da exatidão das observações de Galileu, de imediato escreveu uma carta ao matemático do grão-duque congratulando-o pelo seu trabalho pioneiro: "Em verdade Vossa Senhoria merece grande louvor, uma vez que foi o primeiro a ter observado isto." Clávio incluiu algumas considerações que ele mesmo fizera e instou Galileu a continuar seu trabalho: talvez descobrisse "outras coisas novas sobre os outros planetas".[24]

Naturalmente, os jesuítas entenderam tão bem quanto todos os outros astrônomos que o sistema ptolomaico seria insustentável se fossem aceitas as observações do céu noturno feitas por Galileu. Mas isto não queria dizer que podiam aceitar as ideias de Copérnico, que contradiziam a palavra direta da Escritura. Em lugar disso, acabaram se decidindo por um modelo híbrido, lançado pelo grande Tycho Brahe, e que este acreditava ser sua grande e duradoura contribuição para a astronomia.

Essa visão *tichônica* do mundo admitia que a Terra está parada, que o Sol gira ao redor da Terra e que os planetas, por sua vez, giram ao redor do Sol. Era uma visão teologicamente aceitável e coerente com as observações que haviam sido feitas até então – e, mais ainda, resolvia os problemas relacionados com o voo das aves e dos corpos em queda, que muita gente acreditava serem inevitáveis caso fosse assumido que a Terra gira em torno do seu próprio eixo. Eram objeções que Galileu abordara extensamente em Pádua, mas ainda não divulgara.

Agora ele queria ir a Roma para discutir suas ideias e descobertas com os eminentes colegas. Mas adoeceu quase imediatamente após a chegada a Florença; uma doença recorrente, com dores e febre, que viria a atormentá-lo pelo resto da vida. Mas a carta de Clávio o deixou animado. Respondeu de imediato ao velho jesuíta:

> [A carta de Vossa Reverência] aliviou-me em grande medida da minha enfermidade, uma vez que trouxe a aquisição de tão boa testemunha à verdade de minhas observações.

Galileu prosseguia lamentando-se para o mais cético de seus oponentes:

> Estão esperando que eu encontre um meio de fazer com que pelo menos um dos planetas mediceus desça do céu para a terra para se certificarem de que eles existem ...[25]

Apesar das reações encorajadoras, o inverno florentino no interior do país foi uma grande mudança em relação aos invernos úmidos e suaves junto ao Adriático aos quais ele havia se aclimatado. Sua doença se prolongou. Foi só em março de 1611 que pôde partir em viagem para Roma. O grão-duque Cosme o incentivou nessa empreitada e orientou seu embaixador na corte papal a dar todo o apoio necessário a Galileu. Precisavam tirar o máximo proveito do triunfo da família nos céus.

Amizade e poder

Apenas um ano antes Galileu era um respeitado professor na pequena cidade de Pádua, desconhecido fora dos círculos acadêmicos. Agora tinha vindo a Roma, a capital do mundo – *caput mundi* –, apenas para descobrir que era uma celebridade, por quem as pessoas praticamente brigavam para convidar e cultivar. Seu velho amigo e incentivador, o cardeal Del Monte, escreveu numa carta a Cosme:

> Se ainda estivéssemos vivendo na Velha República de Roma, acredito sinceramente que teriam erigido uma estátua no Capitólio em homenagem ao seu soberbo talento.[26]

Galileu morou com estilo na embaixada toscana, a Villa Medici. No dia seguinte à sua chegada, visitou os jesuítas no Colégio Romano. Foi recebido calorosamente. Depois de discutir em detalhes as observações com o telescópio, Clávio e seus colegas decidiram convidar romanos interessados para uma palestra pública, com a participação de Galileu. Ali explicariam suas descobertas, e os astrônomos jesuítas poderiam anunciar que também tinham feito observações que respaldavam as de Galileu.

Essa palestra, sobre e para Galileu, foi tanto um evento social quanto uma conferência científica. Todo o escalão superior de romanos influentes, dentro e fora da Igreja, sentou-se no grande salão do colégio jesuíta. Ali ficaram sabendo sobre a superfície irregular da Lua, os sensacionais satélites de Júpiter e os novos e extraordinários fenômenos que haviam sido observados em relação a Saturno e Vênus.

Um dos membros mais entusiasmados da audiência era um compatriota de Galileu, quatro anos mais novo, um jurista erudito que descendia de uma conhecida família florentina, mas que perdera o pai em muito tenra idade e crescera com um tio em Roma. Ali ele recebeu uma educação maravilhosa dos jesuítas e seguiu adiante para estudar direito.

Maffeo Barberini interessava-se por todas as coisas novas. Usou seu treinamento jurídico para conseguir uma carreira eclesiástica, mas não era abertamente chegado a dogmas e delicadezas teológicas. Em vez disso, cultivava a arte, a literatura e a ciência numa academia privada e no círculo em torno de Del Monte. Ali discutia-se pintura, tocava-se música e faziam-se experimentos químicos, mas era a poesia que ele considerava mais envolvente. Ele próprio escrevia, em estilo lapidado e em latim.

Barberini era um homem talentoso. O papa Clemente VIII logo o notou e o escolheu para uma tarefa honrosa e delicada.

Muita astúcia e cálculos eram necessários para navegar as águas entre os dois poderes católicos, a Espanha conservadora e a França mais liberal. Em 1601, Henrique IV – um converso do protestantismo muito comentado – e Maria de Médici tiveram seu primeiro filho. A corte papal naturalmente precisava estar representada no batismo do herdeiro do trono, e o papa escolheu o jovem florentino Barberini.

Maffeo Barberini comemorou este salto na carreira de uma forma memorável. Encomendou um retrato do mais radical e controvertido pintor de Roma, Caravaggio. O retrato mostra um rapaz ardente e seguro de si, mas também sensível, segurando com firmeza o documento que o encarregava da nobre tarefa.

A visita de Barberini a Paris foi um enorme sucesso. Com seus modos agradáveis e inteligentes, encantou tanto o rei quanto a rainha. Em 1604, voltou à corte francesa como núncio papal, uma posição equivalente à de embaixador. As relações entre Paris e o Vaticano estavam tensas, em parte porque Henrique IV banira a ordem dos jesuítas da França, e só permitira seu retorno sob estritas condições. Mas os soberanos se entenderam pessoalmente com Barberini de forma excelente.

Em 1605, Paulo V tornou-se o novo papa. Também ele tinha um ótimo conceito dos esforços de Barberini. Quando o florentino retornou a Roma, foi elevado a cardeal. Agora, com apenas 38 anos de idade, via-se no penúltimo degrau da escada da Igreja católica.

Maffeo Barberini era fascinado com o que acontecia nas fronteiras – não só no mundo da pintura. Era igualmente interessado nas descobertas que haviam sido feitas usando o telescópio de Galileu. Dogmatismo e matemática ele deixava para pedantes teológicos e científicos, respectivamente.

Barberini saiu da palestra no Colégio Romano entusiasmado, em êxtase. Seu diploma de direito era de Pisa, e é possível que tenha conhecido Galileu superficialmente ali. Agora ele fez contato. Os dois tinham muito em comum, tanto em termos de idade como de histórico. O cardeal e o matemático se entenderam de imediato e tornaram-se amigos.

Outro teólogo notável estava mais perturbado pelas descobertas de Galileu. O cardeal Roberto Belarmino, formidável antagonista de Bruno e Sarpi, não se contentou em julgar as afirmações de Galileu apenas com base numa palestra passageira. Em nome da segurança, escreveu uma carta a seus irmãos jesuítas no Colégio Romano perguntando se todas as coisas novas que ouvira estavam certas. Clávio e os outros astrônomos só podiam reconhecer que Galileu estava correto.

Lodovico Cigoli, que conhecia Galileu desde a juventude, também quis pagar seu tributo. O pintor fez questão de homenagear o amigo de um modo muito especial. Estava no meio de uma encomenda altamente prestigiosa, ajudando a decorar uma capela lateral – a Cappella Borghese – de Santa Maria Maggiore, uma das igrejas mais importantes de Roma. A encomenda viera do próprio papa, que pretendia usar a capela para seu repouso quando chegasse a hora.

Cigoli estava pintando uma Virgem Maria no teto da capela, na qual ela está de pé sobre uma lua. Esta lua é pintada exatamente conforme as observações de Galileu, com cadeias de montanhas e irregularidades, e não como a perfeita esfera aristotélica.

Cigoli não teve imitadores nesse experimento – e com certeza estava em perigosas águas teológicas, não importa quão certo estivesse do ponto de vista astronômico. Uma lua com manchas e cicatrizes dificilmente era um símbolo apropriado para *Maria Immacolata*, a pura e imaculada Virgem!

No entanto, a marca de estima mais importante que Galileu recebeu durante seu progresso triunfal em Roma não veio das fileiras eclesiásticas nem artísticas, e sim de um representante da mais alta aristocracia romana.

Em 14 de abril de 1611, Galileu foi convidado para jantar numa luxuosa mansão na colina Gianicolo. Levou consigo seu telescópio para que os outros convidados pudessem experimentar. Entre eles estava um matemático grego, Demisiani, que cunhou um nome apropriado para o novo instrumento, composto das palavras gregas para "distante" e "visão": *telescopum*.

O jantar fora organizado de maneira que Galileu pudesse conhecer um rapaz extraordinário. O príncipe Frederico Cesi tinha apenas 28 anos. Seus pais haviam tentado sufocar seu interesse em ciência mandando-o para longe de Roma, mas de nada adiantou. Quando o pai morreu e Cesi teve acesso ao título e ao dinheiro, fundou sua própria academia independente aos vinte anos, com a intenção de promover pesquisa natural livre dos grilhões da tradição acadêmica e do ceticismo da Igreja em relação a tudo que fosse novo.

O príncipe Cesi era rico, mas, como outros membros da aristocracia romana, estava sendo gradualmente arruinado pelos custos de manter um estilo de vida elevado, enquanto famílias com nomes novos como Aldobrandini, Barberini, Borghese e Chigi tinham filhos eleitos papas e portanto ascendiam no âmbito financeiro e social. A vida social de novo-rico que podia ser desfrutada na corte papal não exercia atração para Cesi, o aristocrata, ainda que muitas vezes fosse obrigado a comparecer. Em vez disso, ele preferia ir para suas propriedades de campo e observar a natureza. Essas observações eram então discutidas na sua *Accademia dei Lincei* – "Academia dos Linces".

O nome fora escolhido porque geralmente se atribui ao lince uma visão excepcionalmente aguçada. Observação e percepção, não ideias aceitas, eram as palavras de ordem do trabalho na academia.

O encontro entre o aristocrata romano e o cientista florentino foi um encontro feliz, tanto no aspecto pessoal como no científico. Fizeram amizade imediata, apesar da disparidade no histórico social e da diferença de idade, de dezoito anos. Cesi precisava da fama de Galileu para emprestar prestígio a sua academia, ao passo que o matemático desejava contatos sólidos em Roma. Além de querer também ajuda para editar e imprimir os muitos livros que planejara escrever.

Alguns dias depois, Galileu foi admitido na Academia dos Linces como seu sexto membro. Aqui, mais do que na corte do grão-duque ou entre os intelectuais de Florença, ele descobriu seu futuro ambiente científico, como atesta a ávida correspondência com Cesi e os outros membros. E tampouco era de desprezar o crédito social a ser ganho na ligação com o príncipe Cesi, duque de Aquasparta, marquês de Monticelli.

Paulo V não tinha um interesse particular em astronomia, mas também quis conhecer o homem de quem toda a cidade falava. O matemático da corte e novo membro da academia, Galileu, foi convidado para uma audiência formal.

O papa Paulo V sabia muito bem das apreensões do seu melhor teólogo, Belarmino. E com certeza estava ciente de que Galileu fora amigo do infame Paolo Sarpi. Mas o príncipe da Igreja estava no extremo de sua graça durante o encontro com esse cientista que trouxera tanto brilho e fama para os estados italianos. Como concessão especial, Galileu não foi solicitado a se ajoelhar durante toda a conversa, como em geral ocorria.

Uma disputa sobre objetos que flutuam na água

Na primeira quinzena de junho, Galileu retornou a Florença. Apenas alguns dias depois meteu-se, durante os piores dias de calor do verão toscano, numa discussão sobre gelo.

Ele estava hospedado na casa de seu bom amigo, o abastado Salviati, na Villa delle Selve – "a casa da floresta", lindamente situada numa saliência perto da cidadezinha de Signa, mais ou menos a meio caminho entre Florença e Pisa. Da casa do nobre, com seu marcado estilo renascentista, pomares de oliveiras e vinhedos se estendiam encosta abaixo até o rio

Arno. Salviati se recolhia lá com os amigos quando o calor do verão se tornava opressivo em Florença.

Filippo Salviati tinha profundo interesse em ciência. Dois professores de Pisa visitavam a mansão naquele momento, e, por alguma razão, começaram a discutir sobre a natureza do gelo.

Aristóteles dizia que quando as coisas esfriavam elas se condensavam. Claramente o gelo era água esfriada – e portanto condensada, segundo os dois professores. Logo, o gelo era *mais pesado* que a água.

Porém – objetou Galileu –, o gelo na verdade *flutua* na água. A acreditar-se em Arquimedes, isto não significava que era *mais leve*?

Bobagem, disseram os dois. Peso e leveza não têm nada a ver com a característica da flutuação, porque Aristóteles nunca disse nada a esse respeito. (Era verdade que o mestre mal tocara no assunto – havia escrito somente uma página e meia sobre corpos que flutuam e afundam.) A *forma* era o elemento decisivo. O gelo flutua na água porque é fino e achatado.

Galileu sabia que estava certo. Em princípio a forma era irrelevante – era a gravidade específica que determinava se alguma coisa flutuava ou não, e ele se exprimiu aos dois professores em termos que não deixavam margem para dúvidas.

Talvez a pequena discussão na mansão de Salviati pudesse ter terminado ali. Mas alguns dias depois os desconcertados aristotélicos de Pisa foram incentivados nos mais fortes termos a defender a si mesmos e sua tradição científica contra o arrogante Galileu. O filósofo local anteriormente mencionado, Ludovico delle Colombe, havia entrado no confronto.

Mais ou menos da mesma idade que Galileu, Delle Colombe obviamente tinha algum velho rancor contra ele. Escrevera um pequeno discurso sobre a nova de 1604, que fora arrasado por um certo "Alimberto Mauri", e acreditava que Galileu estivesse por trás daquilo. Havia lido o ataque de Horky ao telescópio com grande satisfação.

E Delle Colombe seguiu o exemplo de Horky e atacou Galileu por escrito. Mas foi um passo adiante, um passo decisivo, e transportou a batalha acerca de ciência e prestígio para uma nova arena: a teologia. Sem efetivamente citar Galileu pelo nome, Delle Colombe tentou atingi-lo no lugar mais perigoso: onde convergem a astronomia e o estudo da Bíblia.

Em *Contra o movimento da Terra*, escreveu:

> Poderiam esses pobres coitados [isto é, os que promovem a teoria de Copérnico] talvez ter recorrido a uma interpretação da Escritura diferente do seu sentido literal? Definitivamente não, porque todos os teólogos, sem exceção, dizem que quando a Escritura pode ser entendida literalmente, jamais deve ser interpretada de outra forma.[27]

Mais cedo naquele verão, quando Galileu ainda estava em Roma, Delle Colombe tentara recrutar várias pessoas de mesma opinião contra o matemático do grão-duque. Escreveu a Cristóvão Clávio queixando-se das observações de Galileu sobre a superfície irregular da Lua e das implicações que isso poderia ter. Seu objetivo era claramente provocar o jesuíta Clávio a uma discussão teológica e científica com Galileu, mas Clávio vira ele próprio a Lua e se convenceu. Nem sequer se deu o trabalho de responder ao filósofo florentino.

Ludovico delle Colombe ouvira agora falar da discussão sobre o gelo. Imediatamente entrou em contato com os professores de Pisa e não só lhes disse que, sem dúvida, Aristóteles e eles estavam certos, mas também, mais especificamente, que podia provar que Galileu estava enganado. E podia derrotar esse pretensioso matemático do grão-ducado em seu próprio território – podia provar seu ponto com o auxílio de um experimento!

O que se seguiu foi tanto uma batalha por status como pela verdade científica. Cigoli viu isso de forma clara ao escrever de Roma, fazendo referência ao estranho sobrenome de Delle Colombe:

> Esses pássaros horrorosos querem fazer seu nome não pelo seu próprio valor, mas pela escolha do adversário.[28]

O que Delle Colombe estava fazendo era, efetivamente, desafiar Galileu para um duelo. Não com armas de verdade, mas por meio da realização de um experimento público que provaria qual dos dois tinha razão.

O experimento era notavelmente simples, e qualquer um podia entendê-lo. Ninguém duvidava que o marfim tinha uma gravidade específica maior que a água. Normalmente, portanto, um pedaço de marfim afundaria. Mas se alguém pegasse uma pequena lasca do material e a colocasse cuidadosamente sobre a superfície – veja você mesmo! Logo, aí estava a prova de que a forma *tinha sim* um efeito sobre a capacidade de flutuar.

Nem Galileu nem ninguém mais tinha a menor ideia de que isso envolvia um fenômeno chamado tensão superficial, e portanto pouco tinha a ver com a capacidade geral de flutuação. Parecia indiscutível que Delle Colombe possuía um bom argumento.

A discussão portanto concentrou-se em como o experimento deveria ser conduzido. Se Galileu desejava que a lasca fosse molhada antes de ser colocada sobre a superfície da água ou se desejava inverter o experimento de modo a demonstrar o que *subiria flutuando* a partir do fundo do recipiente – uma lasca de marfim, não importa o quanto fosse pequena, obviamente permaneceria no fundo. A força de Galileu residia no fato de ser capaz de pensar numa porção de experimentos que provavam que ele estava certo, enquanto seu oponente dependia desse único, que era simples e parecia convincente.

O resultado foi uma espécie de empate. O grão-duque não ficou contente por seu matemático envolver-se numa disputa pública com Delle Colombe, ainda mais porque este último conseguira apoio de um parente Médici um tanto dúbio, o filho ilegítimo de Cosme I, Giovanni. Galileu portanto retirou-se do embate, e em lugar disso redigiu uma dissertação na qual interpretava o problema todo da sua maneira: *Discorso alle cose che stanno in su l'acqua o che in quella si muovono – Discurso sobre corpos que flutuam na água ou que se movem nela.*

Sobre o título, há que dizer o seguinte: em primeiro lugar, a dissertação foi escrita em italiano, não em latim. De agora em diante Galileu estava se dirigindo ao público geral bem-informado. Seus escritos deveriam ser acessíveis e compreensíveis a membros da corte e à burguesia, e não só aos cientistas – na verdade, estava excluindo colegas estrangeiros como Kepler, que em geral não sabiam ler italiano, ou pelo menos teriam que se debater ao longo do texto com ajuda do seu conhecimento de latim.

Em segundo lugar, de maneira típica, Galileu não faz a mínima concessão a Delle Colombe. Ele precisava ter razão – em todos os pontos.

Ele explica como algo pode ao mesmo tempo flutuar na água e afundar. Em sua dissertação, Galileu tenta uma explicação astuciosa para o desconfortável fato de que pedaços minúsculos de metais pesados realmente flutuam. Ele se refere a uma situação que considera análoga, ou seja, que um pote de barro vazio flutua, mesmo que o barro queimado seja mais pesado que a água. Mas é preciso incluir também o volume dentro do pote, ou, nas suas palavras, "a soma do ar e do material".

Isto – que obviamente está correto – ele transfere para os fragmentos flutuantes. Galileu acredita que eles afundam um pouquinho sob a superfície, sem rompê-la, formando assim uma "bolsa de ar" por cima. O volume desse ar precisa ser incluído, e é assim que o marfim flutua.

O raciocínio foi brilhantemente concebido – mas estava errado. Não se pode negar que, a partir de suas premissas, Delle Colombe estava de certa maneira correto. E, além da sua arrogância, Galileu tinha a tendência inata de procurar as explicações mais simples e racionais que lhe causavam problemas. Não conseguia aceitar que a superfície da água tivesse propriedades de algum modo diferentes da água em geral.

Os aristotélicos não se convenceram, e logo desfecharam um contra-ataque.

Independentemente disso, o *Discurso sobre corpos que flutuam* era um trabalho maravilhoso, que ligava os comentários gerais que Galileu fizera sobre movimento com uma investigação das coisas que se movem através da água. Em particular, enfatizava que não existe "leveza" que possa erguer os objetos – em oposição ao "peso" que os faz cair. Esta é uma premissa fundamental para Aristóteles, ligada à sua doutrina dos elementos: fogo e ar movem-se para cima, água e terra para baixo. Querendo livrar-se da "leveza", ele mirava a própria fundação da física aristotélica.

Antes de ser lançado o *Discurso sobre corpos que flutuam*, Galileu participou de um debate. Não foi um evento público na cidade, e sim em solo doméstico, na corte do grão-duque. Seu oponente não foi um Delle Colombe de modesto status social, e sim o aristotélico Papazzoni, recém-nomeado professor em Pisa. A discussão era puro espetáculo, um entretenimento intelectual que Cosme II organizara para dois eminentes convidados após um esplêndido banquete.

Ambos os convidados eram cardeais, e se envolveram calorosamente na discussão, talvez um pouco inflamados pela comida e com certeza pelo vinho. O cardeal Gonzaga tomou o lado de Papazzoni, enquanto o outro apoiou Galileu, que sem dúvida se saiu melhor no confronto.

Este outro cardeal era o amigo e admirador de Galileu desde sua estada em Roma, Maffeo Barberini, cuja estrela estava em contínua ascensão no firmamento clerical. Ele era fascinado pela audácia intelectual de Galileu e estava muito preocupado com a possibilidade de a doutrina aristotélica ser posta de joelhos. Era bom ter um simpatizante desse calibre no Vaticano, pois agora seus inimigos estavam se preparando para atacar.

Sol, que te detenhas sobre Gibeão!

Galileu imaginara uma existência produtiva em sua cidade natal – sem lecionar e com circunstâncias suficientemente fáceis para evitar a necessidade de fabricar instrumentos ou alugar quartos para arcar com custos de vida. Tinha planos para vários livros e, é claro, continuaria suas observações com o telescópio.

Também continuou a trabalhar em suas ideias sobre o sistema de Copérnico. O príncipe Cesi mostrou-se um correspondente perceptivo, bem versado nas novas ideias de Kepler. Numa carta no verão de 1612, ele discute se algum dos corpos celestes poderia mover-se ao redor da Terra ou do Sol sem que estes fossem necessariamente o centro exato de sua órbita. E acrescenta: "… e talvez tudo se mova dessa maneira, se as órbitas dos planetas forem elípticas, como afirma Kepler."

Mas Galileu não conseguiu realizar tudo que queria. Com frequência estava doente, com vários ataques de febre todo ano ou a cada dois anos. Seus sintomas parecem muito com os de uma febre periódica hereditária ("febre mediterrânea"), que também provoca dores nas articulações que parecem reumatismo, algo que o atormentava. Além disso, o tipo de reumatismo do qual sofria não era nem um pouco ajudado pelo seu gosto por vinho, que aumenta os níveis de ácido úrico no sangue.

Ademais, ele era responsável por duas filhas, uma muito diferente da outra. Virgínia, a mais velha, era vivaz e extrovertida, inteligente e – a julgar pelas suas cartas posteriores – "a queridinha do papai". Sua irmã Lívia, por outro lado, exibia uma tendência à melancolia – era provável que tivesse laços mais fortes com a mãe e sentisse mais a falta dela.

Galileu planejara futuros similares para as duas – queria colocá-las num convento o mais depressa possível. Casamentos respeitáveis estavam fora de cogitação, pois elas tinham nascido "fora do casamento". Ele tentou mobilizar seu velho benfeitor em Roma, o cardeal Del Monte, no sentido de obter dispensa da regra de que freiras precisam ter pelo menos dezesseis anos antes de assumir seus votos, mas de nada adiantou. Nesse meio-tempo, em 1613, quando as filhas tinham respectivamente treze e doze anos, internou-as no convento de San Matteo em Arcetri, nas cercanias de Florença. Viveriam ali até se tornarem freiras.

Mas também controvérsias em torno de sua pessoa e de suas ideias começaram a tomar mais do seu tempo e energia. Em dezembro de 1611, Cigoli escreveu de Roma:

> Ouvi falar ... de um encontro de homens mal-intencionados que têm ciúmes dos seus talentos e da sua fama, e se reuniram na casa do arcebispo [de Florença] para juntar suas cabeças ...

Ele também insinua a suposta existência de planos para pedir que um padre declare do púlpito que Galileu "diz coisas extravagantes".[29]

Filósofos aparando lascas de marfim para defender suas posições aristotélicas eram uma coisa. Padres e arcebispos, outra bem diferente.

Mas Galileu conseguiu fazer algumas observações astronômicas durante esse período. Um pequeno avistamento, quase esquecido, mostra como ele, com seu senso prático, havia evoluído para se tornar um praticante de extrema habilidade com o telescópio no intervalo de dois anos.

Ele podia, literal e genuinamente, congratular-se pela "visão de lince" que o príncipe Cesi acreditava que todos os membros de sua academia deviam possuir.

Por volta do ano-novo de 1613, ele avistou com seu ainda primitivo telescópio um corpo desconhecido, de fraco brilho, na vizinhança de Júpiter. Anotou o achado, mas o objeto sumiu depois de alguns dias, e ele não o acompanhou. Tudo aponta para o fato de Galileu ter visto de relance o ainda desconhecido planeta Netuno, que só foi descoberto e descrito em 1846, mais de duzentos anos depois.

De importância mais imediata foi outro corpo celeste. Apontar o telescópio diretamente para o Sol não era algo sensato. Mas Galileu aprendeu a projetar a luz do Sol, através do telescópio, sobre uma folha de papel. Ali podia estudar o disco solar em detalhes. As coisas mais impressionantes eram as áreas escuras, móveis, que apareciam sobre a superfície. Ele as chamou de *macchie solari* – "manchas solares".

Com bastante rapidez Galileu descobriu que essas manchas solares forneciam dois argumentos adicionais contra a cosmologia tradicional. Em primeiro lugar, estava claro que o Sol não era mais perfeito ou imutável que a Lua. Em segundo lugar, o movimento das manchas solares sugeria fortemente que o Sol girava em torno do seu próprio eixo – exatamente do modo que os oponentes de Copérnico diziam ser impossível para a Terra.

Assim, ainda não havia provas, porém cada vez mais evidências circunstanciais.

A Alemanha possuía um competente astrônomo jesuíta, o padre Cristóvão Scheiner, que também estava interessado nas manchas solares. Com sua bem-desenvolvida rede internacional de contatos, os jesuítas tinham conseguido bons telescópios, e Scheiner era um ótimo observador. Agora, redigia um pequeno relato no qual começava a discussão sobre manchas solares com Galileu. Uma de suas afirmativas era que tinha visto o fenômeno antes do italiano.

Mas Galileu encarava as observações telescópicas como seu domínio particular. Sua resposta a Scheiner – ou *Apelles*, como Scheiner se autodenominava – foi publicada pela Academia dos Linces sob o título *Cartas sobre manchas solares*, com um prefácio que podia ser lido como paternalista.

O velho padre Clávio, do Colégio Romano, morreu em 1612, e seus sucessores em Roma não estavam, talvez, em tão bons termos com Galileu. Embora suas discussões estivessem envoltas nos mais polidos termos e manifestassem respeito mútuo, uma certa reserva começou a se insinuar entre os influentes jesuítas e a Academia dos Linces do príncipe Cesi. Na realidade, Cesi não fez nada para diminuir o choque, ao contrário, considerava sua academia uma alternativa para as instituições científicas dominadas pelos religiosos. Na verdade, vetou expressamente o ingresso de monges e padres nela.

O padre Cristóvão Scheiner provaria ser um homem de muito boa memória, e era tão suscetível quanto o próprio Galileu. Mas por enquanto foi polido e reservado, como cabia a um jesuíta e cientista. Respondeu a Galileu a partir de um ponto de partida mais fundamental. Escreveu (usando o nome de um discípulo) um breve livro de título longo, *Discursos matemáticos sobre controvérsias e novas descobertas astronômicas*, no qual argumentava contra Copérnico tanto do ponto de vista matemático como do bíblico. Enviou o panfleto a Galileu, sem dúvida esperando uma discussão educada entre cientistas que puramente discordavam em assuntos profissionais.

O *Discurso sobre corpos que flutuam* também causara controvérsia. Nada menos que quatro livros foram publicados colocando-se contra as ideias de Galileu. Um deles foi escrito pelo infatigável Ludovico delle Colombe, que a esta altura começara a se autodenominar "antigalileico". Esses adversários tinham um status social (e, a propósito, científico) tão humilde que teria sido impróprio o matemático do grão-duque lhes responder. Segundo o costume da época, Galileu deixou seu melhor aluno de Pádua, o padre Benedetto Castelli, que se tornara professor de matemática em Pisa, dar a resposta. A humilhação não tornou "a liga das pombas", como o grupo acabou ficando conhecido, menos intratável.

Um episódio singular ocorreu em novembro de 1612 e a princípio enfureceu Galileu, que no entanto, posteriormente, acabou fazendo piada do caso. Um idoso frade dominicano em Florença chamado Lorini disse durante uma discussão que, até onde podia entender, sustentar que a Terra se movia contradizia a Sagrada Escritura. Quando Galileu escreveu exigindo uma explicação, o dominicano retrucou, aparentemente na defensiva, que seu comentário fora feito sem pensar, porque não tinha o menor conhecimento de astronomia, pelo menos não sabia nada daquele "Ipérnico, ou qual fosse o nome dele".

Galileu riu desse ingênuo frade – triunfalmente cedo, cedo demais. Pois, tenha sido por acaso ou planejado, o próximo golpe foi desferido de modo bem diferente.

Um ano depois, o professor Castelli estava almoçando com o grão-duque, na época no seu palácio em Pisa. A conversa girava em torno de Galileu, do telescópio e de astronomia em geral, e outro professor presente disse que, da sua parte, era definitivamente da opinião de que a teoria segundo a qual a Terra se movia era contrária ao ensinamento da Bíblia.

Também presente ao almoço estava uma devota e séria mulher que tinha o mais profundo respeito pela palavra da Bíblia: Cristina, a grã-duquesa viúva e influente mãe de Cosme. Mesmo que Castelli tenha feito pouco caso do episódio, acreditando ter calado a boca do colega, Galileu ficou preocupado.

O argumento-chave para a discussão em torno da mesa de almoço do grão-duque era uma passagem do Livro de Josué, no Velho Testamento, capítulo 10, versículos 12-3. O trecho fala de um ajuste de contas entre os israelitas e uma das tribos vizinhas guerreiras, neste caso os amoritas. O Senhor se intrometeu com uma terrível tempestade ("... houve mais daqueles que morreram nas tempestades do que os que foram mortos pelos filhos de Israel com a espada"). Mas o general de Israel, Josué, não ficou satisfeito. Precisava de mais tempo para completar o massacre do inimigo, e então ergueu a seguinte prece: "Sol, que te detenhas sobre Gibeão; e tu, Lua, no vale de Aijalom." Deus ouviu sua prece (vers. 13): "E o sol se deteve, e a lua ficou parada, até o povo ter se vingado de seus inimigos. ... Assim o sol se deteve no meio do céu, e não se apressou em descer por um dia inteiro."

O versículo seguinte ressalta a natureza do acontecimento: "E não houve dia igual antes ou depois daquele ..."

Se o Senhor podia, por milagre, fazer o Sol parar, a implicação tinha de ser que ele normalmente se movia. Portanto, havia um aberto conflito entre as inequívocas palavras da Escritura e a teoria de Copérnico. Desmantelar todo o engenhoso edifício filosófico aristotélico-ptolomaico teria profundas consequências. Alteraria o quadro leigo esclarecido do mundo e minaria o prestígio dos acadêmicos tradicionais. Mas Galileu sabia muito bem que essas poucas palavras do Livro de Josué tinham muito mais peso para muitos de seus oponentes. A interpretação da Escritura não era uma área para discussão privada. No espírito da Contrarreforma, qualquer coisa desse tipo era monopólio absoluto da Igreja.

A carta a Castelli

Apesar da incipiente oposição de quadros eclesiásticos, Galileu se sentia bastante seguro. O papa o recebera bem. Os astrônomos jesuítas estavam do seu lado. O antagonismo causado pela discussão sobre manchas solares ainda mal se notava. O poderoso Roberto Belarmino estava cético de que fosse verdade, mas, para contrabalançar, Galileu tinha um amigo e admirador em Maffeo Barberini, que era próximo do papa.

O cardeal e o matemático ainda mantinham contato. Galileu escrevia contando suas descobertas. Maffeo Barberini respondia em tom cordial. Quando Galileu adoeceu em outubro de 1611, o cardeal escreveu imediatamente assegurando-lhe sua dedicação e desejando-lhe pronta recuperação, na esperança de que, para benefício de todos, Galileu desfrutasse uma vida longa. De forma singular, entre os muitos correspondentes de Galileu, ele não terminava suas cartas com os enfeitados e um tanto elevados protestos de estima comuns na época. Maffeo Barberini assinava simplesmente *come fratello* – "como um irmão".

E então, Galileu estava sob proteção do grão-duque da Toscana, ainda que Cosme estivesse enfermo o tempo todo e tivesse cedido cada vez mais para as duas mulheres fortes da família, sua mãe e a esposa.

De forma geral, o matemático do grão-duque pensava que qualquer mal-entendido entre cosmologia e passagens bíblicas seria possível de ser esclarecido. E não via motivo para não fazer ele mesmo esse esclarecimento. Pela primeira vez isto o levou ao campo da teologia. Numa longa carta para seu ex-aluno e constante amigo, o monge beneditino e professor padre Castelli, esboçou suas opiniões fundamentais sobre a relação entre a Sagrada Escritura e as forças naturais.

Galileu via as duas coisas como manifestações do divino, e como tais jamais poderia haver uma real discordância entre ambas. Essas aparentes colisões surgiam porque a Escritura precisava ser talhada para a compreensão humana. Energicamente, enumerou as interpretações errôneas que podiam aparecer se este ponto não estivesse claro:

> ... grave heresia e blasfêmia, pois nesse caso parecerá necessário dar ao Senhor mãos e pés e olhos, e também sentimentos carnais e humanos, tais como raiva, remorso e ódio, e às vezes Ele terá esquecido o passado e será ignorante do futuro.[30]

A linguagem da Bíblia precisava ser interpretada. Se um fenômeno natural se mostrasse inescapavelmente verdadeiro, os teólogos teriam de voltar à Bíblia, ver como a verdade era formulada dentro dela e elucidar as passagens relevantes à luz da revelação do divino feita pela natureza.

No tocante às conclusões secundárias que a Igreja tirava das várias passagens bíblicas, Galileu pensava – e isso talvez não sem um traço de ironia – que seria mais seguro não postular mais artigos de fé e dogma do que os absolutamente essenciais para a crença e a salvação.

E terminava dando a sua própria leitura da passagem do Livro de Josué. Fiel ao caráter, não escolheu a interpretação mais simples e óbvia: que "E o sol se deteve" era apenas uma forma figurativa de falar, uma ilustração da miraculosa capacidade de Deus de suspender as forças da natureza. Ao contrário, usou uma linha de argumentação sutil para tentar mostrar que a passagem podia ser lida como uma justificativa para Copérnico!

Castelli julgou a carta convincente – tão convincente que a mandou copiar e a usou em discussões posteriores sobre o movimento da Terra, as palavras da Bíblia e a autoridade da Igreja. Pois a discussão continuava em Florença, entre clérigos e outros fóruns públicos. Mas nem Galileu nem Castelli prestaram muita atenção a esse falatório, até que o assunto repentinamente estourou alguns dias antes do Natal de 1614, um ano depois que a "Carta a Castelli" fora escrita.

Ocorreu precisamente o que Cigoli insinuara três anos antes. O padre Tommaso Caccini subiu ao púlpito da igreja-mãe dos dominicanos, Santa Maria Novella, e pronunciou um ardente sermão que começava com um texto dos Atos dos Apóstolos 1:11: "Vós, galileus, por que estais olhando para o céu?" O jogo de palavras era especialmente efetivo em latim: "Viri Galilaei" podia significar tanto "homens de Galileu" como "homens da Galileia", ou seja, galileus.

Caccini pegou os conhecidos versículos do Livro de Josué e deu-lhes uma meticulosa interpretação literal. Depois disso, atacou todos os que acreditavam de maneira diferente, em outras palavras, Copérnico e seus seguidores. Numa inflamada conclusão, pronunciou que a matemática era uma das muitas artes do Diabo e deveria ser extirpada de todos os estados italianos porque difundia falso ensinamento.

O ataque viera pessoalmente de Caccini, ou, para ser mais preciso, de um clérigo que representava a facção anti-Galileu em Florença. Não fora analisado com as autoridades dominicanas nem com o Vaticano. Mesmo assim, Galileu ficou lívido. Cartas de apoio de outros dominicanos, que se distanciaram das opiniões do colega florentino, lhe deram algum alívio. Mas não o bastante. Galileu escreveu ao príncipe Cesi para discutir o que deveria ser feito. Mesmo o ataque tendo sido dirigido a ele, suas consequências afetavam o estudo de uma descrição do mundo baseada na matemática.

A resposta de Cesi foi uma ducha de água fria. O terreno romano replicou que toda questão devia ser tratada com a máxima delicadeza. A razão era Roberto Belarmino.

Este velho jesuíta, ainda poderoso, dissera pessoalmente ao príncipe Cesi que considerava a doutrina de Copérnico herética, e que acreditava que a noção da Terra se movendo estava inquestionavelmente em desacordo com as palavras da Santa Escritura. Belarmino, que era um homem muito culto e estudara com afinco a física e a geometria da época, assumia que a imagem poética do mundo criada por Dante representava a realidade: o Inferno estava literalmente no centro da Terra, e o Céu era a esfera mais "externa" num Universo fechado.[31]

Galileu não ficou contente com a resposta de Cesi. Mas de toda maneira deixou o assunto descansar. No entanto, seus antagonistas locais não tinham ainda acabado. Agora, o velho padre Lorini, com seu "Ipérnico, ou qual fosse o nome dele", voltou à cena.

Lorini obtivera uma cópia da "Carta a Castelli". Leu-a e achou que seu conteúdo exigia que levasse o assunto aos membros de sua ordem no mosteiro de San Marco. Todo mundo concordou que era um assunto muito sério.

Os dominicanos – em geral conhecidos como "cães do senhor", *Domini canes* – eram, junto com os jesuítas, os soldados da linha de frente da Igreja na guerra contra a heresia. A liderança formal da Inquisição estava com eles. Assim como os jesuítas, a ordem punha grande ênfase na erudição, mas era mais orientada para a filosofia e a teologia do que para a ciência natural. Os dominicanos eram altamente céticos em relação ao rápido crescimento da ordem dos jesuítas. Havia muita rivalidade entre as duas organizações, embora poucos tenham ido tão longe como o dominicano que anunciou que se benzia cada vez que encontrava um jesuíta! O fato de Galileu ainda ter, ao que parecia, o favor dos jesuítas, não o tornaria na verdade menos suspeito aos olhos dos dominicanos – possivelmente o contrário.

Quando o velho padre Lorini leu em voz alta a "Carta a Castelli" aos seus irmãos, deu início a um longo processo. Os cães de guarda do senhor em San Marco farejaram heresia, e deram o aviso alto e bom som.

O problema não era mais apenas o sistema de Copérnico e sua dúbia relação com as inequívocas palavras da Escritura. Em sua tentativa de conciliar fé e ciência, Galileu transgredira outra fronteira, uma fronteira que fora claramente definida pelos ideólogos da Contrarreforma durante o Concílio de Trento:

> … o concílio declara que em assuntos de fé e moral pertinentes à edificação da doutrina cristã, ninguém apoiado em seu próprio julgamento e distorcendo as Sagradas Escrituras segundo sua própria concepção deverá ousar interpretá-las no sentido contrário ao da Santa Madre Igreja, a quem cabe julgar seu verdadeiro sentido e significado …[32]

Em suma, isto poderia indicar que Galileu incorrera no o pior pecado cometido pelos luteranos e outras igrejas reformadas: começar a interpretar a Bíblia por conta própria.

Para padre Lorini restava apenas uma coisa a fazer: teria de informar o assunto ao Vaticano. Em 7 de fevereiro de 1615, mandou uma cópia da carta para Roma. Seu destino era o escritório com o portentoso título *Congregação do Índex dos Livros Proibidos*.

"Como se vai ao céu, não como o céu vai"

Agora Galileu vislumbrava o perigo. Não era mais uma questão de briga local em Florença, episódios dos quais ele, em sua posição na corte do grão-duque, podia sorrir com condescendência. A ameaça era tão séria que precisava ser confrontada em duas frentes: parte em Roma, parte em casa, na corte.

As coisas não melhoraram quando Galileu ficou sabendo que o padre Tommaso Caccini, o homem que julgava que a matemática devia ser extirpada, tinha ido a Roma. Estava em vias de assumir um cargo no importante mosteiro dominicano na igreja de Santa Maria sopra Minerva. Galileu antecipou que ele usaria sua nova posição para continuar a atacá-lo.

Galileu se deu conta de que precisava mobilizar facções em Roma que estivessem de maneira sutil predispostas a ele e não exageradamente céticas em relação a Copérnico. Isto abrangia sobretudo os matemáticos jesuítas. O professor que assumira o posto de Cristóvão Clávio no Colégio Romano chamava-se padre Grienberger. Por ofícios de um amigo, Galileu encaminhou uma cópia da "Carta a Castelli", rogando que esta versão –

correta – fosse dada a Grienberger e então enviada a Belarmino, "se uma oportunidade se apresentasse". Galileu acrescentou que Copérnico fora "não só católico, mas religioso e canônico".

"A versão correta" eram suas próprias palavras. Havia uma quantidade de discrepâncias menores entre a cópia que padre Lorini enviara e a que Galileu agora mandava pessoalmente. As diferenças não diziam respeito aos fundamentos, mas na versão de Lorini de forma consistente mostravam Galileu numa luz pior do que a sua própria.

Tão forte tem sido a simpatia por Galileu na posteridade que todos os seus biógrafos aceitaram a versão dada por Favaro, o editor das obras reunidas de Galileu: a cópia de Lorini foi distorcida de propósito contra Galileu. A pesquisa mais recente, porém, indica algo diferente: que a nova "cópia" de Galileu é que teve seu tom ligeiramente moderado, sendo editada em comparação com a carta original.

Por razões desconhecidas, padre Lorini encaminhara a "Carta a Castelli" à instituição errada. A Congregação do Índex trabalhava em uníssono com a Inquisição e sua tarefa era produzir uma lista de livros que os católicos não tinham permissão de ler, o *Index librorum prohibitorum*. Mas a carta não tinha sido impressa, de modo que não chegou à jurisdição da Congregação. Foi, portanto, passada para a Inquisição. Ali foi lida rotineiramente por um teólogo consultor, que sem demora exprimiu sua opinião. Apontou três formulações infelizes (todas elas diferentes na nova versão "correta" de Galileu), mas concluiu que a carta não continha nada com que se preocupar.

O plenário de cardeais da Inquisição, contudo, não ficou particularmente satisfeito, e não deixou as coisas por aí.

Nesse ínterim Galileu, por meio de um intermediário, ficou sabendo das reações do jesuíta Grienberger – e do cardeal Belarmino. Nenhuma delas foi especialmente positiva. Belarmino disse de maneira aberta que Galileu devia encarar o sistema de Copérnico puramente como um modelo matemático. Nesse caso, sua relação com as palavras da Escritura não apresentaria nenhuma dificuldade. Além disso, jogou outra passagem bíblica no debate, o Livro dos Salmos, 19:5-6: "[o Sol] Que é como um noivo saindo de seus aposentos, e em regozijo qual um homem forte para uma corrida. Seu avanço vem do fim do céu, e seu circuito para os confins dele …."

Grienberger disse preferir que Galileu fornecesse observações claras antes de ser levado a discutir a Escritura. À parte isso, sua reação foi de cautela, embora não inamistosa, mas ficou bastante óbvio que Galileu não podia mais depender do caloroso apoio que tinha dos jesuítas quando Clávio estava vivo.

Mas Galileu ignorou a oposição. Fora tomado de uma coragem nova. Escreveu uma carta na qual afirmava com toda clareza que Copérnico era sério e não estava meramente postulando um modelo matemático. Ou aceitava-se que a Terra se movia e o Sol ficava parado, ou não – mas neste último caso se estaria cometendo um grave erro, coisa que Galileu pretendia demonstrar num trabalho em que estava envolvido. Para reforçar este ponto, concluía a carta com uma interpretação copernicana caseira da passagem do Livro dos Salmos, precisamente o tipo de atividade da qual ele, como leigo, devia ter mantido distância. Seu correspondente em Roma foi de imediato ao príncipe Cesi com a carta, e eles sem demora concordaram em *não* mostrá-la a Belarmino.

Um dos motivos da provocação de Galileu era que ele subitamente achara apoio num improvável reduto teológico. O padre Foscarini, um monge carmelita de Nápoles, tornou pública uma carta que enviara ao chefe da ordem carmelita, na qual, com sofisticaria teológica profissional, argumentara em favor de Copérnico – e Galileu. Ele dividia as passagens bíblicas problemáticas em seis classes, e sugeria seus princípios exegéticos que resolveriam os problemas.

A impressionante construção não ajudou muito. Belarmino também foi solicitado a dar sua opinião sobre essa obra, e a opinião não foi das mais elevadas. Por trás da série de corteses afabilidades fraternas esperadas entre filhos da Igreja, seu significado era cristalino: o sistema de Copérnico podia ser usado com propósitos de cálculos, mas *definitivamente não* para explicar a realidade. Com certeza Belarmino usou todas as reservas subjuntivas da qual a língua italiana era capaz, de modo que *se* algum dia pudesse ser provado irrefutavelmente que Copérnico estava certo, então seria possível voltar atrás e interpretar novamente as passagens bíblicas relevantes. Mas ele excluía a possibilidade de tal prova.[33] A doutrina de que a Terra estava em movimento não só ia contra o senso comum, o Livro de Josué e os Salmos de Davi, mas também contra o próprio Salomão, que recebera toda sua sabedoria de Deus. Pois atribuía-se a Salomão no Livro do Eclesiastes: "O sol também se ergue, e o sol se põe, e apega-se ao seu lugar onde se ergueu." (Ecles. 1:5)

A outra razão para a posição firme de Galileu era que ele acreditava ter simplesmente a prova física, inquestionável, que Belarmino exigia.

Mas antes de ir a público com sua nova prova, queria ter certeza de apoio doméstico. Galileu decidiu combinar um relato teológico e teórico com um lisonjeiro tributo escrevendo uma carta aberta à grã-duquesa viúva. A "Carta a Cristina" ocupou mais de quarenta páginas, e circulou apenas em cópias manuscritas, pois qualquer tentativa de publicá-la teria arriscado um confronto aberto com o censor.

Na carta ele deixava clara sua posição. A verdade é uma e indivisível. Portanto não pode haver conflito entre as palavras da Bíblia e as revelações naturais, mas a Bíblia é escrita numa linguagem diferente e tem um objetivo diferente: ela nos ensina "como se vai ao céu, e não como o céu vai" (*Non come va il cielo, mas come si va in cielo*). Isto implica que as palavras da Bíblia precisam ser explicadas e interpretadas.

Depois disso, Galileu parte para a ofensiva. Tenta recrutar um dos padres da Igreja para o seu lado. Belarmino repetidamente ressaltara que toda a tradição teológica estava contra as ideias de Copérnico. Mas Galileu pega o caso de Agostinho e acredita poder mostrar que ele tem uma posição antecipatória e totalmente diferente em relação a questões referentes à ciência natural. Em conclusão, retorna à sua clarificação e introduz uma versão copernicana ampliada e revista do milagre do Sol no Livro de Josué.

A "Carta a Cristina" era escrita sobretudo para uma "leitura doméstica", visando criar um respaldo da família do grão-duque. Presume-se que tenha tido êxito nisso. Mas no que dizia respeito a Roma, pouco ajudou.

Três coisas estavam ocorrendo rapidamente. A força motriz ainda eram os dominicanos de Florença. Em seu novo papel em Santa Maria sopra Minerva, padre Caccini tinha agora acesso direto aos líderes da ordem, e entrou em contato com um dos homens do alto escalão do Santo Ofício dizendo que, "em nome da sua consciência", queria fazer uma declaração sobre os desnorteados caminhos de Galileu.

Seu depoimento foi uma mistura de fato, boato e insinuação. Caccini apontou corretamente que Galileu pensava que a Terra girava em torno do seu próprio eixo e orbitava um Sol estático. Foi adiante para dizer que – como todos os presentes naturalmente sabiam, pois tinham ouvido o relato da "Carta a Castelli" – o matemático havia embarcado na perigosa prática de criar sua própria interpretação da Escritura.

Como essas conhecidas peças de informação eram sem dúvida insuficientes, Caccini foi um passo adiante. Alegou que outro dominicano em Florença ouvira a maneira desrespeitosa como alguns dos seguidores de Galileu haviam se referido a Deus e seus santos. Além disso, trouxe à tona a antiga amizade de Galileu com o infame Paolo Sarpi em Veneza, opinando que ambos ainda se correspondiam por carta. (Isso era correto – Galileu escrevia para o idoso monge, contando-lhe sobre suas descobertas.) Para concluir, enfatizou os aspectos dúbios da Academia dos Linces – sobretudo que seus acadêmicos patentemente se correspondiam com alemães.

Todo mundo sabia que havia luteranos na Alemanha.

Os chefes da Inquisição decidiram que o assunto devia ser examinado com mais cuidado. Como de hábito, fizeram seu trabalho meticulosamente, usando a maior parte de 1615 para ir ao fundo da questão. O inquisidor em Florença realizou interrogatórios e o trabalho e as cartas de Galileu foram lidos e comentados com cuidado. Isso tudo deveria em tese transcorrer em absoluto sigilo, mas era impossível Galileu não saber que algo estava se desenhando.

Ele *sabia* que Copérnico estava certo. Se a Igreja católica estava definitivamente colocando todo seu poder para respaldar o ponto de vista oposto, as consequências seriam não apenas um revés terrível para o estudo científico na Itália, mas os luteranos no norte triunfariam, atraindo homens de talento por causa da relativa liberdade de ideias que ali existia.

Galileu recordava-se do seu progresso triunfal em Roma quatro anos antes. Agora estava enfermo e incapacitado de trabalhar por longos períodos. Mesmo assim, acreditava ser imperativo retornar em pessoa para dar alento a seus amigos e conquistar indecisos e oponentes. Precisava fazer com que os astrônomos jesuítas mostrassem suas verdadeiras cores, e assegurar a continuada amizade e o apoio de Maffeo Barberini. Precisava argumentar de forma objetiva com o cético, mas altamente inteligente Belarmino, e fazê-lo ver através dos argumentos insustentáveis de homens do calibre da "liga das pombas".

Se possível, precisava conseguir outra audiência com o papa Paulo V. Pois tinha na manga seu novo e incontroverso argumento. Era complicado, mas se necessário precisaria tentar apresentá-lo ante o Santo Padre.

Tola e absurda em filosofia, formalmente herética

Aqueles que apoiavam Galileu em Roma não estavam nada ansiosos pela sua visita. Temiam que sua ânsia e convicção servissem apenas para piorar as coisas. Seria bem melhor que ele ficasse em casa, trabalhando tranquilamente nos seus argumentos.

O embaixador toscano que seria seu anfitrião escreveu ao secretário de Estado do grão-duque:

> … este não é o lugar apropriado para se discutir sobre a Lua ou, especialmente nestes tempos, tentar trazer novas ideias.[34]

O embaixador tinha razão, mas não fez diferença. Com a graciosa permissão do grão-duque Cosme, Galileu chegou a Roma em dezembro de 1615.

Para começar, ele se comportava como se ainda fosse o festejado e celebrado observador de Júpiter de quatro anos antes. Sua empáfia o impedia completamente de absorver o ceticismo e a repugnância com que era recebido em muitos locais. Ao contrário, estava com um humor melhor do que tinha estado em muito tempo. Suas visitas a romanos proeminentes assumiram a forma de palestras e fascinantes discussões, como se ainda estivesse em meio aos seus estudantes admiradores em Pádua.

Se, durante a conversa nesses salões elegantes, um clérigo ou nobre cético objetava que a Terra não podia girar em um único dia, que tal velocidade era impensável, Galileu invertia o argumento e mostrava que, segundo Ptolomeu, a *constelação inteira* girava em um dia, e que era de imaginar que fosse significativamente maior que o planeta. Se assumissem o velho argumento de que o movimento da Terra devia ser pelo menos possível de ser notado por nós, Galileu os convidava a pensar que estavam a bordo de um navio: que deixassem uma bola afundar lentamente num recipiente de água enquanto o navio estava em repouso. A bola afunda em linha reta para baixo, sem tocar as paredes laterais. Mas se o navio está em viagem numa velocidade constante – o que acontece então com a bola? Ela ainda afunda em linha reta. Não é afetada pelo movimento uniforme do navio.

Eram demonstrações intelectuais impressionantes. Mas não ajudaram em nada no assunto em questão. Pessoas cuidadosamente derrotadas em tais discussões dificilmente olhavam Galileu com maior boa vontade. Aos poucos isto foi ficando claro para ele.

Era hora de jogar seu trunfo, seu irrefutável argumento novo. Em janeiro de 1616, ele mandou uma carta a um de seus seguidores no Colégio de Cardeais, o jovem Alessandro Orsini. A carta era um tratado sobre as marés, as causas das marés alta e baixa.

Nos dias em que viajava frequentemente entre Pádua e Veneza, Galileu notara as grandes barcaças que transportavam água fresca pela lagoa e para a cidade. A água era acondicionada em grandes recipientes abertos, e quando por algum motivo as barcas mudavam de velocidade, a água se movia. Se a velocidade era reduzida, a água se movia para a frente, levantando a borda dianteira do volume contido no recipiente e baixando a traseira.

Como de costume, Galileu foi impressionantemente rápido para fazer a ligação entre uma observação física e o princípio subjacente: o mar era como a água no recipiente, e o barco era a Terra. Deste modo, marés alta e baixa podiam ser explicadas facilmente, *mas apenas assumindo-se que a Terra se movia*!

Elaborar uma justificativa teórica de fato revelou-se difícil, não menos porque, em discussões, ele demonstrara de maneira esplêndida que o movimento da Terra *não* influenciava outros movimentos, um esteio absolutamente central no argumento contra os oponentes de Copérnico. Mas as marés *tinham* de ser explicadas dessa maneira, se era para constituírem prova direta observável de que a Terra se movia.

Galileu acabou elaborando um raciocínio complicado que levava em conta tanto o movimento anual da Terra em volta do Sol quanto a rotação diária da Terra em torno do seu eixo. A teoria tinha sim diversos acréscimos inseridos às pressas, levando em conta as profundezas dos mares, enseadas estreitas e similares, para explicar as grandes variações locais nas marés, mas estas não abalavam a convicção de Galileu. Se as pessoas conseguissem apenas acompanhar seu raciocínio, poderiam, de modo direto e imediato, e com os próprios olhos, ver uma prova clara das ideias de Copérnico – exatamente o tipo de prova que Belarmino predissera que jamais seria encontrada.

Sua teoria dos movimentos das marés – à qual Galileu se apegou de maneira teimosa até a velhice – estava, no entanto, completamente errada. Mas *este* não foi o fator decisivo nos acontecimentos que agora se seguiram em rápida sucessão.

O Santo Ofício chegara demoradamente à conclusão de que a cadeia de alegações do padre Caccini contra Galileu era difusa demais. O assunto precisou ser arquivado. Mas, ao mesmo tempo, muitos clérigos encaravam com desassossego e desgosto a maneira espalhafatosa com que o matemático difundia sua propaganda copernicana bem no coração de Roma, o bastião da cristandade.

E isto levou a "expedição de resgate" de Galileu a pôr em marcha exatamente o que ele queria evitar. Os cardeais decidiram atacar o assunto de outro ângulo. Era desnecessário atingir Galileu diretamente. As ideias de *Copernicus* eram o problema. Se fossem proibidas, toda discussão cessaria.

Agora as coisas se moveram com a velocidade de um raio. Não eram necessárias investigações demoradas, pois as ideias de Copérnico eram bem conhecidas. Os líderes da Inquisição reuniram-se e formularam duas afirmações que os cardeais acreditavam resumir a visão de Copérnico. Em seguida as entregaram a um grupo de especialistas para avaliação e conclusão.

As afirmações eram as seguintes:

> Que o Sol é o centro do mundo e portanto impassível de movimento local.
>
> Que a Terra não é o centro do mundo, nem imóvel, porém move-se com o todo de si mesma, também com um movimento diário.[35]

Os especialistas da Inquisição levaram quatro dias em seu trabalho. Eram em sua maioria dominicanos, com apenas um jesuíta. Sua especialização residia somente no campo teológico, nenhum deles tendo qualquer qualificação em astronomia. O que aconteceu foi exatamente o que Galileu mais temia: as teorias de Copérnico foram condenadas a partir de uma leitura literal da Santa Escritura, sem a consulta a um único argumento material físico ou astronômico. A conclusão, que os cardeais do Santo Ofício adotaram por unanimidade, foi a seguinte:

A primeira afirmação era

> tola e absurda em filosofia, e formalmente herética, uma vez que contradiz de maneira explícita em muitos lugares o sentido da Santa Escritura ...[36]

A outra afirmação recebeu

> a mesma censura [qualificação] em filosofia, e com relação à verdade teológica é no mínimo errônea na fé.[37]

Que a afirmação referente ao Sol como centro imóvel do mundo fosse "formalmente [*formaliter*] herética" não queria simplesmente dizer que era um erro formal postulá-la. Ao contrário, o palavreado implicava na mais rígida censura possível. Qualquer um que, no futuro, sustentasse que o Sol permanecia parado seria visto como um puro herege – e teria de aceitar as consequências disso.

Esta resolução foi passada pela Inquisição em 24 de fevereiro de 1616. Nesse mesmo dia, o cardeal Orsini tentou encaminhar a teoria das marés de Galileu a Paulo V. Foi o pior momento imaginável, e a ofensiva falhou completamente. O papa disse que a melhor coisa que Orsini podia fazer era livrar Galileu de seus delírios. Quando o cardeal continuou a argumentar, o papa o cortou de forma abrupta. Mal Orsini deixou a sala, o papa convocou outro cardeal, com opiniões bem diferentes: Roberto Belarmino.

O martelo dos hereges

O jesuíta e cardeal Roberto Belarmino dedicara sua vida ao combate à heresia em todas as suas formas. Fisicamente, era uma figura miúda. Mas isto não o impedia de irradiar uma autoridade pessoal, e ele conseguia fazer os homens mais poderosos encolher-se quando lhes dava um de seus olhares penetrantes. Seus correligionários admiradores o chamavam de "martelo dos hereges". Em seu túmulo na igreja-mãe jesuíta de Il Gesù havia esta significativa inscrição: "Pela força subjuguei os pensamentos dos fortes."[38] Mais de três séculos depois, ele foi canonizado como São Roberto após um dos mais controvertidos processos na história da Igreja.

O problema de Galileu não fora definitivamente posto para descansar pela resolução da Inquisição. Agora havia bases formais para fazer frente à sua cruzada em nome de Copérnico, mas isso precisava ser feito de forma rápida – e de preferência com a máxima discrição possível. Do ponto de vista político seria um infortúnio se Galileu fosse desmoralizado e humilhado em público. O grão-duque Cosme talvez não receberia bem esse fato, e isso poderia significar uma piora desnecessária na relação entre os Estados papais e o grão-ducado da Toscana.

Mas Belarmino tinha modos e meios. Sugeriu ao papa um plano de ação que foi sancionado por um plenário da Inquisição no dia seguinte.

Galileu receberia uma advertência clara, porém privada. Se se recusasse a tomar conhecimento dela, a advertência se tornaria oficial em nome da Inquisição. Na improvável eventualidade de que isto também não adiantasse, o matemático seria posto na cadeia, sendo ou não homem do grão-duque.

No dia seguinte, Galileu foi chamado à residência oficial de Belarmino, os Salões do Paraíso, no Palácio do Vaticano. Segizzi, outro cardeal da Inquisição, também se achava presente.

Belarmino foi quem se encarregou de falar. Usou sua autoridade para comunicar a advertência, envolta em frases firmes porém amigáveis: a decisão da Inquisição tinha de ser respeitada. Ela impunha que o sistema de Copérnico não devia ser retratado como quadro factual da realidade física. Sob nenhuma circunstância era permitido sustentar que o Sol realmente estava parado, ou que a Terra se movia ao seu redor.

Mas Galileu não era homem de desistir tão facilmente, nem mesmo para a autoridade combinada de Belarmino e da Inquisição. Ele *precisava* protestar. A proibição não era apenas uma injustiça pessoal e um terrível contratempo para o trabalho que vinha fazendo nos últimos anos, era um erro e estupidez monumental. Ele mesmo tinha a prova, as marés! Era impossível se conter: Galileu começou a argumentar com Belarmino.

A esta altura, o cardeal Segizzi interveio. Uma advertência amistosa sobre quem é que tomava as decisões obviamente não estava adiantando. Ao que parece, ele julgou que a atitude de Belarmino era branda demais. Com todo o peso da Inquisição para respaldá-lo, deu ordens a Galileu para não ensinar, defender ou discutir as afirmações proibidas.

Isto pôs fim à reunião. Mas o poderoso Belarmino ofendeu-se pela brusca intervenção de Segizzi. Sentia-se bastante capaz de administrar a questão segundo seu próprio plano, sobretudo porque tinha a expressa autorização do papa para proceder com cautela. Assim, recusou-se a assinar o relatório da reunião que o notário de Segizzi havia preparado. Na sessão plenária seguinte do Santo Ofício, deu um breve resumo de como resolvera o assunto usando sua própria diplomacia sutil.

Assombrado e abatido, Galileu retornou aos seus aposentos na Villa Medici após o confronto com os dois cardeais. Ainda assim, não estava totalmente arrasado. Conforme entendera de Belarmino, a advertência aplicava-se apenas à propaganda direta em favor de Copérnico. Portanto, ainda era possível trabalhar com tranquilidade no tema e, acima de tudo, usar o sistema heliocêntrico como hipótese matemática, algo que de fato Belarmino sempre estivera preparado para aceitar. Belarmino amaciara a explosão do cardeal Segizzi.

Mas o relatório da reunião feito por Segizzi encontrou seu caminho para os arquivos do Santo Ofício.[39]

A Inquisição podia fazer apenas metade do trabalho de remover a aberração copernicana. O resto cabia à Congregação do Índex. Belarmino também tinha um lugar nela. Já em 5 de março houve um decreto público proibindo temporariamente *De revolutionibus orbium coelestium*, de Copérnico – um livro cuja leitura fora legal por setenta anos –, em antecipação a necessárias alterações. O novo livro do padre Foscarini, porém, com sua defesa teológica de Copérnico, foi banido por completo: "absolutamente proibido e condenado."[40]

No curso de apenas uma quinzena, tudo que o embaixador toscano havia temido viera a ocorrer. O ardente entusiasmo de Galileu conduzira ao oposto exato do que ele esperava quando partiu de Florença. Agora o embaixador rogava ao grão-duque e a seu secretário de Estado que chamassem Galileu de volta o mais rápido possível, antes que acontecesse algo ainda pior.

Pois Galileu, que no decorrer daquele angustiante mês de fevereiro comemorara seu 52º aniversário, com certeza não era um homem abatido. O livro de Copérnico não fora proibido para sempre. Precisava ser "corrigido", algo que seguramente podia ser efetivado com a garantia de que descrevia um modelo hipotético e não a realidade física. Também era animador ele ter sido chamado para uma audiência com o papa Paulo V só uma semana depois do decreto do Índex. O tom do papa foi amigável. Ele assegurou a Galileu que a Igreja o respeitava tanto pessoalmente quanto como cientista, e não estava inclinada a ouvir mexericos a seu respeito – contanto que ele mantivesse as diretrizes que haviam sido estabelecidas de forma clara.

Mesmo assim, começaram a circular boatos em Roma. Dizia-se que Galileu fora ver Belarmino e teria sido oficialmente solicitado a renunciar a suas crenças copernicanas, após o que recebera uma pesada penitência. Resoluto como sempre em questões de honra e rumores, Galileu requisitou uma negação por escrito deste fato, o que Belarmino de boa vontade lhe forneceu. Escreveu uma carta na qual negava ter alguma vez havido qualquer questão de repúdio ou penitência.[41] A única coisa que acontecera foi que ele – Belarmino – informara Galileu da decisão tomada pelo Santo Ofício.

A desastrada intervenção de Segizzi não era mencionada.

Galileu pegou a carta e viajou para casa em Florença, pois a esta altura recebera ordens corteses, porém firmes, para retornar. O embaixador em Roma ficou mais que feliz de ver o problemático hóspede pelas costas:

> ... ele não está absolutamente em boa posição para um lugar como este, e poderia envolver a si mesmo e outros em sérios apuros.[42]

Um nome está amplamente ausente dos relatos da longa permanência de Galileu em Roma em 1615-16, o de seu amigo e admirador cardeal Maffeo Barberini. Ele se opunha aos interditos, mas foi impotente para fazer qualquer coisa na atmosfera reinante. Sem dúvida havia se tornado um cardeal influente, mas, contra uma aliança entre o papa e Belarmino, nada podia. Nos bastidores, trabalhou para minimizar os danos da agressão à nova cosmologia. Maffeo Barberini era membro da Congregação do Índex e foi ele quem, junto com um colega, conseguiu evitar o banimento definitivo do livro de Copérnico.

Um italiano solitário levantou-se em favor de Galileu: na verdade, Tommaso Campanella de fato escreveu um panfleto chamado "Apologia de Galileu", *Apologia pro Galileo*. Mas era uma assistência sem a qual Galileu podia passar muito bem.

Campanella, como Giordano Bruno, era um dominicano do reino de Nápoles. Estudara em Pádua por um ano e lá conhecera Galileu. Então foi preso e mandado para Roma, exatamente como Bruno, mas libertado mediante esforços de amigos influentes. Retornou ao sul da Itália onde, junto com outros dominicanos, tentou organizar uma verdadeira revolta contra a hegemonia espanhola. A rebelião foi esmagada com facilidade, e

Campanella aprisionado em Nápoles, onde, muito estranhamente, escapou da pena de morte. Acabou tendo direito a certa liberdade de correspondência da sua cela, e escreveu repetidas cartas de admiração a Galileu.

> Todos os filósofos do mundo agora pendem de vossa pena, pois na verdade não se pode filosofar sem um sistema certo e verdadeiro para como os planetas são constituídos.[43]

Galileu tentou manter distância do seu entusiasta, que quase parecia estar implorando amizade e contato científico da cela de sua prisão. Mesmo que não faltassem a Campanella conexões até o Colégio de Cardeais, não era do apoio entusiástico de um herege suspeito e rebelde condenado que Galileu mais necessitava. A defesa de Campanella foi contrabandeada para fora da região italiana e impressa alguns anos depois em Frankfurt, em 1622. Mal os primeiros exemplares chegaram a Roma, o livro foi banido.

O próprio Campanella não era um copernicano convicto. Sua defesa – "uma ação que exibe uma coragem intelectual extremamente incomum",[44] nas palavras de um historiador italiano – era, em última análise, uma contribuição em apoio à liberdade de pensamento. Ele argumentava que a necessidade de investigar como o mundo foi criado era uma dádiva de Deus, e que portanto era uma atitude profundamente não cristã colocar barreiras no caminho de tais estudos.

Mortes e presságios

A POSIÇÃO DE GALILEU com toda certeza se enfraquecera, mas não sua autoconfiança. Ele *sabia* que estava certo e que o Santo Ofício, a Congregação do Índex e o próprio papa estavam errados. As coisas podiam mudar. A sociedade e a política da Igreja em Roma viviam mudando, sobretudo em conjunção com a mudança de papas. Homens novos deviam necessariamente chegar aos postos mais importantes. Livros banidos podiam então ser reabilitados: já acontecera antes – até mesmo o primeiro livro de Belarmino fora colocado no Índex por não ser suficientemente amistoso ao papa! Sisto V, porém, morrera antes que a decisão fosse tornada pública, e seu sucessor a revertera sem demora.

A tática de Galileu pode ser vista numa cuidadosa carta endereçada ao irmão da grã-duquesa Maria Madalena, o arquiduque Leopoldo da Áustria. A missiva acompanhava um presente de dois telescópios, seu livreto *Cartas sobre manchas solares* e uma cópia manuscrita de suas reflexões sobre as marés que enviara ao jovem cardeal Orsini. De sua análise sobre as marés, ele escreve:

> Com esta envio-lhe um tratado sobre as causas das marés que escrevi numa época em que os teólogos estavam pensando em proibir o livro de Copérnico e a doutrina nele anunciada, que então eu considerava verdadeira, até que foi do agrado desses cavalheiros proibir a obra e declarar a opinião como sendo falsa e contrária à Escritura. Agora, sabendo como sei que nos cabe obedecer às decisões das autoridades e nelas acreditar, uma vez que são guiadas por uma compreensão superior a qualquer uma a que a minha própria e humilde mente pode alcançar, considero este tratado que vos envio um mero conceito

> poético, ou um sonho, e desejo que Vossa Alteza o tome como tal... Porém mesmo poetas às vezes atribuem valor a uma ou outra de suas fantasias, e, da mesma forma, atribuo um valor a esta fantasia minha. ... Deixei também que alguns poucos personagens exaltados tivessem cópias, para que no caso de alguém não pertencente à Igreja tentar se apropriar da minha curiosa fantasia, conforme me aconteceu com muitas de minhas descobertas, esses personagens, estando acima de qualquer suspeita, possam ser capazes de testemunhar que fui eu quem primeiro sonhou com esta quimera.[45]

Por trás dessa carta encontra-se não somente a autoconfiante reivindicação de Galileu pela primazia de criador – de uma "fantasia poética"! –, como também seu medo profundo e real de que a vanguarda das ciências naturais fosse para os países protestantes e reformados do norte, onde havia cientistas "não pertencentes à Igreja" e portanto não restringidos pela Inquisição e pelo Índex.

Ao mesmo tempo ele prosseguiu no seu incansável trabalho de transformar suas descobertas puramente científicas em dispositivos com aplicações práticas – e portanto, é claro, em dinheiro. Galileu tinha agora uma solução brilhante para um dos maiores problemas práticos do seu tempo: a determinação da longitude.

Cada vez mais o comércio internacional, para não mencionar guerra internacional, era conduzido em alto-mar. Após a descoberta da América e da rota marítima para a Índia, grandes frotas de navios mercantes e vasos de guerra cruzavam regularmente distâncias enormes entre continentes – sem sequer saber ao certo onde estavam até atracarem em algum ponto.

A latitude é um fenômeno determinado naturalmente, definido pelos polos e o equador. Pode ser fixada por um observador habilidoso medindo-se a altura do sol ou o ângulo entre o horizonte e uma estrela conhecida. A longitude, por outro lado, refere-se a um ponto de partida escolhido ao acaso – o meridiano zero – e precisa ser calculada em relação a esse ponto. O único método prático de fazer isso é comparar a hora local na posição da embarcação com a hora no meridiano zero. Tudo que se necessita, portanto, é de um marcador de tempo totalmente preciso para levar consigo na viagem, fornecendo a hora padrão. A hora local pode ser calculada pela altura do sol ao meio-dia.

O problema era que relógios com essa precisão simplesmente não existiam. A tecnologia não era boa o bastante e, além disso, mudanças de temperatura durante a viagem afetavam o metal em todas as ligas conhecidas, provocando imprecisões no mecanismo do relógio. Assim, navios continuavam a encalhar, marinheiros morriam de fome e escorbuto e cargas preciosas eram arruinadas apenas porque era impossível o capitão saber para que ponto do mapa conduzira sua tripulação.

Galileu era um marinheiro de água doce que jamais pisara fora da península Itálica. Mas sabia muito bem que as grandes nações marítimas haviam prometido uma régia recompensa para qualquer um que pudesse resolver o problema de determinar com precisão a longitude. Bastava para isso um relógio acurado. E ele tinha um, um relógio celeste, visível para todo mundo: os satélites de Júpiter, ou, mais precisamente, os eclipses das quatro pequenas luas. Esse eclipse lunar ocorria aproximadamente mil vezes por ano – o suficiente para que se pudesse medir o tempo, quase com precisão de segundos, cerca de três vezes por dia.

Duas coisas eram requeridas: tabelas extremamente exatas para os mil eclipses e uma peça de equipamento que possibilitasse ao navegador no oceano observar o fenômeno com igual exatidão. Galileu pôs de imediato mãos à obra, produzindo ambos. Observou os satélites em todo momento possível e construiu um instrumento enorme, que parecia um capacete de mergulho com um telescópio diante de um dos olhos. Viajou em pessoa até o principal porto do grão-ducado, Livorno, a fim de testar o equipamento a bordo de um navio ancorado em segurança.

Mas, na prática, o sistema era impraticável para a navegação. Em primeiro lugar, Júpiter não era visível o ano todo, e nunca durante o dia – nem à noite, se o tempo estivesse encoberto. Em segundo lugar, era difícil demais fazer essas observações do convés de um navio em movimento, mesmo que o planeta e seus satélites fossem visíveis. Levaria mais de um século até que o fabricante de relógios inglês John Harrison resolvesse o problema da longitude construindo um relógio que era exato em todas as condições.

Se, no entanto, a pessoa estivesse a salvo em terra firme e tivesse tempo de esperar uma ou duas noites para uma visão clara, o método de Galileu era excelente, e assumiu grande importância para a cartografia na segunda metade do século XVII.

Doenças continuavam a assolar o matemático. Em 1618, ele tentou um remédio estranho e pouco característico: partiu para uma peregrinação.

Não há motivo para duvidar de que Galileu, por mais racionalista e cético que fosse, se considerasse um crente católico de verdade. Mas essa sua manifestação concreta de piedade religiosa ainda assim é estranha.

O objetivo que escolheu para sua jornada achava-se na cidadezinha de Loreto, no Adriático, cerca de duzentos quilômetros a sudeste de Florença. O caminho para lá era difícil, o trajeto cruzava os Apeninos. Loreto gabava-se de ter uma igreja de tamanho razoável, uma basílica de peregrinação construída em torno de uma pequena casa de madeira de dez metros por quatro. A casa era o santuário milagroso que atraía os peregrinos.

A estranheza aqui reside no fato de o milagre estar relacionado com *movimento*. Galileu escolheu visitar uma relíquia que quebrara todas as regras imagináveis para a realocação de corpos pesados. A casa em Loreto seria supostamente a *Santa casa*, lar da Virgem Maria em Nazaré, onde Jesus cresceu. Fora transportada pelo ar da Terra Santa por anjos e colocada cuidadosamente em Loreto em 1291.

É bastante difícil conceber que Galileu acreditasse neste milagre em termos literais. Em todas as centenas de páginas que acabaria escrevendo sobre o movimento, não há um único indício de que as leis naturais possam ser suspensas dessa maneira. Como sabemos, ele já achava os milagres bíblicos suficientemente desafiadores sem ter de lidar com aqueles que teriam ocorrido em tempos mais recentes.

A viagem a Loreto foi sem dúvida provocada em parte pela casa e sua localização afamada por curas milagrosas. Mas parece mais uma tentativa por parte de Galileu de convencer aqueles ao seu redor – e talvez também a si mesmo – de que seu trabalho científico acontecia dentro da estrutura eclesiástica que lhe fora tão estritamente forçada.

Também poderia ter sido sensato confiar na religião quando a morte súbita era uma visita constante e inesperada. No verão de 1613, Galileu recebeu uma carta do príncipe Cesi: seu amigo Cigoli estava morto, mal tendo completado 54 anos.[46] O atencioso Cesi imediatamente visitou a família do pintor para ver se havia algo que pudesse fazer pelos enlutados, em nome dele próprio e de Galileu. Cigoli morrera de forma súbita, no auge da carreira, pouco depois de o papa Paulo ter lhe concedido o título de "Cavaleiro de Malta". Estava no meio da decoração do coro em um dos santuários mais importantes da cristandade, *San Paolo fuori le mura*, a igreja construída sobre o túmulo de São Paulo.

Cigoli com certeza teria desejado imitar Galileu e voltar para casa em Florença, mas nunca conseguiu. Tais relatos de morte eram uma ocorrência diária: o rico Salviati com seu retiro em Villa delle Selve morreu em 1614. Marina Gamba em 1611, ou pouco depois. O sábio e abastado veneziano Sagredo, indiscutivelmente o melhor amigo de Galileu durante seus anos em Pádua, em 1620.

Essas mortes afetaram a vida de Galileu de várias maneiras. Agora que não podia mais visitar Salviati, precisava de sua própria casa espaçosa nas montanhas, onde o ar era mais saudável e ele podia fazer suas observações sem ser estorvado pelas luzes ou perturbações. Além disso, precisava trazer o último de seus filhos para viver com ele, o menino de onze anos, Vincenzo.

Alugou uma ampla casa no cume arborizado de Bellosguardo, a sudoeste do centro de Florença, não muito longe do ponto mais elevado dos enormes Jardins Boboli que Cosme I começara a construir acima do Palazzo Pitti. Era uma mansão cara – o aluguel custava 100 escudos por ano –, mas Galileu considerou que algumas das despesas podiam ser cobertas por trigo, feijão, lentilhas e ervilhas que poderia cultivar na grande propriedade.

Agora ele tinha também a oportunidade de cultivar uvas e fazer seu próprio vinho – uma combinação perfeita de trabalho prático e especulação teórica. Como é que o sumo de uvas encharcadas de sol se transformava em vinho alcoólico? Sua resposta, sobre a qual gerações posteriores de cientistas florentinos refletiram longamente, era que "o vinho é uma fusão de *umore* e luz".[47] *Umore* pode significar sumo, em geral líquidos, mas é também uma palavra para os quatro fluidos corporais ligados a diferentes humores. (O papel do fermento no processo não foi descoberto até o século XIX.)

Galileu trouxe seu filho Vincenzo para a mansão. E, como se não bastasse, fez o que não tinha feito pelas duas meninas: assegurou que sua paternidade fosse regularizada por meio de uma *leggitimazione* oficial. Sua motivação foi a mesma que a de seu pai quando o tirara dos monges em Vallombrosa: Vincenzo certamente não estava fadado ao monastério, deveria ser educado, ganhar dinheiro – e, de preferência, receber um dote decente no casamento.

Mas Vincenzo nada tinha em comum com sua amável irmã Virgínia, que a esta altura se tornara irmã Maria Celeste no convento próximo de San Matteo. Galileu logo descobriu que não era brincadeira tentar ser pai novamente com bem mais de cinquenta anos. Teve um pouco de ajuda da própria mãe. Um lampejo das relações com a idosa viúva Giulia é dado por um comentário numa carta a Galileu de seu irmão, o músico Michelangelo:

> Ouço, não com um pouco de surpresa, que a Mãe está de novo se comportando de forma tão pavorosa. Mas ela está muito velha agora, então em breve porá um fim a todas essas brigas.[48]

As brigas terminaram em 1620. Sua mãe morreu em setembro aos 82 anos, depois de viver quase trinta como viúva.

Cometas pressagiam desastres

A saúde do próprio Galileu não era boa. Febres e acessos de reumatismo o mantinham na cama durante semanas sem fim. Seu trabalho sofria grandes atrasos. O pior era que sua doença o impedira de observar o fenômeno astronômico mais interessante do período.

Na verdade foi um fenômeno triplo, três cometas de diferentes luminosidades que apareceram em rápida sucessão no outono de 1618.

Esses cometas eram os primeiros a serem visíveis na Europa após a invenção do telescópio, e portanto de enorme interesse astronômico. Que também fossem arautos de desastres, como geralmente eram os cometas, pouca dúvida podia haver quanto a isso: mais cedo naquele ano, protestantes rebeldes em Praga haviam jogado três dos homens de confiança do imperador pelas janelas do Palácio Hradčany, precipitando assim a catástrofe pan-europeia subsequentemente conhecida como Guerra dos Trinta Anos.

De toda forma, esses cometas pressagiaram um acalorado debate entre astrônomos e filósofos naturais. Havia duas correntes principais de pensamento: aqueles que ainda se alinhavam com Aristóteles, que tinham a necessidade de sustentar que os cometas estavam mais perto que a Lua, tinham de fazer parte do terreno e mutável. Aristóteles assumia que os cometas eram compostos de vapores da Terra que se incendiavam quando ascendiam a uma altura suficiente, e eram então guiados a se mover pela esfera da Lua.

Por outro lado Tycho Brahe havia observado um cometa em 1577 e, observador incomparavelmente acurado que era, conseguira a olho nu fazer medições boas o suficiente para calcular a paralaxe do cometa. A partir dessas medições, concluiu que os cometas deviam estar muito mais longe que a Lua, provavelmente em alguma região perto da órbita de Vênus, e que giravam em torno do Sol – não em órbitas circulares, mas *ovais*.

Mas Galileu não presenciara ele mesmo o fenômeno. Como resultado, de início estava pouco inclinado a se meter no debate. Mas em 1619 surgiu um panfleto intitulado *Uma discussão astronômica dos três cometas de 1618*. A obra era oficialmente anônima, mas sabia-se que o autor era um homem que agora detinha uma cadeira no Colégio Romano que um dia pertencera a Clávio e Grienberger, o padre jesuíta Orazio Grassi.

Padre Grassi era um homem talentoso e melancólico. Numa tentativa inteligente e bem-intencionada de compreender os cometas, aceitou uma boa dose da argumentação de Tycho Brahe. Grassi tinha acesso a observações de jesuítas de toda a Europa e sabia calcular a paralaxe. Ele admitia que os cometas estavam mais distantes que a Lua, e ao fazê-lo afastava-se de Aristóteles. Era um passo que os jesuítas já tinham dado, pois haviam apoiado as observações telescópicas de Galileu. Por outro lado, não podia acompanhar Brahe em sua afirmativa de que os cometas se moviam em torno do Sol. Como descrição material de um fenômeno celeste, estava perigosamente perto das ideias proibidas de Copérnico.

Mas na discussão que se alastrou pelos círculos científicos e eclesiásticos de Roma, as premissas de Grassi foram retratadas como um pesado argumento *contra* Copérnico. Isto irritou Galileu, mas talvez não tanto quanto uma outra coisa: o pequeno panfleto de Grassi não mencionava Galileu uma única vez. Na verdade, o matemático do grão-duque nunca se distinguira na observação de cometas. Jamais observara pessoalmente um único cometa, mas ao que tudo indica Galileu continuava a encarar o uso astronômico do telescópio como seu próprio e sacrossanto território. Mais ainda, sentia ameaçada sua posição de astrônomo mais badalado da Europa. Recebia indagações sobre os cometas de diversos locais, inclusive da corte francesa. E não tinha nada a dizer sobre eles – enquanto Grassi trazia à luz novas observações e teorias.

Galileu portanto tomou a decisão de replicar. É verdade que o panfleto *Discurso sobre os cometas* foi publicado em nome de um de seus alunos, Mario Guiducci, mas o manuscrito sobrevivente mostra-se quase inteiramente na caligrafia de Galileu, e ninguém teve dúvida quanto ao seu verdadeiro autor.

O panfleto tinha um duplo objetivo: repudiar, *ao mesmo tempo*, as teorias sobre cometas de Aristóteles e Tycho Brahe. Ao fazê-lo, Galileu indiretamente mostraria que era necessária uma terceira teoria, uma teoria nova que, por muito boas razões, não podia ser postulada porque precisaria fundamentar-se no pensamento de Copérnico. Mas Galileu foi meticuloso demais em seu repúdio. Visando superar o jesuíta Grassi, rejeitou por completo as observações corretas de Brahe, adotando a teoria de que os cometas eram *realmente* vapores da Terra e estavam mais perto que a Lua.

Havia uma base "copernicana" para essa conclusão falha. Se os cometas e a Terra de fato girassem em torno do Sol, os cometas deveriam exibir movimento *retrógrado* em certas fases – em outras palavras, mover-se "para trás" através do céu durante os períodos em que a Terra os estivesse "alcançando", exatamente como acontece com os planetas. O fato de tal movimento não poder ser observado foi usado como um argumento anticopernicano. (O motivo real é que os cometas só são visíveis da Terra por um curto período enquanto se movem rumo ao Sol.)

Mas a principal motivação da oposição de Galileu era talvez psicológica e não astronômica. Grassi promulgara um argumento baseado em observações telescópicas, a saber, que os cometas não eram muito ampliados pelo instrumento e portanto tinham que estar, correspondentemente, mais distantes, um argumento que acreditava que nem todo mundo entendera e aceitara.

Com seu altamente desenvolvido senso de orgulho, Galileu deu um jeito de imaginar isto como um ataque a si mesmo – ao mestre do telescópio, o primeiro, mais habilidoso e experiente usuário do telescópio de todos! Ele apenas sentia que *tinha de* contestar tal argumento. O resultado foi que o *Discurso sobre os cometas*, publicado em julho de 1619, não só era construído sobre um conceito completamente falso do que eram os cometas, mas, pior, era um contundente ataque pessoal a Grassi e a todo o meio jesuíta no Colégio Romano.

A honra era também desenvolvida de forma elevada naquele meio. Orazio Grassi revidou no mesmo outono. Usando o pseudônimo facilmente detectável de Lotario Sarsi, publicou *O equilíbrio astronômico e filosófico*, em que provas e afirmativas sobre cometas seriam cuidadosamente pesadas. O livro é uma estranha mistura de pensamento rigoroso e atualizado nos campos da ótica e astronomia com citações dos antigos desprovidas de crítica – e alguns ataques sarcásticos, bem escolhidos, a Galileu:

> Receio estar ouvindo uma vozinha [no texto de Galileu] sussurrando discretamente no meu ouvido: o movimento da Terra. Coloca-te atrás de mim, tu, palavra maligna, ofensiva à verdade e aos ouvidos pios! … Mas então com

certeza Galileu não teve tal ideia, pois eu jamais soube que ele fosse algo que não pio e religioso.[49]

De início Galileu não se deu conta de quão profundamente ofendera Grassi, e recusou-se a acreditar que fora ele quem escrevera *O equilíbrio*. Mas logo teve de reconhecer que esse era de fato o caso.

A verdade era que, no curso da discussão sobre manchas solares e cometas, Galileu conseguira efetivamente irritar seus mais importantes aliados científicos – os jesuítas em Roma.

Mas ele fora ainda mais incauto. O *Discurso sobre os cometas* dirigira também alguns golpes violentos contra Cristóvão Scheiner, o astrônomo jesuíta alemão com quem Galileu se indispusera em relação à descoberta das manchas solares. Padre Scheiner tinha agora perdido toda a esperança de uma troca de ideias objetiva com Galileu, que anos antes tentara estimular mandando-lhe seu *Discursos matemáticos* acompanhado de uma carta cortês.

Grassi precisava de uma resposta. Era imperativo para a honra e a posição de Galileu, algo para o qual seus amigos da Academia dos Linces chamaram em especial sua atenção. O caso também envolvia a honra da academia. Alguns de seus membros eram muito críticos dos jesuítas, e estavam ansiosos para ver Grassi ser derrubado.

Galileu tampouco estava destituído de apoio em Roma – Maffeo Barberini continuava a manter contato. O cardeal tinha grande noção de seu próprio valor como poeta, e liberou seus talentos numa elegia poética privada ao matemático – *Adulatio perniciosa*, na qual elogiava as descobertas de Galileu de planetas e manchas solares. Na carta de introdução, escreveu: "O respeito que sempre nutri pela sua pessoa e pelas suas virtudes serviu de informação para a composição que anexo. Eu o saúdo com todo meu coração, na esperança de que Nosso Senhor lhe dê contentamento."

E, como sempre fazia, o cardeal Barberini assinava – *come fratello*.

A elaboração da resposta a Grassi exigiu, porém, algum tempo para Galileu. Em parte por conta da cautela, em parte por causa da doença. Infelizmente, a peregrinação a Loreto e à *Santa casa* não trouxera alívio.

Nesse meio-tempo mais duas pessoas importantes haviam morrido, o cardeal Belarmino e o próprio papa Paulo V. O sucessor deste foi um típico candidato de acordo, Gregório XV Ludovisi, um velho cardeal de Bolonha que tinha pouco de notável exceto a incipiente senilidade.

Essa eleição papal teve lugar em fevereiro de 1621, e ficou claro que o novo papa não aumentaria as chances de expressão mais livre de modelos cosmológicos, mesmo com a ausência de Belarmino. Porém quase de imediato uma *terceira* pessoa importante morreu: o grão-duque Cosme II. Seu filho e herdeiro, Fernando II, tinha apenas dez anos, de modo que estava claro que sua mãe, a grã-duquesa, e sua avó, a grã-duquesa viúva Cristina, teriam um controle ainda maior das rédeas do que antes. O que isto significaria para o apoio que Galileu podia esperar não estava claro.

A resposta de Galileu a Grassi não ficou pronta antes do meio do outono de 1622. A esta altura, contudo, tinha virado um livro inteiro, que ele enviou aos seus amigos da Academia dos Linces em Roma para que pudessem comentar o manuscrito, obter a permissão do censor para imprimi-lo (*imprimatur*) e efetivar o processo de impressão. Tudo isso levava tempo, e o príncipe Cesi tinha apenas um manuscrito editado para impressão no verão de 1623. Foi quando houve *outra* morte na longa série de falecimentos que afetaram o destino de Galileu durante esses anos. O papa Gregório XV faleceu após dois anos no trono de São Pedro.

O velho papa conseguira realizar duas coisas. Indicara Richelieu, o jovem conselheiro da enviuvada rainha Maria de Médici da França, como cardeal. E alterara as regras que governavam as eleições de futuros papas.

O novo procedimento significou que a eleição do sucessor de Gregório levou um tempo longo, pois havia um amargo conflito dentro do Colégio de Cardeais. No calor intenso do verão romano, os cardeais ficaram trancados na Capela Sistina por quase um mês antes de chegarem a algum tipo de acordo. Mas em 6 de agosto a fumaça branca subiu da capela, e o porta-voz do Colégio surgiu e anunciou através de Roma as tão esperadas palavras: *Habemus papam* – "Temos um papa".

Quando o príncipe Cesi ouviu a notícia de quem finalmente vencera a nomeação papal, interrompeu de imediato a impressão do livro de Galileu.

Era absolutamente imperativa uma nova dedicatória. O livro devia ser visto como um tributo ao novo homem no Vaticano, que agora assumira o nome de Urbano VIII.

Era a grande oportunidade de Galileu. O novo e absoluto governante do reino espiritual da Igreja católica e das terras temporais dos Estados papais era o autor da elegia *Adulatio perniciosa*, seu admirador, conterrâneo e amigo "como irmão", o florentino Maffeo Barberini.

Pesar os mundos dos outros em balanças de ouro

> Permaneço obrigado a Vossa Senhoria pelo contínuo afeto em relação a mim e aos meus, e desejo ter a oportunidade de fazer o mesmo para com o senhor assegurando-lhe que encontrará em mim uma muito pronta disposição para servi-lo pelo respeito que tanto merece e pela gratidão que lhe devo.[50]

Seis semanas antes da eleição papal, o ainda então cardeal Barberini escrevera estas palavras a Galileu. Agora ele fora coroado com a tiara e trajado com as vestes papais durante uma cerimônia na qual surpreendera a todos prostrando-se ao chão da Catedral de São Pedro ante o altar e rezando a Deus para que desse fim à sua vida se seu pontificado fosse algo que não uma bênção para a Igreja.

A reação do próprio Galileu à notícia da eleição de Maffeo Barberini pode ser julgada por uma carta congratulatória que enviou ao sobrinho do novo papa, Francesco. Mesmo descontando-se os exageros retóricos da época, não há dúvida do genuíno entusiasmo:

> ... como é delicioso para mim ter o que me resta da minha vida, e quão menos pesado que o habitual será a morte no momento em que ela me levar: viverei extremamente feliz, a esperança, até agora totalmente sepultada, sendo revivida para ver os estudos mais incomuns reconvocados de seu longo exílio; e morrerei contente, tendo estado vivo no mais glorioso sucesso do mais amado e reverenciado mestre que tive no mundo, de modo que eu não poderia ser capaz de esperar nem desejar outra felicidade igual.[51]

A esperança renovada de Galileu sem dúvida não era infundada. O jovem Francesco Barberini acabara de ser feito membro da Academia dos Linces, e o primeiro ato oficial de Urbano VIII foi tornar o sobrinho cardeal. O príncipe Cesi alterou a regra referente a clérigos não poderem ser acadêmicos para receber Francesco. O papa também tinha em alta conta outros membros da academia. Um deles, Giovanni Ciampoli, recebeu o cargo altamente influente de secretário papal e camareiro particular. De repente Galileu tinha diversos contatos bem dentro do centro de poder da Igreja.

Mas a nomeação de seu sobrinho Francesco foi também o primeiro sinal de um traço novo em Urbano VIII Barberini. Sem dúvida ele queria trabalhar para a glória da Igreja, mas ao mesmo tempo fez um magnífico trabalho de concentrar riqueza e poder dentro de sua própria família. Os vestígios disso ainda sobrevivem em Roma até hoje, e o brasão da família com suas três abelhas pode ser visto em muitos lugares. O principal monumento é o Palácio Barberini, de proporções generosas, que contém a Galeria Nacional de Roma para obras de arte mais antigas.

Com o passar dos anos, o povo de Roma, em geral cético do poder papal, ficou seriamente aborrecido. O pior de tudo foi que o papa Urbano removeu a antiga cobertura de bronze do telhado do Panteão e a reciclou no pródigo baldaquino barroco de Bernini sobre o altar do papa na Catedral de São Pedro. Como diziam na cidade: "O que os bárbaros não fizeram, fizeram os Barberini."

No outono saiu o livro de Galileu, com sua nova dedicatória a Urbano VIII, na qual uma das passagens mais floreadas dizia: "Ao nos prostrarmos de forma humilde aos pés [de Vossa Santidade], oramos para que continue a demonstrar vosso favor a nossos estudos com os bem-dispostos raios e calor fortalecedor de vossa extremamente graciosa proteção."

O texto era em italiano, em contraste com o *Equilíbrio* de Grassi, escrito em latim. Galileu acertara em cheio com o título brilhante, típico de seu sempre fértil talento como polemizador: o livro chamava-se *Il saggiatore* – "O ensaiador", título do gabinete do controlador oficial da pureza dos metais preciosos e das misturas em ligas metálicas. Sendo que o ponto era que os ensaiadores usam instrumentos de pesagem que são muito mais precisos que as balanças normais, corriqueiras. Precisam usar "balanças de ouro" para seus cálculos meticulosos. As discussões de Grassi e Galileu, portanto, eram acerca de uma pesagem *verdadeiramente* precisa!

O ensaiador é um ajuste de contas com Grassi, aliás Sarsi, com referência à natureza dos cometas e suas órbitas. Neste sentido é um trabalho malsucedido, pois Galileu simplesmente se enganou acerca do ponto básico da essência dos cometas. Baseou-se na sua própria capacidade de tirar conclusões e jamais sequer observou cometas de maneira adequada por seu telescópio.

Cometas não se encaixavam no Universo copernicano ideal de Galileu. Eram imprevisíveis – e, pior, se de fato se movessem em torno do Sol, era naquelas desprezíveis órbitas elípticas. Galileu não queria conceder ponto algum nem a Brahe nem a Kepler. Queria ser aquele a formular as características fundamentais da construção do Universo.

Mas tal avaliação de *O ensaiador* é simplista demais. A discussão sobre cometas – que é espirituosa, aguçada e por vezes maliciosa – é apenas o trampolim para uma discussão geral do potencial para a descrição da natureza, rica em exemplos e com inúmeras aberturas para novos desafios. E debaixo de tudo espreita a crença proibida no sistema de Copérnico, do qual Galileu se distancia com uma ironia tão sutil que é impossível detectar:

> E como eu poderia me iludir grandemente penetrando no verdadeiro significado de temas que por uma margem grande demais vão além da fraqueza do meu cérebro, ao mesmo tempo deixando tais determinações para a prudência dos mestres da divindade, simplesmente seguirei discutindo estas doutrinas inferiores, declarando-me sempre preparado para todo decreto dos superiores, a despeito de qualquer demonstração e experimento que possa parecer contrário.[52]

Grassi foi levado a parecer um clérigo. Galileu sustentava com cuidado a ficção de que fora seu aluno Mario Guiducci quem escrevera o *Discurso sobre os cometas*, e despejava desprezo sobre qualquer um que pudesse pensar de outra maneira, gente como "Lottario Sarsi, uma pessoa totalmente desconhecida" – a redação errada do primeiro nome talvez seja um jogo de palavras consciente com o verbo "lottare": lutar, brigar.

Grassi explicara o título de seu livro *O equilíbrio astronômico e filosófico* dizendo que era uma referência à constelação de Libra, da qual acreditava que apareciam os cometas. Galileu alegava ser mais provável que viessem de Escorpião, e que portanto o livro de Grassi era um "escorpião astronômico e filosófico", que lhe dirigia toda uma barragem de ferrões. Mas, diz ele,

> é minha boa fortuna eu conhecer o antídoto e os remédios disponíveis para tais ferrões! Por conseguinte quebrarei e esfregarei esse mesmo escorpião nas feridas, onde o veneno reabsorvido pelo seu próprio corpo morto me deixará livre e sadio.[53]

Galileu sustenta que se afastou do olhar público porque todos os seus escritos foram atacados e mal compreendidos, enquanto outros levavam o crédito por todas as suas descobertas; ele está sendo "caluniado, roubado e desdenhado", e seus escritos refutados com "noções risíveis e impossíveis". Ele gasta um bocado de energia indignada para demonstrar este ponto.

Depois disso, dilacera sistematicamente o texto de "Sarsi". Quando polemiza, nada o faz parar. E ele finge de modo consistente que não tem a menor ideia de que Grassi seja o verdadeiro autor de *O equilíbrio*, escrevendo:

> [Sarsi] repete certas coisas que alega ter entendido do padre Orazio Grassi, seu professor, referentes aos meus últimos achados; não acredito numa única palavra, e tenho certeza de que esse padre jamais disse, nem pensou, nem viu Sarsi escrever tais fantasias, tão distantes elas estão de qualquer respeito pelas doutrinas segundo as quais ensina-se no Colégio, onde padre Grassi é professor ...[54]

Obviamente os jesuítas reagiram a tais declarações. Nenhum leitor deixaria de notar que entre os dardos de sarcasmo Galileu, com quase sessenta anos e abatido pela doença, brilhava com observações originais, inferências aguçadas e questões que davam o que pensar. Foi nesse livro que ele formulou sua crença na matemática – ou melhor, na geometria – como *a linguagem da natureza*. E ele próprio sabia que ela se aplicava não somente às regularidades da cosmologia, porque ainda tinha na manga os ainda não publicados e revolucionários experimentos do pêndulo e da queda livre dos tempos de Pádua, que continuou a desenvolver ao longo desses anos.

Relacionada com sua crença na geometria estava a clara distinção que fazia entre as características fundamentais e incidentais de um objeto. As fundamentais eram exatamente aquelas que podiam ser tratadas de maneira geométrica: forma, tamanho, posição, movimento. Mas o objeto também tem outros traços que são interessantes em si: cor, sabor, cheiro. Este último grupo, todavia, é diferente, porque, segundo Galileu, tais características dependem de alguém perceber o objeto, e podem portanto ser vistas como designações fortuitas que associamos ao objeto, meramente "nomes" ou "rótulos".

Estas especulações conduzem aos rudimentos de uma teoria atômica. Da mesma forma que tantas outras ideias de Galileu, esta também não era nova. A noção de que a matéria é constituída de minúsculas entidades indivisíveis remonta a Demócrito, em 400 a.C. Mas Galileu introduz a ideia sem mais nem menos, e descobre que esses fenômenos, que podemos facilmente ver e perceber na vida diária, precisam ser explicados por meio de algo que *não podemos* ver ou perceber de forma direta. Quanto à luz, deve haver uma "expansão e difusão, tornando-a capaz de ocupar um espaço imenso além da sua – não sei dizer se sua sutileza, sua raridade, sua imaterialidade, ou alguma outra propriedade que difere de tudo e não tem nome".[55]

Galileu queria penetrar nos fenômenos porque simplesmente não podem ser explicados a partir das nossas impressões sensoriais imediatas. A ideia de características e átomos talvez não parecesse tão obviamente perigosa quanto suas ideias cosmológicas tinham se revelado. Mas padre Grassi, que, claro, estava atento a pontos expostos para contra-atacar, as notou.

Em primeira instância havia apenas um leitor de *O ensaiador* que de fato contava, e era a quem a obra fora apressadamente dedicada. O papa Urbano VIII Barberini gostou do livro. Ele não tinha nada contra o sarcasmo.

Pelo menos, enquanto não fosse dirigido a ele.

É possível que os amigos romanos de Galileu no círculo em torno da Academia dos Linces tenham exagerado o entusiasmo do papa ao relatar que este mandava que lessem *O ensaiador* em voz alta para ele durante as refeições. Mas um deles talvez de fato superestimou as coisas ao enfatizar que *agora* era o momento para Galileu anotar

> aqueles conceitos que até agora permanecem na sua mente, estou seguro de que seriam recebidos graciosamente por Nosso Senhor [o papa], que não cessa de admirar sua eminência em todos os assuntos e a manter intacto o afeto que lhe teve em tempos passados.[56]

Certamente Urbano manteve-se um firme amigo e admirador de Galileu, mesmo após *O ensaiador*. Ele próprio era interessado e inteligente o bastante para valorizar suas especulações científicas, e o artesão de palavras dentro dele tinha de admirar a pungente destreza verbal de Galileu. Na não explicitada porém importante competição entre a Academia dos Linces e o Colégio Romano pela posição de instituição mais importante na esfera científica, o papa quase tinha de ser contado como um dos simpatizantes da academia.

Mas não era adepto de Copérnico.

Havia um trecho particular em *O ensaiador* que Urbano VIII admirava, tanto pela sua elegância linguística como pelo conteúdo. Galileu havia introduzido uma fábula extraordinária sobre a averiguação acerca das fontes do som.[57] A fábula falava de um homem inquisitivo que, para seu espanto, descobriu que sons similares podem ter origens diferentes: o canto dos pássaros, a música da flauta, um arco sobre as cordas de um violino, um homem correndo o dedo sobre a borda úmida de um copo. Por fim, ele encontra uma cigarra, não consegue descobrir como ela produz seu ruído, examina-a demoradamente e descobre que ela possui potentes cordas sob sua couraça torácica. Resolve cortar essas cordas – se o canto da cigarra parar ele terá descoberto a fonte do som. Mas, em sua tentativa de segurar o inseto com firmeza, enfia um alfinete através dele e o mata. E assim "sua voz desaparece com sua vida", e o homem jamais saberá totalmente a resposta.

Esta fábula tem sido extensivamente interpretada, inclusive como um ataque à suposta "dureza" de Grassi, bem como ao seu deselegante método de raciocínio. Mas mexeu com o coração de Urbano porque ele sentia que ela dizia algo essencial sobre toda a investigação da natureza: a causa mais profunda era em princípio inacessível ao intelecto humano. Os caminhos de Deus são impenetráveis. Ele tinha uma quantidade infinita de meios ao seu dispor quando se tratava da natureza e seus fenômenos, e era tolice o homem alegar que uma explicação específica era absolutamente verdadeira.

Urbano VIII, portanto, não temia em especial as teorias copernicanas. Elas podiam ser interessantes, até mesmo plausíveis – mas jamais poderiam alegar ser a Verdade, e com isso não podiam entrar em conflito com a religião.

Galileu era de outra opinião. Para ele, a verdade era uma e indivisível, ciência e religião dois lados da mesma moeda. Mas ele conhecia muito bem o pensamento do papa Urbano – e o anotou para uso futuro.

Uma maravilhosa conjuntura

Em sua mansão em Bellosguardo, Galileu pôde rever a situação e concluir que as coisas acabaram saindo a seu favor. A incerteza em relação à família Médici que se instalara quando Cosme II morreu foi resolvida. Galileu usou sua rede internacional de contatos nos mais altos escalões da sociedade europeia. Dirigiu-se com humildade ao arquiduque Leopoldo da Áustria, a quem presenteara antes com telescópios e observações sobre as marés. Sua solicitação resultou em Leopoldo escrever a sua irmã, Maria

Madalena, mãe do herdeiro ainda menor de idade, grão-duque Fernando II, recomendando calorosamente que a corte em Florença retivesse os serviços de Galileu. Fernando, em todo caso, era um jovem meigo e de fácil trato, que não mostrava sinal de se distinguir intelectualmente ou sob qualquer outro aspecto.

Contudo, isto não era nada comparado com "esta maravilhosa conjuntura"[58] (*mirabil congiuntura* – palavras de Galileu numa carta ao príncipe Cesi) que se criara em Roma. A troca de papas, a entrada de acadêmicos linces na corte do Vaticano e o momento propício para a publicação de *O ensaiador* abriram o caminho – não só para um novo triunfo pessoal, mas, com um pouco de cuidado e sorte, para uma fuga da proibição de 1616 e um novo deslanche da teoria de Copérnico.

Com alguma boa vontade papal, Galileu poderia até mesmo resolver um de seus problemas pessoais. Não era impossível que Urbano VIII, como sinal de favor, pudesse indicar o jovem Vincenzo Galilei para uma sinecura clerical que lhe desse uma modesta renda independente. Seu filho estava enfrentando chuvas e trovoadas nos seus estudos em Pisa.

Era importante voltar a Roma e prestar seus humildes respeitos ao papa, mas também para ver como realmente se achava o terreno intelectual.

Galileu estava sofrendo de constantes enfermidades, tinha feito sessenta anos em fevereiro de 1624 e sabia muito bem que era mais do que o momento certo para reunir todos os seus experimentos práticos e deliberações teóricas numa grande obra abrangente. Apesar de sua crescente fama contemporânea, ele ainda não tinha escrito nada que se comparasse ao *De revolutionibus orbium coelestium* ou, nesses termos, a *A nova astronomia*, do seu concorrente Kepler, ou sua publicação mais recente, *A harmonia do mundo*.

Galileu partiu em abril. Também o príncipe Cesi, com sua extensa rede de contatos em Roma, sabia da importância que esta oportunidade tinha, tanto para a promoção da ciência na Itália como para a reputação da Academia dos Linces. Cesi possuía um grande imóvel em Aquasparta, na Úmbria. Era seu lugar favorito, e ali passava longos períodos de tempo em investigações científicas de todo tipo. Agora convidou Galileu a interromper sua viagem ali por uma quinzena, uma vez que a propriedade ficava aproximadamente a meio caminho de Florença e Roma. Ali os dois poderiam discutir a situação em Roma com todos os complexos agrupamentos e alianças da cidade e chegar a um plano de ação para a ofensiva sobre Urbano VIII Barberini. Cesi dificilmente teria esquecido o superentusiástico desempenho de Galileu durante sua estada anterior em Roma.

Galileu chegou a Roma em 23 de abril, e já no dia seguinte teve uma audiência privada de uma hora com o papa. Urbano VIII foi amistoso e solidário como antes, prometendo procurar uma posição para Vincenzo, e convidou o matemático a vir novamente. Galileu teve um total de seis encontros com o papa no decorrer do seu mês e meio em Roma.

Ele também alimentou outras conexões importantes, sobretudo o influente sobrinho do papa, o cardeal Francesco Barberini, e um bispo alemão, Zollern, que se mostrava preocupado porque os estudiosos alemães protestantes estavam agora, mais que nunca, seguindo os passos de Kepler e aceitando o sistema de Copérnico. E assim estavam num processo de adquirir uma arma ideológica contra o papado – e isto numa situação na qual a guerra entre o exército do imperador católico e seus súditos protestantes se reacendia em solo germânico.

No entanto, com o passar das semanas, tanto Galileu como Cesi perceberam que, apesar da recepção amigável, não tinham ido muito longe no que dizia respeito a moderar os termos nos quais a cosmologia podia ser discutida. Urbano exalava amizade e respeito – o papa chegou a escrever uma calorosa carta de recomendação para Galileu levar de volta à corte em Florença. Mas os decretos de 1616 permaneciam firmes. Era de fato possível escrever sobre o sistema de Copérnico como uma hipótese e base de cálculo, mas apenas na medida em que se mantivesse distância da ideia de que ele representava uma realidade física. Urbano apegava-se ao seu ceticismo de base teológica: os caminhos de Deus não podiam ser plenamente descritos pelo intelecto humano. Logo, a prova definitiva de que o sistema de Copérnico estava certo jamais poderia ser apresentada. Em tese, nem sequer era possível apresentar tal prova.

Galileu tinha suas marés. Não estava disposto a abrir mão delas. Mas por enquanto precisava retornar a Bellosguardo para pensar nas coisas.

E não pensou muito tempo. Depois de consultar seus amigos na Academia dos Linces, decidiu fazer um teste. A oportunidade estava ali à sua espera – na verdade ali estivera nos últimos oito anos.

Durante sua permanência anterior em Roma, em 1615-16, quando esmagara seus oponentes em discussões improvisadas nas casas das classes governantes romanas, Galileu tropeçara num velho conhecido, Francesco Ingoli, que havia estudado direito em Pádua. Ingoli escolhera uma carreira na Igreja, mas interessava-se por astronomia e tinha publicado um par de trabalhos menores sobre fenômenos celestes. Não ficou convencido pela retórica de Galileu e então publicou um pequeno artigo, *Um debate sobre a localização e a estabilidade da Terra*, no qual tentava contestar a doutrina de Copérnico.

Ingoli havia tentado usar argumentos físicos e astronômicos contra Galileu, e não apenas argumentos teológicos. Galileu não ficou especialmente impressionado com esses argumentos, e não é certo que pretendesse respondê-los. Os acontecimentos de 1616 fizeram a questão perder o interesse – na esteira das decisões da Inquisição e da Congregação do Índex teria sido insensato, para dizer o mínimo, montar uma defesa das ideias copernicanas. Mas certos adversários perversos interpretaram o silêncio de Galileu de maneira diferente: pensaram que ele fora efetivamente refutado por Ingoli e não tinha defesa a oferecer.

Agora a situação havia mudado – ou, de todo modo, Galileu e o príncipe Cesi assim *julgavam*. Com boa vontade papal deveria ser possível embarcar num ato de precário equilíbrio: de um lado defender as teorias de Copérnico contra os argumentos de Ingoli, de outro ainda declarar que a teoria *não* era correta, porque, por sua vez, falhava em face da compreensão teológica da realidade que existia num plano diferente, superior.

O projeto podia ser lançado em apoio à Igreja: os protestantes não deviam ser deixados com o errôneo entendimento de que os católicos eram tão estúpidos a ponto de não conseguir raciocinar clara e cientificamente! De outro lado, sua *devoção* os levara a abandonar uma teoria para a qual tinham fornecido provas cuidadosas, pois era contrária às palavras expressas da Bíblia e à autoridade da Igreja.

Era uma tarefa complexa. Galileu não demorou muito tempo nas partes científicas de sua "Carta a Ingoli", na qual explicava pela primeira vez por escrito por que a Terra podia se mover sem que o percebêssemos em nossas vidas cotidianas. O problema era o necessário ajuste em relação à teologia. Ele mandou um rascunho para Roma, onde seus amigos fizeram cópias e sugeriram correções antes de a carta ser publicada – ou enviada ao destinatário.

Mas esse processo se arrastou e nada foi feito de fato com a carta ao longo de todo o inverno de 1624-25, apesar de Ingoli, que ouvira falar da longamente adiada resposta, ter pedido para vê-la. Na verdade, trechos escolhidos do texto foram efetivamente lidos para o papa Urbano. Foi seu secretário de confiança, Ciampoli, quem fez isso, e reportou à boa vontade incomum de Sua Santidade. Só que não mencionou *quais* foram os trechos lidos. Devem ter sido os menos controvertidos.

No fim da primavera, o príncipe Cesi interveio. Recomendou que a "Carta a Ingoli" não devia ser entregue ao seu destinatário, e com certeza não impressa. Havia coisas ocorrendo em Roma com as quais ele não estava contente.

Guerra e heresia

Em setembro de 1624, quando Galileu estava em sua casa em Florença terminando a "Carta a Ingoli", um novo professor jesuíta assumia sua posição no Colégio Romano. Seu nome era padre Spinola, e ele usou sua aula inaugural para desfechar um agudo ataque àqueles que "semeavam as sementes da heresia", ventilando visões científicas novas e não bíblicas. Há pouca dúvida de que discutira o assunto com seu irmão religioso, o ofendido padre Grassi.

Orazio Grassi agora tinha tempo de estudar *O ensaiador* em considerável profundidade, e estava preparado para contra-atacar Galileu. A maioria dos seus colegas estava disposta a apoiá-lo. Um dos pontos do ataque de Grassi, embora excessivamente cheio de rodeios, residia sim numa área bastante perigosa. Referia-se à importante distinção feita por Galileu entre as características reais, fundamentais, do corpo e as características secundárias, que ele quase encarava como um tipo de ilusão criado pelos sentidos.

Então, o que dizer da Eucaristia?, indagou Grassi, de maneira discreta.

Segundo a doutrina católica, o pão e o vinho eram fisicamente *transformados* por um milagre no corpo e no sangue de Jesus, embora suas características externas – cor, cheiro e sabor – permanecessem as mesmas. Mas Galileu dizia que cor, cheiro e sabor eram "meros indícios". Isto devia significar que ele abjurava o milagre em si – dificilmente poderia haver algo miraculoso em preservar indícios, ilusões que tinham sua raiz no sistema sensório humano.

Grassi não era um freizinho qualquer dentro da ordem dos jesuítas. Exatamente nessa época havia recebido a prestigiosa tarefa de projetar a nova igreja do Colégio Romano, dedicada ao fundador da ordem, Santo Inácio. A Igreja de Santo Inácio não saiu tão grandiosa quanto o planejado, mas não por culpa de Grassi. Ele pretendia dar a ela um magnífico domo – que, talvez não totalmente sem intenção, teria bloqueado a luz para a biblioteca do mosteiro dominicano ali perto!

A objeção eucarística de Grassi – que foi impressa em seu livro *Comparações dos pesos de "O equilíbrio" e "O ensaiador"* alguns anos depois – foi encarada pela maioria como curiosidade. Os pensamentos de Galileu eram puramente científicos e nunca tiveram quaisquer pretensões a relevância teológica. Além disso, foram promulgados num livro que passara pelo censor e era até dedicado ao papa. Mas a objeção *era* inquietante, porque, se fosse sustentada pela Inquisição, nenhum simpatizante do mundo teria sido capaz de salvar Galileu da acusação de heresia. E talvez fosse essa a pista por trás da investida genérica do padre Spinola contra os semeadores da heresia.

Galileu ficou preocupado e fez discretas inquirições. Em particular, foi assegurado de que nenhuma medida seria tomada contra *O ensaiador*.

Mas seus temores não eram infundados. Ao mesmo tempo, ele recebeu notícias de Roma que devem tê-lo preocupado: a caça aos hereges prosseguia também sob Urbano VIII.

Pouco antes do Natal de 1624 teve lugar um acontecimento perturbador não longe do Colégio Romano. Na igreja dominicana de Santa Maria sopra Minerva, os membros da Inquisição reuniram-se para passar uma sentença. O acusado era o ex-arcebispo Marco de Dominis. Ele um dia tinha se aventurado em geometria e ótica, morado na República de Veneza e sido amigo de Paolo Sarpi e Gianfrancesco Sagredo. Sendo inimigo de Belarmino, e com o crescente poder mundano do papa, fugira para a Inglaterra, onde acabou supervisionando a publicação da grande obra de Sarpi sobre o Concílio de Trento, uma obra que retratava com tamanho detalhe as intrigas por trás daquelas muitas decisões de longo alcance que foi de imediato colocada no Índex.

Mas De Dominis brigou com os ingleses e retornou a Roma, onde abjurou todos seus atos heréticos (inclusive a publicação do livro). Com seu passado dissoluto, foi um sucesso social em Roma durante o primeiro e otimista ano do pontificado de Urbano VIII. Retomou seu trabalho científico e escreveu uma dissertação sobre o adorado tema de Galileu, as marés, que tivera a oportunidade de estudar no canal da Mancha.

Mas os inimigos de Marco de Dominis decididamente não o haviam perdoado. Ele foi preso, seus trabalhos examinados, e foi apresentada contra ele uma acusação referente a coisas heréticas que escrevera sobre o casamento num manuscrito não publicado. Durante seu exame, ele admitiu que fazia uma distinção entre duas classes de dogmas religiosos. Aqueles que diziam respeito à fé eram sacrossantos. Mas outros, como por exemplo numerosas resoluções adotadas em Trento, podiam ser discutidos. Era precisamente a mesma distinção que Galileu fizera para interpretar fenômenos cosmológicos.

O arcebispo De Dominis foi condenado à morte. Foi uma sentença que despertou uma bocado de atenção em Roma, pois o acusado já estava morto quando a sentença foi lida. Ele falecera na prisão durante o julgamento; envenenado, segundo alguns. Não obstante, a Inquisição não pou-

pou esforços quando os juízes terminaram as investigações. O corpo foi desenterrado e instalado num caixão no "estaleiro". Depois que a sentença foi proclamada, o cadáver de De Dominis e todos os seus escritos foram levados de Santa Maria sopra Minerva para o Campo de Fiori, onde foram publicamente queimados, junto com um retrato.

Padre Spinola e padre Grassi não eram os únicos adversários de Galileu entre os jesuítas. Perto do fim do ano um jesuíta alemão chegou a Roma. Era astrônomo, um observador cuidadoso, que estudara em minúcia as manchas solares por muitos anos. Sabia muito bem que as constrições que o culto a Aristóteles e Ptolomeu impunha à investigação das coisas naturais precisavam desaparecer. Alguns diziam que bem lá no fundo se tornara adepto de Copérnico, fato que ele, é claro, dificilmente podia anunciar do púlpito no Colégio Romano.

Este jesuíta era o padre Cristóvão Scheiner, o observador de manchas solares que tentara estabelecer uma boa relação com Galileu, mas só conseguira ser duas vezes insultado pela sua pena. E se Spinola era receoso e Grassi sentia-se insultado, Scheiner estava furioso.

Ele rapidamente conseguiu se localizar na paisagem intelectual e clerical de seus irmãos religiosos romanos. Obteve muita influência sobre um cardeal que acabara de entrar para os jesuítas. Era Alessandro Orsini, o homem que tentara ensinar Paulo V sobre as marés no mesmo dia em que a Inquisição condenou Copérnico. Agora, até mesmo sua simpatia tinha se distanciado de Galileu.

Foi então que outro dos amigos de Galileu, o sobrinho do papa, cardeal Francesco Barberini, desapareceu por algum tempo de Roma e da esfera de influência papal, pois fora designado emissário diplomático a Paris. As condições em Roma estavam sempre se alterando dessa maneira, alianças eram formadas e dissolvidas, simpatias radicalmente repensadas.

Havia motivos suficientes para o príncipe Cesi pedir alguma cautela, apesar dos maravilhosos contatos dos linces com o Vaticano. E mesmo agora a maior revolução de todas ainda não se fizera sentir, porque veio de forma gradual, no começo de forma imperceptível. De todas as mudanças, era decerto a mais importante, porque ocorreu bem no topo do sistema: o próprio papa Urbano VIII estava em processo de transformação.

Disputa de poder na Europa e sobrinhos romanos

A Guerra dos Trinta Anos foi a primeira grande guerra europeia. Começou como uma disputa de poder e religião na Boêmia e foi combatida principalmente nos inúmeros estados germânicos, grandes e pequenos – havia cerca de trezentas entidades com independência política, das quais oitenta eram grandes o suficiente para desempenhar um papel prático. Mas aos poucos o equilíbrio do poder na Europa em si tornou-se a verdadeira força motriz por trás do banho de sangue. A influência espanhola na corte imperial em Praga era forte, e os espanhóis podiam legitimar sua disputa por poder como uma manifestação de apoio ao imperador e uma campanha pelo catolicismo na apóstata Europa setentrional.

O enérgico Fernando II tornou-se imperador em 1619, e imediatamente investiu todos os seus recursos em ganhar controle sobre os rebeldes protestantes na Boêmia. No começo a guerra correu bastante bem, também do ponto de vista de Roma. Em 1620, as forças protestantes foram esmagadas em Bila Hora – a Montanha Branca –, na Boêmia. Com ajuda espanhola, o imperador Fernando deu uma sequência brutal à vitória, confiscando propriedades e executando protestantes proeminentes em Praga.

Depois disso, organizou um grande exército sob o comando do gênio tático Wallenstein. Wallenstein solucionava problemas logísticos de guerra simplesmente permitindo que seus soldados saqueassem e pilhassem ao longo de todo o trajeto – evitando assim longas linhas de suprimentos. Este método também tinha a vantagem de facilitar o recrutamento para o exército. Nas áreas saqueadas não havia outro meio de viver.

O sucesso do imperador e de Wallenstein no sul significou que começaram a voltar seu olhar para a Alemanha setentrional. Eles não só poderiam recuperar as áreas luteranas para o catolicismo, mas uma base naval no Báltico significaria influência sobre o mar do Norte e os estados bálticos.

Isto assustou as cidades hanseáticas germânicas, bem como ingleses, holandeses, suecos e dinamarqueses. Mas era também muito preocupante para a França católica, que sem dúvida não queria que sua arquirrival Espanha adquirisse uma posição dominante em grandes partes da Europa.

Logo, a guerra pôs o papa num dilema. A corte papal era tradicionalmente a arena para a intensa rivalidade entre Espanha e França. Mas o papa também era um monarca temporal que reinava sobre os Estados papais, e tinha o reino de Nápoles, dominado pelos espanhóis, como poderoso vizinho bem na sua fronteira meridional.

Urbano VIII Barberini era francófilo. Sua carreira decolara na França, onde tinha brilhado na corte. Como papa, necessitava de uma França poderosa por razões políticas, servindo de contrapeso para a Espanha. Mas os franceses, liderados pelo cardeal Richelieu, aos poucos começaram a apoiar abertamente os protestantes. Isto era algo que o príncipe da Igreja não podia aprovar. Urbano *tinha* de mostrar solidariedade ao esforço de guerra imperial, mas sua solidariedade limitava-se a palavras de incentivo: não forneceu nem fundos nem tropas.

Em vez disso, o dinheiro foi para a construção das defesas dos próprios Estados papais, e uma não pequena quantia para a própria família Barberini. A extensão desse nepotismo pode ser vislumbrada pelo fato de, ao ser eleito papa, Maffeo Barberini ter uma fortuna estimada em 15 mil escudos. Após alguns anos no trono de São Pedro, ele adquiriu uma região inteira e seu título de nobreza para seu sobrinho Taddeo por 750 mil escudos.[59] E Taddeo era apenas um entre muitos parentes.

Isto causou descontentamento em Roma. As pessoas cochichavam que o papa não se preocupava o suficiente com a fé católica e sua disseminação – de fato, ele era apático ou tolerante em relação aos hereges.

Urbano VIII notou a mudança de atmosfera e foi ficando cada vez mais desconfiado. Sua natureza aberta, inquisitiva, depressa congelou-se numa rígida autoimportância que não admitia contradição ou crítica, quer dos seus juízos políticos ou religiosos, quer de sua vaidade puramente pessoal, e nem um pouco insignificante.

O papa Barberini sempre fora supersticioso, algo que os inimigos de Galileu em Roma tentaram capitalizar. Havia boatos de um horóscopo que predizia a morte iminente tanto para Urbano como para seu sobrinho

Taddeo. Dizia-se que o horóscopo teria sido elaborado por um monge de Vallombrosa, e alguns (talvez sabendo que Galileu frequentara a escola em Vallombrosa) alegavam que na verdade o responsável era o "matemático e astrólogo" Galileu. Galileu entendeu a gravidade da situação e fez um de seus amigos em Roma interceder, um florentino com o retumbante nome de Michelangelo Buonarroti, sobrinho do grande mestre da Renascença. Galileu livrou-se do caso – mas o perigo de despertar o desprazer do papa foi enfatizado pelo destino do monge de Vallombrosa: foi preso e morreu na prisão aguardando julgamento.

Urbano VIII não tinha necessidade de temer os portentos do céu; viveria ainda mais catorze anos. Mas com frequência cada vez maior ficava longe de Roma. Tinha uma magnífica residência papal de verão nas colinas Albanas, alguns quilômetros ao sul da cidade, onde o clima de verão era agradável e o vinho branco, excelente. Ali, perto da cidadezinha de Castelgandolfo, Urbano sentia-se relativamente a salvo de seus adversários, mas ainda assim mandava os criados provarem sua comida antes de ele próprio se atrever a comer.

Dentro da própria Itália os problemas se acumulavam. As relações do papa com a Toscana e a família do grão-duque sofreram uma séria reviravolta para pior devido a um conflito de herança sobre o pequeno ducado de Urbino. Por razões de segurança, Urbano mandou suas tropas ocuparem a área, que queria anexar aos Estados papais.

Tudo isso ocorreu gradualmente ao longo da década de 1620. O surgimento de uma nova época, a "maravilhosa conjuntura" pela qual Galileu havia se rejubilado em 1623, estava definitivamente em processo de recessão.

O velho e o novo

Em casa em Bellosguardo, Galileu acompanhava os acontecimentos em Roma. Mas o fazia de segunda mão, via seus correspondentes, e não registrava de todo a mudança de atmosfera que ia lentamente ocorrendo.

Além disso, com frequência estava doente, ou preocupado com assuntos de família.

Seu irmão Michelangelo, que ainda era músico na Alemanha, mandou sua família inteira – esposa, oito filhos e uma babá – para longe da pobreza e da guerra, de volta para Galileu e a segurança da Toscana. Eles moraram em Bellosguardo durante um ano e encheram a casa com mais vida do que Galileu de fato apreciava.

Depois havia suas filhas no convento San Matteo. Elas precisavam de constantes visitas e ajuda quando queriam fazer contato com o mundo exterior. Uma corrente incessante de pequenos presentes fluía entre pai e filhas – e quando Galileu estava ausente de Florença, mantinham contato por carta.

Seu filho Vincenzo ainda era uma preocupação. Quando Urbano enfim encontrou uma sinecura para o filho de Galileu, ele de imediato a rejeitou porque não queria aceitar qualquer sustento do ambiente eclesiástico.

Tomados como um todo, os relatórios que recebia de Roma ainda tinham um tom bastante otimista. Acima de tudo os linces haviam mantido sua influência na corte papal. O príncipe Cesi era altamente respeitado e Ciampoli ainda era secretário do papa. Ele podia confirmar que Galileu desfrutava pessoalmente da consideração de Sua Santidade. O ataque do padre Grassi a *O ensaiador*, com sua sinistra insinuação de que a visão de Galileu da filosofia natural era incompatível com a compreensão católica da Eucaristia, foi por fim impresso em 1626, e talvez teve pouca consequência (ver posfácio na p.233). O livro de Grassi foi publicado em Paris, com toda probabilidade por motivo de discrição, uma vez que *O ensaiador* era afinal dedicado ao papa. De qualquer modo, Galileu não se preocupou muito com a resposta de Grassi – considerava encerrado o debate sobre cometas.

Apesar de seus problemas, Galileu decidiu então correr o risco de apresentar sua teoria, arriscando tudo nas marés. Queria escrever a grande e definitiva obra que ninguém poderia superar; um relato unificado em forma clássica de diálogo, em italiano, da mesma forma como seu pai, meio século antes, escrevera *seu* grande *Diálogo sobre música antiga e mo-*

derna. Era precisamente o "antigo e o moderno" que Galileu também queria discutir: o sistema de Ptolomeu versus o sistema de Copérnico. Dentro do diálogo seriam apresentados os argumentos certos em favor de Copérnico, acompanhados naturalmente pelas reservas exigidas pela atitude da Igreja. Galileu acreditava ter a permissão do papa Urbano para tal discussão "contingente".

Mas estava trabalhando sozinho em Bellosguardo. Seu contato com outros era largamente limitado a discussões e correspondência com pessoas que concordavam com ele. Galileu não tinha muita paciência com aqueles que se recusavam a ver que Copérnico estava certo, e sua paciência não aumentava ao abrir caminho na redação dos argumentos copernicanos. À medida que o trabalho progredia, suas reservas e condições iam diminuindo e se tornando mais breves – as reservas que deveriam mostrar que ele "apenas" encarava a ideia do movimento da Terra como especulação hipotética.

Galileu há muito sabia o nome que daria à sua grande obra. Seu título seria *Discurso sobre o fluxo e refluxo do mar (Dialogo del flusso e deflusso della marea)*.

A redação progredia de forma lenta e com longos intervalos. A família exigia sua cota de atenção o tempo todo. Contudo, não era a única fonte de problemas: Vincenzo por fim terminara seus estudos em Pisa e viera para casa em Florença com um diploma de direito. Em seguida, noivou e se casou em janeiro de 1629. O primeiro neto de Galileu nasceu em dezembro daquele ano e foi batizado com seu nome.

A Universidade de Pisa queria tirar Galileu da sua folha de pagamento, pois o emprego que lá possuía era pura formalidade e pouco mais significava do que a universidade ter de pagar seu salário. Galileu mobilizou o jovem grão-duque, que acabou se encarregando de assegurar que o contrato estabelecido por seu pai, Cosme II, fosse respeitado. Mas essas coisas tomavam tempo e energia.

Na noite de Natal de 1629 – após um intensivo período de trabalho –, Galileu escreveu ao príncipe Cesi mencionando um novo e sério problema de saúde: o observador Galileu, o virtuoso do telescópio, o matemático com olhos de lince, estava aos poucos perdendo a visão.

Mas suas maiores dificuldades residiam na efetiva realização do seu projeto. Ele se deparou com uma boa quantidade de problemas que teve de reconsiderar, sobretudo em relação às marés, que sem dúvida *eram* difíceis de resolver. Os diálogos também deveriam elucidar vários fenômenos relacionados com movimento, então era necessário repassar todo o velho material que ele tinha, até a época de Pádua. Além disso, essas observações muitas vezes produziam interessantes digressões que eram altamente adequadas para a forma de diálogo e davam vida ao relato. Mas levava tempo colocar tudo isso em palavras.

Enquanto o trabalho sobre as marés e seu significado aos poucos tomava forma sob a pena de Galileu em Florença, o trabalho também avançava em Roma. Padre Scheiner, o jesuíta alemão, desejava publicar suas meticulosas observações sobre as manchas solares, mas também ansiava ardentemente por acertar um bons golpes em Galileu.

Os sentimentos de Scheiner em relação a Galileu lembram um amor desprezado que se transforma numa espécie de ódio. Ele *tentara* estabelecer um diálogo intelectual com seus *Discursos matemáticos*, mas atingira Galileu no seu ponto talvez mais sensível, o prestígio associado à primazia da descoberta. Depois disso, Scheiner foi o alvo do desprezo de Galileu – ou pelo menos era assim que se enxergava.

A obra de Scheiner era um imenso volume de 784 páginas de coluna dupla. O "Primeiro Livro" ocupava as 66 páginas introdutórias e era em grande parte um constante ataque a Galileu. Scheiner afirmava seu direito como descobridor original das manchas solares, anterior a Galileu e de forma bastante independente dele.

E o jesuíta astrônomo não parava por aí. Sustentava que Galileu nem sequer notara que as manchas descreviam trajetórias curvas sobre a superfície do Sol, e que na realidade não descobrira que as manchas eram um fenômeno de superfície e o Sol girava em torno do seu próprio eixo. Se Galileu *tivesse* algum dia escrito algo desse tipo, nada mais era do que pura sorte e adivinhação!

O movimento das manchas era um assunto muito importante, e Scheiner sabia disso. Como jesuíta, não podia discutir abertamente *o quanto* era importante. Mas usou o restante do seu trabalho para descrever estes e outros fenômenos solares em precisos detalhes. Além disso, criticava de forma penetrante o tradicional pano de fundo aristotélico da astronomia, sobretudo a doutrina referente à imutabilidade dos céus. Era uma tentativa de libertar a ciência jesuíta da camisa de força de Aristóteles – mas não podia prosseguir nessa linha jogando fora também Ptolomeu.

O livro de Scheiner chamava-se *Rosa Ursina*. O título era um tributo a seus patronos, os irmãos Orsini. O príncipe Paolo Orsini, irmão do cardeal Allesandro, até se encarregara da impressão, ao que parece sem sequer ter lido o manuscrito com seus pesados ataques a Galileu. Em todo caso, o matemático do grão-duque recebeu um pedido de desculpas quando escreveu uma carta queixando-se ao príncipe.

Galileu provavelmente leu o livro inteiro, apesar dos ataques à sua pessoa no início, pois fez bom uso das descrições precisas que o livro trazia sobre os movimentos das manchas solares em seu próprio livro, que agora aproximava-se do encerramento.

Em 1º de maio de 1630, Galileu foi a Roma pela quinta vez na vida. Como de costume, ficou na residência do embaixador, em Villa Medici. Trazia consigo o manuscrito do *Discurso sobre o fluxo e refluxo do mar*. O livro deveria ser impresso pela Academia dos Linces, mas era necessário que o próprio autor tomasse parte no processo levando-o à aprovação da Igreja – pois todo mundo percebeu que o fluxo e refluxo de Galileu fluíam por águas turvas e perigosas.

Não só era bem visível que ele tinha muitos inimigos poderosos em Roma, mas também era preciso manter a estrita proibição de 1616: "que o Sol é o centro do mundo" é algo tolo e herético, "que a Terra se move segundo a totalidade de si mesma, também com um movimento diário" era filosofia pobre e credo incorreto. Não se podia negar que o volumoso manuscrito de Galileu lidava na sua maior parte justamente com esses dois temas.

A solução era apresentá-los como hipóteses, dispositivos, exemplos para cálculos.

Dessa vez Galileu teve apenas uma audiência com Urbano VIII, mas foi um encontro bastante agradável, ainda que o papa repetisse sua tese favorita de que todas as teorias eram em princípio improváveis à luz da onipotência de Deus.

O papa, no entanto, distanciou-se discretamente do decreto de 1616. Ao menos, foi essa a impressão dada a um homem que discutira o problema com ele em março, um personagem que, de modo bastante improvável, achava-se em Roma e próximo da corte papal: Tommaso Campanella. O dominicano rebelde fora libertado do cárcere em Nápoles em 1626, por iniciativa do próprio Urbano. Foi primeiro entregue ao Santo Ofício em Roma, mas em 1629 ganhou sua completa liberdade.

Como antes, Campanella queria uma discussão aberta sobre todos os pontos de vista cosmológicos, e numa carta a um comentário privado de Urbano VIII referiu-se ao fato de que, se tivesse dependido dele em 1616, não teria havido injunção. Entrementes, Galileu – para amarga decepção do entusiástico monge – continuou a manter distância de seu ardente admirador, mesmo Campanella tendo sido em parte reabilitado.

O censor papal em Roma ostentava o impressionante título honorário de "Mestre do Sagrado Palácio". Seu nome era padre Riccardi, e ele tinha agora a responsabilidade de ler e potencialmente aprovar o manuscrito de Galileu. Padre Riccardi era de Florença, e parente da esposa do embaixador da Toscana. Lera antes *O ensaiador* com grande prazer. Riccardi, é claro, também sabia que o papa via com bons olhos o matemático do grão-duque, e isso há muitos anos.

Mas mesmo que de início Riccardi fosse positivo, suas dúvidas cresciam à medida que lia. O *Discurso sobre o fluxo e refluxo do mar* promulgava os ensinamentos de Copérnico com grande fervor, força de persuasão e contundente ironia dirigida àqueles que permaneciam firmemente atados a Aristóteles e Ptolomeu. Evidentemente, terminava afirmando que nada era certo e que a doutrina de Copérnico devia ser encarada apenas como uma hipótese, mas esta conclusão parecia ser uma reflexão posterior inconvincente, para dizer o mínimo.

Padre Riccardi não podia assumir responsabilidade pelo livro na sua forma presente. Insistiu numa nova introdução, numa síntese mais clara e na correção de vários pontos menores. O principal era que a condenação do livro de Copérnico pela Congregação do Índex não devia parecer ridícula, mas uma decisão sensata.

Riccardi pediu a um de seus monges, que era matemático, que olhasse o manuscrito e fizesse correções. Mas o matemático não encontrou muito para corrigir. Percebeu, em particular, que Galileu estava certo, e ansiava por uma nova discussão sobre o que era cosmologia aceitável.

Isto não foi de grande serventia para padre Riccardi. Ele estava sob pressão dos amigos influentes de Galileu, e de má vontade concordou em dar ao livro uma aprovação provisória, com a condição de que o próprio Galileu examinasse mais uma vez o manuscrito e lhe mandasse as passagens corrigidas à medida que fossem completadas. Isto possibilitaria dar início ao laborioso trabalho de assentamento dos tipos e impressão.

Em nome da segurança – e isto mostra como o assunto era importante –, levou a questão diretamente ao papa Urbano. O pontífice ficou satisfeito com a explicação de Riccardi e deu sua autorização, mas tinha uma restrição: o título.

Discurso sobre o fluxo e refluxo do mar soava muito inocente. Mas de uma coisa Urbano VIII com certeza estava bem ciente – no mínimo por causa de suas muitas conversas: Galileu não via a maré como um *argumento* que podia ser invocado em favor da hipótese copernicana, mas como uma *prova* física irrefutável.

A intervenção papal salvou Galileu da vergonha histórica de ter sua obra máxima levando para toda a posteridade um título que atestava o seu mais grave erro. O que ele achou do assunto não se sabe. Urbano sugeriu em seu lugar o *Dialogo supra i due massimi sistemi del mondo*, ou algo no estilo.

Diálogo sobre os dois máximos sistemas do mundo. Em 26 de junho de 1630, Galileu viajou de Roma para casa com um novo título para sua obra, convencido de que agora estava tudo em ordem. Precisava apenas repassar tudo mais uma vez, resolver alguns problemas menores com o censor e talvez acrescentar alguma coisa de importância sobre o movimento das manchas solares. Depois disso, enviaria o livro de volta a Roma, onde o príncipe Cesi cuidaria da impressão em nome da Academia dos Linces.

"Um decreto vantajoso"

Enquanto Galileu começava sua revisão, algo catastrófico aconteceu em Roma. A força unificadora por trás de suas variadas e diversas conexões na cidade subitamente se foi. O fundador da academia, o indiscutível líder dos linces de olhar penetrante, príncipe Frederico Cesi, morreu de repente em 1º de agosto, aos 45 anos.

Cesi não deixou testamento nem herdeiros adultos. Como era a força organizacional e financeira por trás da Academia dos Linces, todo o trabalho desta ficou paralisado. Nenhuma outra pessoa podia tomar as decisões necessárias, e os membros restantes foram forçados a se concentrar num problema prático imediato: precisavam salvar a biblioteca da academia. Nela, havia livros que não suportariam um escrutínio meticuloso das autoridades da Igreja.

Galileu ficou com seu choque e tristeza pela perda de um bom amigo, um sábio entusiasta e trabalhador enérgico. Além disso, tinha agora em mãos um manuscrito terminado – mas não tinha editor.

Tampouco o *Diálogo* era um manuscrito franco que pudesse ser apenas entregue a um impressor de livros. Galileu percebeu que a melhor coisa seria mandar imprimir o livro em Florença, onde poderia supervisionar pessoalmente o processo. Mas isto implicava um problema: a aprovação provisória do padre Riccardi era válida apenas em Roma.

O "Mestre do Sagrado Palácio" podia emitir uma permissão geral para que a obra fosse impressa em qualquer lugar, mas para isso estipulou uma condição: queria o manuscrito para poder repassá-lo mais uma vez ele próprio, com o auxílio, em nome da cautela, do lince Ciampoli, amigo de Galileu e secretário do papa.

Padre Riccardi estava numa clara enrascada. Era dominicano, e logicamente sabia que forças poderosas entre os jesuítas em Roma estavam dispostas a pegar Galileu – e que não se importariam muito em derrubar um dominicano nesse processo, considerando as tradicionais tensões entre as duas ordens. Por outro lado, Galileu *era* um predileto do papa, e podia confiar também no grão-duque da Toscana, ainda uma força poderosa no continente italiano.

Mas no começo do outono a peste atacou o norte da Itália, chegando até a Toscana. Os Estados papais introduziram estritas regras de quarentena, que se aplicavam até a grandes pacotes. Isto dificultou a edição do manuscrito em Roma. Galileu pediu permissão para fazer a revisão em Florença, e mandou apenas a introdução e a conclusão a Roma para aprovação final. Riccardi, prevendo problemas, tentou deixar o assunto de lado.

Um ano inteiro se passou num piscar de olhos, para desânimo do idoso Galileu. Ele mobilizou o secretário do grão-duque e o embaixador em Roma, e no verão de 1631 recebeu uma muito relutante licença para imprimir, o *imprimatur*. Embora na verdade tal aprovação não existisse realmente. O que aconteceu foi que Riccardi mandou instruções para o inquisidor local em Florença, junto com um rascunho de prefácio que *devia* entrar no livro, se não naquelas exatas palavras pelo menos com o mesmo conteúdo.

Este processo complexo e demorado ajudou, no mínimo, a obscurecer a responsabilidade pela aprovação do livro, não pelo seu conteúdo. *Esta* residia na análise final com o autor.

Com a aprovação provisória de Riccardi a impressão podia enfim começar, mas mesmo isto levou um tempo extraordinariamente longo. O *Diálogo* só saiu em 21 de fevereiro de 1632, com uma dedicatória ao grão-duque Fernando II. A dedicatória tem apenas duas páginas curtas e sóbrias – bem diferente da linguagem bombástica, rebuscada, que caracterizava a introdução de *A mensagem das estrelas* vinte anos antes. Galileu insiste que, em filosofia, a percepção de um homem vale mais que as opiniões de mil homens – contanto que esteja correta. Ele não diz mais nada, mas deixa o leitor decidir como esta máxima deve se aplicar a Ptolomeu e Copérnico. Seu tributo ao grão-duque limita-se a uma profunda gratidão pelo seu apoio financeiro, junto com um comentário aposto sobre como foi por meio das ações de Fernando que o livro pôde ser finalmente impresso.

O prefácio vem em seguida. A introdução é reproduzida aqui na íntegra:

> Vários anos atrás foi publicado em Roma um salutar edito que, para prevenir as perigosas tendências de nossa presente época, impôs um oportuno silêncio à opinião pitagórica de que a terra se move. Houve aqueles que afirmaram descaradamente que este decreto teve origem não em uma averiguação judiciosa, mas em paixão não muito bem-informada. Foram ouvidas queixas de que conselheiros totalmente não qualificados em observações astronômicas não deveriam tolher as asas de intelectos meditativos por meio de proibições precipitadas.
>
> Ao ouvir tal insidiosa insolência, meu zelo não pôde ser contido. Estando meticulosamente informado sobre a prudente determinação, decidi aparecer de maneira aberta no teatro do mundo como testemunha da sóbria verdade. Eu estava em Roma na época; não só fui recebido pelos mais eminentes prelados daquela Corte, mas tive seu aplauso; de fato, este decreto não foi publicado sem que me tivesse sido dado um aviso prévio. Portanto, proponho no presente trabalho mostrar a nações estrangeiras que se sabe tanto deste assunto na Itália, particularmente em Roma, quanto qualquer diligência transalpina jamais pode ter imaginado.[60]

Galileu com toda certeza fora "avisado previamente do decreto" em 1616! Isto ocorreu em seu encontro com Belarmino, que terminou com uma estrita advertência para que não retratasse os ensinamentos de Copérnico como verdades físicas e com um lembrete ainda mais claro – provavelmente uma ameaça inequívoca – do cardeal Segizzi. Tanto Belarmino como Segizzi há muito estavam mortos.

O prefácio de Galileu podia ser visto como uma obra-prima de autocontenção inteligente. Ele falava de uma posição inexpugnável como defensor da intelectualidade católica, ao mesmo tempo curvando-se aos comandos religiosos de uma ordem superior. Mas – especialmente à luz do restante do livro – podia ser visto também como uma irônica hipocrisia. Tudo dependia do leitor.

Dois homens sábios – e um terceiro

Três homens se encontram num palácio em Veneza. Eles se reuniram para discutir "As maravilhas de Deus nos céus e na Terra", mais especificamente qual dos dois "sistemas de mundo" concorrentes está certo: o ptolomaico ou o copernicano. Sendo homens de fato inquisitivos, reservaram quatro dias inteiros para suas discussões.

O proprietário do palácio chama-se Sagredo. É sábio e bem-informado, não um especialista em ciência ou filosofia, mas rápido de raciocínio e bem familiarizado com a gama de posições e opiniões. Ele convidou um representante das duas filosofias de mundo: o copernicano Salviati e o sólido aristotélico Simplício.

Esta é a estrutura literária, o arcabouço ficcional, se preferirem, em torno da principal obra de Galileu. Dentro dessa estrutura, ele tentou criar um contexto no qual todos os leitores italianos pensantes poderiam *eles próprios* assumir uma posição sobre o grau de verdade nas discussões cosmológicas sem serem distraídos por qualquer interpretação eclesiasticamente condicionada.

Para dar certo, não bastava que o material escolástico fosse convincente. A estrutura literária também precisava prender o leitor e, de preferência, mantê-lo cativo ao longo do enorme livro.

O autor em Galileu consegue realizar isso. Mesmo que às vezes assuma necessariamente o caráter de uma cadeia de deduções, a conversa entre os três sempre permanece uma *conversa*. Os três são caracterizados de forma individual, cada um tem a sua "voz", e com certeza não relutam em contribuir com rápidos e espirituosos comentários e caracterizações. Depois de Simplício ter descrito com cuidado como todo o material nos céus é inalterável e impenetravelmente sólido (porque Aristóteles assim o diz), Sagredo exclama: "Que material excelente, o céu, pois qualquer um poderia se apoderar dele para construir um palácio!" Mas Salviati discorda:

> Ao contrário, que material terrível, sendo completamente invisível por causa de sua extrema transparência. Não seria possível movimentar-se

entre os quartos sem o grave perigo de dar de cara com os batentes e quebrar a cabeça.[61]

Como todos os escritores, Galileu tirou elementos de seus personagens de si mesmo.

O autor Italo Calvino assinalou que Salviati e Sagredo representam dois aspectos da personalidade de Galileu: Salviati mostra seu raciocínio metódico, enquanto Sagredo usa sua imaginação, tira conclusões inesperadas, faz perguntas surpreendentes: qual é o aspecto da vida na Lua, se existir? O que aconteceria se a Terra *parasse* suas rotações copernicanas?[62]

Simplício, em contraste, não é um oponente à altura. Ele é o tempo todo retratado sob uma luz cômica com suas crédulas referências a Aristóteles e seus comentadores, para não mencionar os anticopernicanos contemporâneos. Seu pensamento é moroso e ele precisa que o raciocínio de Salviati seja meticulosamente explicado, ao passo que Sagredo o capta de imediato, muitas vezes adicionando comentários perceptivos. Quando os outros perguntam se ele leu *O ensaiador* ou *Cartas sobre manchas solares*, Simplício responde que os folheou, mas passou a maior parte de seu tempo em estudos mais sólidos.

Há um quarto personagem mencionado no livro, mas nunca pelo nome, sendo simplesmente chamado de "nosso amigo mútuo" ou "o acadêmico". Este é o próprio Galileu, e Salviati, deve ser dito, refere-se a *ele* quase como Simplício se refere a Aristóteles.

Claramente os nomes não são acidentais. Sagredo era o amigo e benfeitor veneziano de Galileu nos seus anos em Pádua, e Salviati, o rico florentino dono da Villa delle Selve onde Galileu tinha frequentemente morado e trabalhado. Ele diz no prefácio querer que a reputação desses dois amigos falecidos viva nas páginas por seu livro. Simplício, por outro lado, é um tipo de pseudônimo – representa o filósofo aristotélico médio "... cujo maior obstáculo em apreender a verdade parecia ser a reputação que havia adquirido pela sua interpretação de Aristóteles", como Galileu diz no prefácio.

O *nome* real de Simplício foi na verdade tirado de um conhecido comentador de Aristóteles do século VI. Mas com certeza não foi adotado ao acaso – a palavra italiana *semplicione* significa "simplório", "pessoa não sofisticada".

As discussões do primeiro dia concentram-se largamente na relação entre a mutabilidade terrena e a perfeição celeste. O pobre Simplício é bombardeado com informações sobre cometas, manchas solares e a Lua. Chega a ter Aristóteles voltado contra si, quando Salviati comenta de modo irônico que devia ser muito melhor a filosofia aristotélica dizer "O céu é mutável porque meus sentidos assim o dizem" do que "O céu é imutável porque Aristóteles assim concluiu".

À medida que o livro se desenrola, Simplício – e o leitor – recebe várias aulas sobre teoria do movimento, astronomia e ótica. O infeliz filósofo precisa admitir com relutância que há uma ou duas coisas que não entendeu – mas defende-se robustamente com auxílio de uma impressionante gama de velhas e novas autoridades. Uma delas é "um recente livreto de hipóteses" que supostamente refuta todas as alegações copernicanas.

Este livro é *Discursos matemáticos*, do padre Scheiner, o livreto que o jesuíta um dia, muitos anos antes, enviara a Galileu, na esperança de obter resposta e provocar uma discussão. Agora ele recebe sua resposta – com muito atraso, mas, para compensar, bastante clara. Para pegar apenas um exemplo dos comentários de Salviati e Sagredo: eles assumem que o autor (cujo nome não é mencionado) não pode ser tolo a ponto de acreditar no que ele próprio escreveu, mas está tentando iludir as pessoas. E como se não bastasse:

> Aqueles que têm redes para aprisionar pessoas comuns também sabem como ser autores das invenções de outros homens, contanto que não sejam antigas e não tenham sido publicadas nas escolas e nos mercados de modo a serem familiares a todo mundo.[63]

Em outras palavras, o que se discute aqui ainda é a primazia da descoberta das manchas solares.

Perto do fim do primeiro dia, Salviati faz alguns comentários sobre a relação entre compreensão humana e divina. Diz que é verdade que o conhecimento humano não é nada comparado ao de Deus, pois este é infinito, e mesmo alguma coisa é nada em comparação com o infinito. Mas com respeito às poucas coisas sobre as quais o homem pode adquirir conhecimento verdadeiro, seu conhecimento é *qualitativamente* tão certo quanto o de Deus, se for respaldado por uma prova definitiva – não existe grau de certeza adicional acima e além do que pode ser demonstrado incontroverso. Isto aplica-se apenas a aspectos limitados da aritmética e da geometria, mas ainda assim a afirmação faz Simplício exclamar:

> Este discurso me dá a impressão de muito audaz e atrevido.[64]

Longe disso, replica Salviati – são afirmações perfeitamente comuns. Mas neste ponto, infelizmente, Simplício está certo.

As discussões do segundo dia ocupam a maior parte do livro. Aqui, é ventilada a parte mais difícil da teoria copernicana. Se a Terra de fato gira completamente em torno do seu eixo no curso de um dia, como nós, que aqui vivemos, não experimentamos a menor sensação desse movimento?

Galileu estava bastante acostumado a enfrentar tais argumentos em discussões, e sua elucidação é portanto uma obra-prima pedagógica. Dando dúzias de exemplos da vida cotidiana, Salviati martela sem trégua os princípios do movimento. O mais importante deles é que todo movimento é *relativo*. Quando estamos num navio viajando a velocidade constante, apenas notamos o movimento em relação à água, às ilhas, outras embarcações etc. – *não* em relação a outros objetos no navio, que estão se movendo precisamente na mesma velocidade que nós. O mesmo vale para a Terra, porque o planeta e tudo nele, inclusive nós seres humanos, está fazendo a mesma viagem.

A defesa copernicana de Salviati é tão cheia de poder e convicção que é uma sensação quase dolorosa quando Galileu subitamente recorda as condições sob as quais está escrevendo. Então, bem depressa, introduz um pequeno aparte:

> [Eu] sou imparcial entre as duas opiniões e me fantasio de Copérnico apenas como ator nesta nossa peça ...[65]

Mas a coisa fica pior. No terceiro dia a discussão torna-se mais técnica e astronômica, tratando sobretudo do movimento anual da Terra ao redor do Sol, o ponto quintessencial de Copérnico: quais corpos celestes se movem e quais permanecem parados. De maneira meticulosa, Salviati descreve todos os fenômenos aparentemente extraordinários que Ptolomeu precisa explicar, mas que desaparecem quando se troca o sistema e se dá uma órbita à Terra:

> As doenças estão em Ptolomeu, e a cura para elas em Copérnico.[66]

Tudo isso tem a ver com os planetas e os chamados movimentos retrógrados.

Mas ali também são abordadas as manchas solares. E, conforme Salviati deixa claro:

> "Nosso Acadêmico dos Linces" as descobriu em 1610, em Pádua. Ademais, "falou delas para muita gente aqui em Veneza, algumas das quais ainda estão vivas".[67]

Para ser delicado, era decididamente um lapso de memória.

Numa carta de Galileu a Maffeo Barberini datada de 2 de julho de 1612 ele escreve que viu as manchas solares "cerca de dezoito meses atrás", logo, perto do Ano-Novo de 1611; não quando estava em Pádua na primavera de 1610. A diferença de nove meses na nova data pode parecer insignificante – mas é suficiente para preceder Scheiner nas descobertas. Isto é então remoído de forma minuciosa. Galileu é, segundo Salviati:

> O descobridor e observador original das manchas solares (como na verdade de todas as outras novidades nos céus).[68]

As manchas solares descrevem o que parecem ser delicadas trajetórias curvas através da face do Sol. Admitindo-se que a Terra se mova num plano que não seja absolutamente vertical ao eixo do Sol, os movimentos das manchas solares terão esta aparência vistos da Terra. Isto é apresentado como argumento a favor de Copérnico, com base em observações supostamente feitas por Galileu. Não há vestígios dessas observações nas suas anotações. É claro, é possível que tenham se perdido, mas o certo é que *Scheiner* publicou essas observações em *Rosa Ursina*. Não é surpresa que, ao ler o *Diálogo*, ele tenha acreditado que Galileu apenas usara seu meticuloso trabalho de muitos anos.

Aí Salviati começa a demolir os vários argumentos anticopernicanos de Scheiner. Isto é feito sem menção ao seu nome ou ao de seu livro, mas com frases do tipo "puerilidades simiescas",[69] "disparates insignificantes",[70] "gigantesca falácia".[71] Tudo culmina em Salviati dirigindo-se diretamente a Scheiner: "Ó homem tolo!"[72]

No quarto dia os três debatedores enfim atacam as marés, o tema original do *Diálogo*. Esse capítulo é mais curto que os outros e carece de suas elásticas digressões; consiste basicamente de uma palestra contínua de Salviati na qual ele expõe o complicado raciocínio de Galileu no tocante à interação entre a rotação da Terra e sua órbita no espaço. Kepler recebe uma palmadinha amigável pela sua superstição medieval sobre a influência da Lua, mas de forma geral o tom é muito mais contido. É como se uma parte de Galileu *sentisse* que sua adorada teoria das marés de fato não fosse convincente o bastante para esmagar seus adversários.

Mas aí a discussão precisa ser concluída. E isto não pode acontecer da maneira que vem sendo construída nas páginas anteriores – perto de quinhentas –, com a conclusão óbvia de que tudo apoia Copérnico: o Sol é imóvel, a Terra se movimenta em sua órbita e em torno do seu próprio eixo. É bem o contrário, como Salviati de repente diz:

> Não reivindico e não reivindiquei de outros que concordem com o que eu próprio não dou a esta invenção, que muito facilmente pode se revelar uma alucinação extremamente tola e um paradoxo monumental.[73]

E assim Simplício é deixado com a *sua* conclusão:

> Mantendo sempre diante de meu olho mental uma doutrina extremamente sólida que uma vez ouvi de uma pessoa muito eminente e estudada, e perante a qual qualquer um recai ao silêncio, eu sei que se perguntasse se Deus em Seu infinito poder e sabedoria poderia ter conferido ao elemento aquoso seu observado movimento recíproco usando algum outro meio que não mover os vasos que o contém, vocês dois responderiam que Ele poderia, sim, e que teria sabido como fazer isto de muitas formas que são impensáveis para nossas mentes.[74]

Seus dois interlocutores estão de sincero acordo. E como poderia ser diferente? Pois a pessoa eminente e estudada cujo argumento predileto está sendo aqui ensaiado pelo Pantaleão da peça é Sua Santidade, ele mesmo, amigo íntimo de Galileu de muitos anos, Urbano VIII Barberini.

As câmaras da Inquisição

Em 8 de março de 1632, um episódio violento e escandaloso teve lugar no Vaticano. Diante do Colégio de Cardeais inteiro o líder da facção pró-Espanha, cardeal Gaspar de Bórgia, leu um contundente protesto contra o papa e sua falta de apoio à guerra espanhola contra os protestantes na Alemanha. Bórgia deu o inédito passo de insinuar que se deveria convocar uma reunião para considerar se o papa tinha realmente a disposição necessária para defender a fé católica.

O papa Urbano e seu fiel sobrinho Francesco tentaram acalmar o cardeal rebelde, sem sucesso. Finalmente, o irmão de Urbano, Antonio (que também fora nomeado cardeal), levantou-se para conter Bórgia pela força, mas outro clérigo de respeito o reteve. O recinto ficou em polvorosa. Um cardeal quebrou seus óculos, enquanto outro ficou tão irado que deixou seu barrete em frangalhos. Urbano VIII precisou convocar a Guarda Suíça para restaurar a ordem na assembleia.

Os cardeais deixaram o salão à vista dos fortes guardas com suas alabardas. O papa foi deixado, com as marcas do sucedido, indignado – e enfraquecido politicamente. Quis mandar o cardeal Bórgia para longe de Roma, mas não ousou, temendo que a Espanha, através do reino de Nápoles, interviesse militarmente. Num acesso do que parecia ser paranoia, imaginou também que o grão-duque da Toscana estivesse aprontando sua esquadra para zarpar de Livorno e atacar os portos dos Estados papais em Óstia e Civitavecchia. A pretensa desculpa para isso seria a disputa entre a Toscana e o papa sobre o direito ao ducado de Urbino. Se a mente do papa estivesse menos distraída, ele teria percebido que o amistoso Fernando II não alimentava de forma alguma tais planos bélicos; ao contrário, estava mais preocupado com o bem-estar de sua população durante os surtos epidêmicos de peste.

Urbano VIII viu que tinha de demonstrar uma atitude mais estrita e ortodoxa se quisesse reter sua autoridade e proteger-se de escândalos descontrolados como a explosão do cardeal Bórgia. Mas conseguiu extrair uma pequena vingança. Baniu dois cardeais menos importantes também conhecidos como pró-Espanha. Esses dois tinham outra coisa em comum – eram amigos íntimos do próprio secretário de Urbano, o velho lince Giovanni Ciampoli.

E só para mostrar que estava falando sério, livrou-se também de Ciampoli.

Ciampoli era – como todos os membros da Academia dos Linces – um homem de grandes talentos. Mas tinha exacerbada consciência deles, e às vezes parecia bem arrogante para as pessoas ao seu redor. Quando o papa subitamente o mandou embora após muitos anos de serviço, a explicação dada em Roma foi a seguinte: Urbano, que era poeta, e muito orgulhoso desse fato, queria escrever uma carta pastoral em latim. Mostrou um rascunho desta para diversos colegas de confiança, inclusive Ciampoli. Mas seu secretário não lhe retribuiu com a costumeira dose de apropriados elogios. Em vez disso, desmembrou as palavras do papa e redigiu uma versão nova, cuidadosamente retrabalhada.

É possível que tal episódio possa ter sido o fator causal. Mas os vínculos de Ciampoli com facções pró-espanholas talvez foram mais importantes. Em todo caso, o secretário foi demitido por um Urbano VIII furioso.

Durante essa erupção de crises, chegaram a Roma os primeiros exemplares do *Diálogo sobre os dois máximos sistemas do mundo*. O papa não tinha tempo de mergulhar no livro de imediato, mas havia leitores ávidos suficientes – tantos, na verdade, que nem todos conseguiram acesso ao livro.

Um dos primeiros foi o infatigável admirador de Galileu, o prisioneiro perdoado e dominicano Tommaso Campanella. Ele ficou muito impressionado tanto com o estilo quanto com o conteúdo do livro, mas não satisfeito com a explicação referente às marés, e o disse com clareza em cartas para Galileu. E também acrescentou, seco: "Apelles vai se queixar um bocado desse livro."[75]

"Apelles" era o velho pseudônimo do padre Cristóvão Scheiner, da sua primeira discussão sobre manchas solares. E Campanella estava absolutamente certo. Uma testemunha ocular contou sobre um episódio testemunhado por um livreiro, onde o padre Scheiner ouviu outro padre elogiar o *Diálogo* como o melhor livro já publicado:

> [padre Scheiner] ficou totalmente abalado, sua face mudando de cor, e com um enorme tremor na cintura e nas mãos, tanto que o vendedor de livros, que me relatou a história, ficou assombrado; e além disso me contou que o dito padre Scheiner afirmara que teria pagado 10 escudos de ouro por um desses livros para poder responder a ele de imediato.[76]

No decorrer de maio e junho, mais exemplares chegaram a Roma. Scheiner conseguiu um. Assim como todos os outros inimigos de Galileu em Roma. E um deles certificou-se de que Sua Santidade fosse minuciosamente informado sobre o livro rebelde e *heterodoxo* que Galileu escrevera – o homem que toda Roma sabia desfrutar uma posição muito especial com o papa.

Urbano VIII precisava mostrar sua autoridade, e não quis esperar até ter lido o livro. O primeiro a se ver em apuros foi o desafortunado padre Riccardi, "Mestre do Sagrado Palácio", que depois de muitos poréns e senões liberara a impressão em Florença. Riccardi foi levado a entender, em termos que não deixavam margem para dúvidas, que falhara no seu dever: sérias objeções podiam ser levantadas contra o *Diálogo* em sua presente forma.

Felizmente para ele, Riccardi podia jogar grande parte da culpa no inquisidor em Florença. No fim de julho, escreveu o que, nas circunstâncias, era uma calma e polida carta a Florença, explicando que o livro de Galileu tinha encontrado problemas em Roma e seria necessário fazer alterações. Declarou com clareza que a ordem para isto viera dos mais altos escalões, mas que deveria ser executada em seu nome – isto é, de Riccardi. Nesse ínterim, não deveriam mais ser despachados exemplares do *Diálogo* de Florença para outros lugares.

Sua carta continha um estranho P.S. Na folha de rosto do livro de Galileu havia uma espécie de selo, com o desenho de três peixes, talvez delfins, nadando um atrás do outro. Riccardi insistia em ser informado sem demora do significado desse desenho. Podia ser o selo do impressor?

A pergunta na verdade viera de Urbano VIII. Por alguma razão ele metera na cabeça que os peixes eram uma referência a seus três sobrinhos, de quem cuidara mais que generosamente – fato que, é claro, era de conhecimento geral.

Uma mensagem tranquilizadora foi recebida sem demora de Florença, informando que de fato tratava-se do selo do impressor. Mas o assunto era sério mesmo assim, pois indicava que o papa começara a se inclinar para a ideia de que o *Diálogo* era uma espécie de traição por parte de Galileu, um ataque traiçoeiro à sua pessoa.

Isto tinha a ver em parte com a demissão de Ciampoli. A sensação de conspiração por todo lado fez Urbano perceber instantaneamente uma ligação entre o secretário e Galileu, ambos pertencentes à Academia dos Linces. De fato, numa ocasião, ele chegou a chamar a publicação de *Diálogo* *à ciampolata*[77] – palavra de sua *própria* lavra que significava algo como "um truque sujo típico de Ciampoli".

Sob a máscara da injúria, um esquema mais calculista estava se armando. Se Urbano se dispusesse agora a lidar decisivamente com a questão do seu ex-favorito Galileu, seria capaz de demonstrar duas coisas de uma só vez. Primeiro, que de fato levava a fé e a doutrina ortodoxas a sério, e, segundo, que não concedia vantagens injustas àqueles que eram próximos a ele.

Exatamente que papel desempenharam padre Scheiner e outros próximos ao Colégio Romano é algo que nunca foi completamente revelado. Os amigos de Galileu em Roma não tinham dúvida. Julgavam certo que "os padres jesuítas estão trabalhando de forma arrojada numa maneira oculta de proibir a obra", e o próprio censor, o dominicano padre Riccardi, teria sido ouvido dizendo: "Os jesuítas irão persegui-lo de forma extremamente amarga."[78]

Muita coisa indica que alguém desse círculo pode ter apontado a sequência conclusiva do *Diálogo* para Urbano VIII, onde sua conhecida doutrina sobre a onipotência de Deus era desfiada pelo *semplicione*, o simplório. Não era isto um truque infame, um jeito óbvio de se inferir que o papa não era sofisticado, que Urbano VIII era o bobo no drama encenado entre o sistema aristotélico-ptolomaico, que Galileu tão óbvia e obstinadamente desdenhava, e o copernicano, que a própria Igreja tinha clara e expressamente proibido?

Riccardi a princípio entendeu que o papa considerava necessário fazer certas emendas e acréscimos ao texto de Galileu. As bases formais para isto eram que o livro não fora impresso de acordo com o manuscrito que o censor tinha aprovado. Mas o que de fato fora aprovado no confuso processo anterior à publicação não era fácil de determinar.

No começo de agosto, Galileu recebeu notícias de Roma sobre o hiato entre impressão e distribuição. Ficou furioso, mas não perdeu a coragem. Devia haver uma solução amigável para o problema se o grão-duque intercedesse. Afinal, o *Diálogo* era dedicado a ele. Portanto, recorreu à corte em Florença, que fez contato com seu embaixador em Roma. O embaixador Niccolini protocolou um protesto oficial com padre Riccardi pelas tentativas de confiscar um livro que fora impresso legalmente em Florença, com o *imprimatur* do inquisidor local.

O embaixador recebeu uma resposta imediata, que mostrava que no curso de algumas semanas de verão quente em Roma o assunto tomara um rumo completamente novo. Agora, ele reportou de volta a Florença, não havia mais conversa alguma sobre pequenos acréscimos e correções:

> ... ouço dizer que foi montada uma comissão de pessoas versadas na profissão dele, todas inamistosas a Galileu, respondendo ao senhor cardeal Barberini ...[79]

Tommaso Campanella também ouvira falar dessa comissão. Ele foi bem menos diplomático que o embaixador ao escrever para Galileu:

> Ouvi dizer (com grande desgosto) que estão reunindo uma comissão de teólogos irados para proibir o seu *Diálogo*; e não há ninguém nela que entenda de matemática ou coisas recônditas ... Receio a violência de pessoas que não sabem. O padre Monstro [Riccardi] emite ruídos atemorizadores contra o livro; e, diz ele, *ex ore Pontificis* [da boca do papa]. Mas Sua Santidade não está informado ...[80]

Era o próprio Campanella que estava desinformado. Apegou-se o maior tempo possível à sua crença num Urbano VIII liberal, o homem que o libertara da prisão em Nápoles e lhe dera um posto. Mas o papa Barberini não era mais o intelectual aberto e inquisitivo.

O conselho de Campanella a Galileu foi que o grão-duque Fernando tinha de intervir e exigir que a comissão fosse ampliada em dois membros, a saber, o padre Castelli – fiel aluno de Galileu em Pádua, que agora era professor em Roma – e o próprio Campanella!

O último teria sido de pouca ajuda. O corajoso, espalhafatoso e altamente heterodoxo Campanella estava perdendo as graças com rapidez, bastante auxiliado por alguém que escavara da obscuridade sua obra proibida *Em defesa de Galileu*. Outras coisas se juntaram, e, dois anos depois, em 1634, ele se viu em sérios apuros. Após 27 anos na prisão, não queria mais um confronto com as cortes, e fugiu de Roma disfarçado.

O correio diplomático começou agora a ir de um lado a outro entre Florença e Roma. O secretário de Estado do grão-duque, Andrea Cioli, e o embaixador sustentavam que o caso de Galileu era legalmente inatacável: o *Diálogo* fora aprovado de acordo com o procedimento que padre Riccardi enfim ditara. Portanto, nenhuma comissão era necessária, mas, se fosse nomeada, teria de incluir representantes com disposição a favor de Galileu. Sabiamente abstiveram-se de apresentar nomes.

O embaixador do grão-duque não abordou o papa sobre o assunto por ora. Contatou seu sobrinho, o cardeal Francesco Barberini, que deveria ser o responsável direto pela comissão. Francesco falou de maneira calorosa e demorada sobre a "boa vontade" que nutria em relação a Galileu, dando garantias de que o próprio papa ainda considerava o matemático um amigo favorito e muito amado. No entanto, não fez nenhuma promessa de intervir.

O embaixador em Roma teve uma ideia mais concreta da natureza dos problemas de outra fonte. Eles giravam em torno de dois pontos em particular. Um era obviamente que o argumento de Urbano fora colocado na boca de Simplício. O outro dizia respeito ao prefácio. Ele era claramente separado do resto do livro. Estava posto antes do primeiro "dia" e também composto num tipo diferente. O prefácio podia portanto dar a impressão de ter sido "adicionado" – o que, é claro, de fato foi.

Mas, apesar de tudo, isto dava segurança ao embaixador e a seus superiores em Florença. As objeções não eram tão sérias que não pudessem ser tratadas com mudanças no texto, a menos que a comissão chegasse a uma conclusão muito diferente. O embaixador teria uma audiência com Urbano VIII acerca de outro assunto delicado – um homem que fora acusado pelo Santo Ofício, mas que o grão-duque não queria entregar imediatamente a Roma.

No pé em que as coisas estavam agora, talvez fosse bom abordar o *Diálogo* diretamente com Sua Santidade.

Diplomacia no tempo da peste

O responsável por todas essas complicações diplomáticas, teológicas e legais agora tinha alugado uma casa menor e mais barata, um pouco mais afastada do centro de Florença, em Pian de Guillari, perto de Arcetri. A casa custava 35 escudos por ano e tinha o belíssimo nome de *Villa Il Gioiello* – "a joia" ou "a gema". No entanto, o mais importante para o idoso Galileu era ficar próximo de suas filhas no convento de San Matteo; da casa nova eram apenas alguns minutos de caminhada.

Mais ou menos na mesma época, a guerra que ainda varria o norte da Europa tomou um rumo novo e decisivo. No verão de 1630, Gustavo Adolfo atracou na Pomerânia com uma pequena força, pretensamente para guardar a posição luterana no norte da Alemanha, mas na realidade para proteger interesses suecos ao redor do Báltico. Na corte imperial as pessoas mal externaram qualquer preocupação, apenas registrando o fato de que "outro pequeno inimigo" tinha chegado. Talvez os conselheiros do imperador estivessem se recordando de Cristiano IV da Dinamarca-Noruega e sua tentativa de intervir em questões alguns anos antes, tentativa que rapidamente terminou com o líder do exército imperial Wallenstein afugentando o rei dinamarquês de volta para Copenhague.

Mas Gustavo Adolfo era feito de material mais rijo. Era verdade que os insignificantes príncipes protestantes o encaravam com ceticismo. Receavam – justificadamente – que seus interesses residissem sobretudo em dominá-los. Nesse ínterim, ele logo encontrou um aliado poderoso com amplos recursos financeiros. O homem forte da França podia muito bem portar o título de cardeal, mas não tinha escrúpulos em aliar-se a um protestante quando o poder da França estava em jogo. Em 1631, França e Suécia assinaram um acordo. Quase ao mesmo tempo, tropas católicas tomaram Magdeburgo, uma das mais fortes cidades protestantes.

Mesmo numa guerra notável por constante brutalidade de todos os lados, a conquista de Magdeburgo foi um capítulo que se destacou. A cidade tinha 36 mil habitantes. Apenas 6 mil sobreviveram às batalhas, que foram seguidas de absolutos massacres. Se os protestantes não haviam trabalhado juntos antes, agora percebiam que era imperativo fazê-lo.

Com apoio dos aliados do norte da Alemanha e de mercenários a soldo dos franceses, as tropas suecas varreram a Alemanha, tomando cidade após cidade, aproximando-se de forma rápida de Viena e Praga. Em regiões da Europa onde a população antes temera os turcos mais que qualquer outro ser vivo, eles agora descobriam que era um pouco melhor quando o novo grito se erguia: "Os suecos estão chegando!"

Esta foi a dramática evolução ao norte dos Alpes que causara problemas para o papa Urbano e fora o pano de fundo para a escandalosa reunião do consistório em março. Mas na Toscana e em Florença a guerra estava muito distante. O grão-duque Fernando II acabara de chegar à maioridade e, felizmente para seus subordinados, não tinha mais nenhum papel a desempenhar no palco europeu, onde poder e religião vinham se misturando de forma tão infeliz. No entanto, o governante da Toscana se envolveu sim em conflitos locais com os homens da Igreja. A causa disto foi sua tentativa genuína de fazer algo a respeito da mais eminente ameaça à Toscana: a peste.

Fernando, sendo amável e fraco, tinha em sua natureza, apesar da criação ortodoxa recebida da mãe e da avó, alguns laivos do racionalismo toscano. Uma coisa foi a maneira como exibiu coragem pessoal permanecendo em meio aos afetados pela peste, em vez de fugir para o campo; porém mais importantes foram os decretos que baixou e o aparato burocrático que montou para limitar a devastação da epidemia.

O trabalho baseava-se em vagas ideias contemporâneas de infecção. Eles mantinham os doentes isolados, limitavam o contato social entre as pessoas e exterminavam as fontes de infecção. Isto abriu caminho para um conflito entre "fé" e "ciência" mesmo em nível local. Clérigos nas aldeias acreditavam que a melhor coisa a se fazer era tirar a imagem local da Virgem Maria da igreja e organizar uma grande procissão para os aldeões e a população rural das redondezas. Os "oficiais da peste" publicamente nomeados encaravam isto como uma perigosa disseminação de infecção. Sugeriam por sua vez iniciativas tais como matar os cães e gatos da aldeia, considerados, de algum modo, transmissores da doença.

Tais conflitos não tinham um vitorioso moral claro. As procissões religiosas na verdade não faziam tão mal assim, pois a peste raras vezes se espalha diretamente entre pessoas. Sacrificar cães e gatos, por outro lado, era decididamente algo infeliz, levando a uma proliferação da população de ratos, que por sua vez permitia que a verdadeira culpada, a bactéria *Yersina pestis*, se alastrasse através do seu hospedeiro, a pulga-do-rato.

Mesmo tendo problemas suficientes em casa e com o papa, além de não ser dotado de nenhuma habilidade particularmente incisiva para ir direto ao assunto e resolvê-lo, o jovem Fernando estava genuinamente interessado no destino de Galileu. O matemático tivera uma relação estreita com sua família por décadas, tendo trazido glória e honra a Florença e à família Médici. Foi, portanto, com pleno apoio do grão-duque que seu embaixador foi ao Vaticano.

Mas foi um embaixador Niccolini chocado e incrédulo que retornou à Villa Medici após sua audiência de 4 de setembro de 1632.

Como planejado, ele começara pelo caso do toscano preso e sua possível entrega ao Santo Ofício.[81] No entanto, alguma coisa estava visivelmente incomodando o papa, e o embaixador logo descobriu o que era. De repente, Urbano VIII explodiu num violento acesso de raiva. *Galileu* também, ele despejou, fora longe demais e penetrara num território que nada tinha a ver com ele, intrometendo-se nos mais perigosos assuntos imagináveis.

O embaixador não era nenhum covarde. E, de qualquer maneira, tinha instruções para levantar a questão de Galileu. Como o papa agora julgara conveniente introduzir o assunto, ele sentiu que podia muito bem continuar. Portanto, assinalou que Galileu não permitira a impressão do livro sem aprovação prévia dos próprios homens do papa, e o embaixador auxiliara pessoalmente no processo de enviar os rascunhos do prefácio entre Roma e Florença para que tudo fosse feito da maneira apropriada.

Isto sem dúvida era verdade, mas talvez a pior coisa que poderia ter dito naquele momento. Pois "os próprios homens do papa" incluíam Ciampoli, que ainda residia em Roma, mas a uma distância segura do desprazer de Urbano. Num paroxismo de raiva adicional, Urbano berrou que tinha sido atraiçoado tanto por Galileu como por Ciampoli, pois este último dera a entender que estava tudo bem e que Galileu faria exatamente o que o papa tinha ordenado. Em boa medida também inculpou padre Riccardi, o censor que, iludido por "belas palavras", fora seduzido a dar aprovação, uma aprovação que foi subsequentemente explorada em Florença e até mesmo impressa no frontispício do livro, mesmo que fosse válida apenas em Roma.

O embaixador via agora a seriedade da situação e a extensão da ira papal. De maneira apressada, afirmou que ao menos esperava que Galileu fosse chamado para dar sua própria explicação à comissão que segundo os boatos estava para ser nomeada. Mas Urbano não cedeu. Replicou laconicamente que o Santo Ofício não trabalhava desse jeito. Uma peça escrita era alvo de um julgamento, e então o pecador intimado para poder, se necessário, renunciar a suas opiniões.

É claro, disse o embaixador. Mesmo assim, não seria mais prático se Galileu soubesse de antemão o que estava errado, o que estava perturbando tanto a Inquisição?

Esta precipitada tentativa de contradizê-lo levou Urbano a explodir pela terceira vez: o Santo Ofício não fazia as coisas dessa maneira, não funcionava desse jeito, não se dava informação de antemão, nunca fora feito assim antes. E, de qualquer modo, Galileu sabia perfeitamente bem o que estava errado: "Nós as discutimos [as objeções] com ele e ele as ouviu de nós mesmos."[82]

Após esta explosão no plural, Urbano acalmou-se um pouco. Prosseguiu dizendo que não se importava se o *Diálogo* era dedicado ao grão-duque. Em seu papel como papa ele banira pessoalmente livros que haviam sido dedicados a ele, e se Fernando quisesse ser visto como um príncipe cristão, deveria ajudar proibindo textos ímpios, e não defendendo-os. E, de qualquer modo, acrescentou num tom ligeiramente mais brando, ele já fizera tudo que podia por Galileu nomeando essa comissão especial de homens pios e estudados em vez de enviar o *Diálogo* pelos canais normais diretamente para o Santo Ofício. Em suma, *ele* – Urbano – fora o mais conciliador possível nessas circunstâncias, enquanto o mesmo não se podia dizer de Galileu: o matemático fizera tudo para trair e enganar o antigo benfeitor pontifical.

Com esta poderosa ressalva o embaixador foi dispensado. Foi só no dia seguinte que ele se recuperou o suficiente para mandar à corte florentina um relatório detalhado, que concluía:

> Assim tive uma reunião desagradável, e sinto que o papa não poderia ter uma disposição pior para com o nosso pobre sr. Galilei. Vossa Ilustríssima Senhoria pode imaginar em que condições retornei para casa ontem de manhã.[83]

No ponto em que as coisas estavam, agora era inútil tentar influenciar a composição da comissão. Galileu, isolado em sua Villa di Gioiella, longe do centro dos acontecimentos, ainda esperava por algo do tipo. Pela primeira e única vez escutou o conselho de Tommaso Campanella, e inquiriu o embaixador se seria possível introduzir Campanella ou outra pessoa simpática a ele na comissão. Por compreensíveis razões, restava ao embaixador pouco entusiasmo para procurar o papa com tal indagação; assim, em vez disso, ventilou a questão com o censor, Riccardi, que seria ele próprio um dos membros.

Riccardi respondeu com sinceridade que seria praticamente impossível ter Campanella numa comissão oficial desse tipo. Tinham se passado apenas alguns anos desde que um livro dele próprio estivera no Índex, um livro que tratava precisamente da relação entre astronomia e religião – *Em defesa de Galileu*. E em todo caso, acrescentou o censor – possivelmente não com tanta honestidade –, dois membros simpáticos a Galileu já haviam sido indicados. Um era ele mesmo, pois naturalmente tinha interesse em defender sua própria decisão de aprovar a impressão do *Diálogo*; o outro era o astrônomo Melchior Inchofer. Padre Inchofer era conhecido como defensor do sistema geocêntrico, ptolomaico, mas era um profissional e seria capaz de avaliar as provas e os argumentos de Galileu.

Esta garantia talvez pretendia fazer pouco mais do que animar o embaixador. A reviravolta que a situação agora sofrera significava que o principal objetivo de Riccardi era salvar a própria pele. Quando tivesse que explicar como o livro chegara a ser impresso, decididamente seria mais fácil argumentar que Galileu encobrira seus olhos, sobretudo porque era isso que o papa queria ouvir. No que dizia respeito ao padre Inchofer, era de fato um jesuíta, mas não um astrônomo de porte. Em tais assuntos tendia a deferir a um colega mais velho e consideravelmente mais qualificado: o padre Cristóvão Scheiner.

A comissão foi muito rápida em seus trabalhos. Houve cinco reuniões no espaço de poucos dias. Suas conclusões não surpreenderam ninguém: o *Diálogo* devia ser mandado de imediato para o Santo Ofício para minuciosa investigação.

O severamente experimentado embaixador do grão-duque endureceu-se para um novo encontro com o papa. Foi um Urbano VIII muito mais relaxado que o recebeu dessa vez, amistoso e quase inclinado a piadas. O papa o assegurou do seu mais profundo respeito pelo grão-duque e disse que ainda encarava Galileu como amigo. Mas sobre a continuação do tratamento do caso, foi inflexível: a Inquisição decidiria o futuro destino do *Diálogo* e de seu autor.

Talvez o bom humor de Urbano fosse apenas uma manifestação casual das extraordinariamente instáveis mudanças de humor que a pressão e a adversidade haviam sem dúvida provocado nele. Mas talvez seu estado de espírito tenha melhorado apenas ligeiramente por causa de um documento decisivo que foi capaz de mostrar ao embaixador, um sensacional achado dos arquivos da Inquisição que colocava toda a grande mão de obra de Galileu em seu *Diálogo* sob uma luz nova e consideravelmente mais duvidosa. O embaixador devia saudar o grão-duque Fernando, disse o papa, e dizer-lhe que "o assunto é mais sério do que Sua Alteza pensa".[84]

Uma ordem de cima

Ninguém sabe quem vasculhou os arquivos. Mas, de um jeito ou de outro, foi o cardeal Belarmino quem, doze anos após sua morte e dezesseis depois do seu último encontro, mais uma vez lançou uma sombra sobre a vida de Galileu.

Em 1616, houvera fortes rumores em Roma de que Belarmino forçara Galileu a uma renúncia formal de sua crença no sistema copernicano. Certamente Galileu fez o cardeal desmentir o fato, mas isso fora feito numa declaração privada que não foi tornada pública.

Os arquivos do Santo Ofício não eram abertos a todo mundo ou a qualquer um. Os membros da comissão que avaliavam o *Diálogo* não tinham acesso a eles, por exemplo. Em todo caso, toda a ideia da comissão era formar uma opinião sobre o livro *antes* de a Inquisição – se necessário – se envolver. Portanto, nem Inchofer, nem Scheiner na sua sombra poderiam ter sido responsáveis pela descoberta no arquivo.

Poderia ter sido, é claro, um funcionário ansioso examinando o arquivo com o objetivo de obter a melhor base possível para o caso contra

Galileu. Mas o fato é que rumores sobre o misterioso documento começaram a se espalhar antes que o assunto fosse mencionado pela comissão *ad hoc* para a Inquisição em si.

Existe considerável evidência de que a busca nos arquivos foi instituída bem antes, por alguém que se lembrava dos rumores da intervenção de Belarmino. Se existisse um documento formal, no qual Galileu prometia manter-se longe das ideias de Copérnico, este documento sem dúvida o colocaria numa situação bastante difícil agora que conspicuamente escrevera um livro que ventilava de forma meticulosa as mesmas ideias.

O papa Urbano VIII – na época ainda Maffeo Barberini – estava ele mesmo em Roma em 1616 e tomou parte no processo como membro da Congregação. É claro que se lembrava do falatório, ainda que não necessariamente acreditasse nele. Mesmo que não tenha sido responsável por achar o documento, com certeza nada fez para mitigar seu efeito ou impedir que fosse usado.

Pois essa descoberta sensacional era um documento um tanto dúbio. Naturalmente não provinha da mão de Belarmino, pois o cardeal jesuíta dera a Galileu uma advertência amistosa, ainda que indubitável, contra apresentar as ideias de Copérnico como descrição da realidade física. O documento não era assinado, e portanto de valor legal altamente discutível.

Mas havia pouca dúvida de que a descoberta nos arquivos, se fosse aceita como evidência e tomada em seu valor nominal, pressagiava dificuldades ainda maiores para Galileu. O documento dera na verdade a versão do cardeal *Segizzi* do encontro nos Salões do Paraíso, residência de Belarmino, em 26 de fevereiro de 1616. Era um relato palavra por palavra da admoestação que Galileu recebera de Segizzi, depois que a moderada advertência de Belarmino pareceu não produzir efeito. Ali estava claramente, preto no branco:

> O dito Galileu deveria ... renunciar totalmente à dita opinião de que o Sol é o centro do mundo e imóvel e que a Terra se move; *não mais sustentar, ensinar ou defender essa opinião de maneira alguma*, verbalmente ou por escrito;

caso contrário, serão iniciados contra ele procedimentos por parte do Santo Ofício; injunção com a qual Galileu aquiesceu e a que prometeu obedecer.[85]

Nec quovis modo teneat, doceat aut defendat.

Se forçado, Galileu possivelmente sustentaria que "de maneira alguma" defendia o copernicanismo, apenas o apresentava. Mas nenhum leitor do *Diálogo* teria a menor dúvida de que ele "ensinava" muitos pontos sutis que brotavam do sistema heliocêntrico e que, quanto a "defender" o sistema, o personagem de Salviati quase nada mais fazia durante suas quinhentas páginas.

E o que era ainda pior: se este documento fosse para constituir a base, não ajudaria Galileu nem um pingo dizer que sinceramente acreditava que tanto os censores como o próprio papa tinham acedido a uma "discussão" do tipo apresentado no papel, e que ele conduzira um diálogo constante sobre o problema com Urbano VIII durante anos. Porque então ficaria claro que ele jamais deveria ter se preocupado com o tema!

Em 23 de setembro de 1632, a Inquisição se reuniu para dar início ao processo contra Galileu. O papa em pessoa estava presente, junto com oito dos dez cardeais que eram os chefes do Santo Ofício. Durante a reunião, foi submetido um relatório sobre as circunstâncias inusitadas em torno da aprovação e impressão do *Diálogo*, além de uma opinião da comissão que havia examinado o livro.

O documento de 1616 também foi apresentado, sem objeções. Ou melhor, as atas das reuniões da Inquisição não descrevem discordância ou dissensão, mas rumores difundidos em Roma logo em seguida davam conta de que um dos cardeais corajosamente se levantara a favor de Galileu, sugerindo que a questão fosse abandonada. Se isto ocorreu, ele foi voto fragorosamente vencido. A reunião terminou com Urbano VIII ordenando que fosse enviada uma carta ao inquisidor em Florença. Ele devia visitar Galileu em casa junto com um notário e algumas testemunhas e entregar-lhe uma ordem: Galileu devia apresentar-se ao Santo Ofício antes do fim de outubro.

Na Villa Il Gioiello, Galileu aguardava, insone e reumático, que o trabalho do embaixador em Roma produzisse resultados. Nesse meio-tempo, dedicava-se à colheita de uvas e à produção de vinho – esta casa, também, tinha algumas terras para cultivo, com vinhedos e árvores frutíferas. Seu velho otimismo não o abandonara; ele esperava que a proibição do *Diálogo* fosse suspensa, ou pelo menos receber instruções sobre alterações no texto.

Em vez disso, recebeu uma visita inesperada. O Santo Ofício não perdeu tempo uma vez encaminhado o caso. Em 1º de outubro, o inquisidor local percorreu o caminho de Florença até a aldeia, na companhia de um notário. Tinha recebido a ordem de Roma.

Em sua linguagem formal, a intimação para comparecer em pessoa ao Santo Ofício foi lida para Galileu. O velho homem reconheceu perante o inquisidor e sua comitiva que compreendera a ordem e a obedeceria.

Por trás da sua fachada, Galileu estava atônito. Até o preciso momento em que ouviu as palavras do inquisidor, acreditava plenamente que a coisa toda tinha a ver com seu *livro*, algo que já era desagradável o bastante. Mas isto era bem diferente. Agora, de um momento para outro, falava-se de sua própria *pessoa*, idosa e frágil – nada tinha a ver com a obra no Índex, mas com uma acusação na corte da Inquisição.

Ali não estavam preocupados com opiniões divergentes em maior ou menor grau, que em última análise podiam ser ajustadas e corrigidas. A Inquisição tratava apenas de um crime: heresia.

Galileu não estava totalmente sozinho em suas preocupações. Havia uma governanta e um jovem criado morando em sua casa. Podia visitar o filho Vincenzo, com quem estava agora em bons termos, e podia percorrer a curta distância até o convento e conversar com sua sensata filha mais velha. Mas nenhum deles podia dar-lhe conselho nesta situação crítica. O grão-duque e sua corte se encontravam em Siena, e naturalmente ele escreveu para lá de imediato. Mesmo assim, estava bem claro que a Toscana *já* lhe dera toda a ajuda oficial que podia dar, sem ter conseguido o mínimo resultado.

Se fosse para encontrar alguém que o ajudasse, teria de ser em Roma. Decidiu-se pelo seu velho amigo, o sobrinho do papa, cardeal Francesco

Barberini, que ocupava uma alta posição no Santo Ofício. Galileu escreveu ao cardeal:

> Enquanto continuo ponderando comigo mesmo os frutos de todos os meus estudos ... estes frutos são transformados em sérias acusações contra minha reputação, ao encorajar meus inimigos a erguer-se contra meus amigos e calar suas vozes, que não apenas me elogiam mas também me desculpam, com a alegação de que finalmente mereci ser citado pelo Tribunal do Santo Ofício, uma ação que não é tomada exceto em caso daqueles que são seriamente delinquentes.[86]

Isto estava tendo tamanho efeito sobre ele, escreveu, que era incapaz de dormir. E listou suas muitas enfermidades físicas. Seguiu adiante para sugerir duas maneiras possíveis de resolver a questão: ele podia redigir um relato detalhado de todo seu trabalho sobre as ideias de Copérnico e mandá-lo para o Santo Ofício. Galileu – ainda não totalmente destituído de otimismo – pensava que isto devia bastar para mostrar que era inocente. Se um documento escrito não bastasse, sua sugestão alternativa era que ele podia dar um depoimento a um dos dignitários eclesiásticos em Florença: o inquisidor, o núncio papal, o arcebispo. Faria todo o possível para acomodar tal arranjo.

Galileu, é claro, sabia que não havia negociação possível com a Inquisição – era o caso de simplesmente submeter-se a ela. Portanto, amaciou sua carta ao cardeal Francesco com a seguinte peroração, que pelo menos mostrava que não havia perdido nada da sua habilidade com as palavras:

> E por fim, para concluir, se nem minha idade avançada, nem minhas muitas moléstias corporais, nem minha mente atribulada, nem a duração da viagem tornada extremamente dolorosa pelas correntes suspeitas forem julgadas por esta santa e elevada Corte justificativas suficientes para buscar alguma dispensa ou adiamento, farei a viagem, preferindo a obediência à própria vida.[87]

A carta de nada adiantou.

O grão-duque também tentou, com uma petição direta e respeitosa a Urbano VIII, ressaltando a idade avançada de Galileu. O infatigável embaixador Niccolini foi mais uma vez mobilizado e conseguiu uma audiência. O papa foi inflexível como antes: Deus haveria de perdoar Galileu, disse ele, por se envolver em tal intriga depois que ele, Sua Santidade, quando cardeal, o salvara dela.

É impossível inferir com precisão o que Urbano quis dizer com isso, mas não pode haver dúvida de que se sentia magoado e ofendido.

O prazo final de Galileu estava prestes a expirar. Outubro estava chegando ao fim, mas ele não partiu. Quando o inquisidor voltou a visitá-lo, disse que queria ir, mas fora impedido pela doença. O inquisidor florentino pôde ver que ele realmente não estava bem e, por sua própria iniciativa, deu-lhe mais um mês, escrevendo ao mesmo tempo para Roma: "... e ele se mostrou pronto para ir; mas a verdade é que não sei se vai conseguir."[88]

O Santo Ofício aprovou de má vontade este novo prazo. Mas foi enviada uma mensagem a Florença dizendo que, quando ela expirasse, Galileu *teria de* partir, custasse o que custasse. Seus amigos em Roma perceberam que sua hesitação poderia ser usada como uma nova acusação contra ele – uma espécie de "desobediência à corte" – e o instaram a tentar começar a viagem.

Não há dúvida de que Galileu fez o melhor que pôde para partir. Mas sua doença era bastante real. Numa tentativa final, ele convocou três médicos e pediu-lhes que redigissem um certificado. Isto foi demais para Urbano, que declarou que "Sua Santidade e a Sagrada Congregação não podem e absolutamente não devem tolerar subterfúgios desse tipo".[89]

Isto foi seguido de uma ordem definitiva: se Galileu não viesse voluntariamente, seria trazido a Roma acorrentado.

Em 15 de janeiro, o velho sentou-se para escrever seu testamento. Era breve, ele deixava a maioria dos seus bens para o filho, Vincenzo. Depois disso, estava pronto para sua viagem final a Roma.

"Não mais sustentar, ensinar ou defender essa opinião de maneira alguma"

Após sua longa e penosa viagem, Galileu ficou com o embaixador toscano. Formalmente, não era prisioneiro na Villa Medici. Era apenas um "conselho amigável" do Santo Ofício que ele não devia deixar a propriedade.

Recaiu sobre o embaixador avaliar o estado de espírito e descobrir se ainda havia canais de influência abertos. Ele logo percebeu que o pior problema seria o documento de 1616 contendo as lamentáveis palavras *Nec quovis modo teneat, doceat aut defendat*. Mas quando delicadamente insinuou isto a Galileu, o velho reagiu com agitação e confusão. Com certeza não podia se recordar de ter recebido tal ordem. Fora convocado por Belarmino e recebera uma advertência para não apresentar o sistema de Copérnico como realidade física, mas isto era algo completamente diferente!

O papa Urbano VIII estava menos colérico que no ano anterior, mas igualmente inflexível no que dizia respeito ao caso. Enfatizou como Galileu fora tratado com brandura, sobretudo ao morar com o embaixador em vez de ser jogado nos cárceres da Inquisição. Mas não podia prometer nenhuma resolução rápida: "... as atividades do Santo Ofício em geral avançam devagar",[90] foi a informação levada pelo embaixador. Além disso, Urbano ainda estava criticando Galileu por ter trabalhado com o arquivilão Ciampoli.

O embaixador estava pessimista, embora não demonstrasse seus sentimentos a Galileu. Mas escreveu ao grão-duque Fernando:

> ... mesmo que se satisfaçam com suas respostas, não vão querer dar a impressão de terem feito uma tolice, depois de todo mundo saber que o convocaram a Roma.[91]

Ele tinha também uma sensação de quão virulenta era a antipatia, até mesmo o ódio, a Galileu em alguns setores – mais provavelmente entre os jesuítas próximos a Grassi e Scheiner.

Esta tremenda agressividade foi notada por outro observador, o católico alemão Lukas Holstein, que era um elemento externo e via a situação com olhar claro. Ele estava preocupado também com o problema real, que em Roma fora completamente obscurecido pela empolgação em torno de declarações e formulações: o que aconteceria com a autoridade da Igreja se no fim das contas Copérnico estivesse certo?

> Levaria um longo tempo para relatar a causa do ódio alimentado contra o muito simpático velho [Galileu], mas uma coisa não pode ser vista sem irritação, ou seja, que pessoas completamente incapazes receberam o encargo de examinar o livro de Galileu e todo o sistema pitagórico e copernicano, mas que é acima de tudo uma questão da autoridade da Igreja, que sofrerá largamente com um julgamento menos correto. Galileu sofre da inveja daqueles que veem nele o único obstáculo a que tenham a reputação dos mais altos matemáticos. Pelo fato de toda esta tempestade ter sido levantada pelo ódio pessoal de um monge que Galileu não deseja reconhecer como o primeiro entre os matemáticos ...[92]

Foi o embaixador quem recebeu a notícia de que a audiência era iminente. Numa última tentativa, visitou novamente o papa, com o pretexto de agradecer-lhe, em nome do grão-duque, pelo tratamento especial prometido a Galileu – ele não seria encarcerado numa cela, mas moraria num quarto comum sob uma guarda leve. O papa manteve-se calmo, mas inflexível:

> Sua Santidade queixou-se de que ele [Galileu] entrou naquele assunto que para ele [o papa] ainda é o assunto mais sério e com grandes consequências para a religião.[93]

Foi o próprio embaixador quem teve a desagradável tarefa de contar a Galileu sobre o julgamento.

O velho sentiu o golpe. Temores, insônia e dores reumáticas o prostraram a tal ponto que o embaixador temeu pela sua vida. Mas não foi mencionado nenhum adiamento. O embaixador o aconselhou seriamente a não tentar se defender, mas submeter-se a qualquer objeção que o juiz da

Inquisição pudesse levantar, e ter fé em que, pela sua própria fama, e pela deferência política ao grão-duque, a sentença resultasse branda.

Em 12 de abril de 1633, Galileu foi levado da Villa Medici, através das ruas de Roma, cruzando o Tibre, para o quartel-general do Santo Ofício. Ali foi mantido como prisioneiro. Mas foi alojado em quartos reservados para o uso dos funcionários e teve permissão de sair para o pátio. O criado que viera com ele de Florença foi autorizado a atendê-lo e os criados da embaixada podiam trazer-lhe comida duas vezes por dia.

Uma vez iniciado o interrogatório, porém, o tom era inteiramente formal. Presente estava o comissário da Inquisição, padre Maculano, junto com testemunhas e um notário. Os outros cardeais contentavam-se, como de costume, em ler o resumo e formar suas opiniões com base nele.

O interrogatório começou com as perguntas habituais sobre nome e histórico – e o quanto Galileu sabia do motivo de ter sido intimado. Ele respondeu com deferência que presumia ter algo a ver com "meu livro que acabou de ser impresso", e do qual deu um breve resumo. Foi-lhe mostrado então um exemplar do *Diálogo*, e confirmado que fora ele quem o escrevera e era responsável por tudo que continha. Em resposta a uma pergunta sobre quanto tempo levara para escrever o livro, afirmou que o tinha começado dez ou doze anos antes, e passado talvez seis ou oito anos nele com intervalos.

Isto era mera formalidade e confronto preliminar. Em vez de entrar mais no livro e seu conteúdo, o comissário de maneira súbita mudou de assunto e perguntou a Galileu se ele estivera em Roma antes, particularmente em 1616.

Mas Galileu estava preparado. Respondeu de forma calma que tinha viajado a Roma por sua iniciativa própria em 1616 – e que, além disso, estivera na cidade duas vezes depois disso, "no segundo pontificado de Sua Santidade Urbano VIII", e em 1630, para organizar a impressão do seu livro. E assim, sem dizer abertamente, conseguiu enfatizar que seu trabalho no *Diálogo* literalmente continuara com as bênçãos daqueles que ocupavam os mais altos postos.

Padre Maculano não tinha interesse em ouvir sobre as ligações de Galileu com Urbano e a corte papal. Voltou para 1616 e o que havia acontecido na época. Por que motivo Galileu viera a Roma?

O velho replicou que alguns cardeais, entre os quais Belarmino, queriam uma explicação das teorias de Copérnico, de entendimento extremamente difícil para leigos.

E o que emergiu dessas discussões e explicações?, indagou o comissário.

Galileu teve de admitir que elas haviam resultado numa declaração da "Santa Congregação do Índex" dizendo que a doutrina de Copérnico contradizia a Sagrada Escritura se tomada em termos literais e que deveria ser usada apenas de maneira hipotética (*ex suppositione*) – exatamente como fizera Copérnico, acrescentou piamente.

Esta última afirmação era na verdade uma fuga à verdade, mas o comissário não captou. Em vez disso, seguiu o plano sem dúvida predeterminado, e perguntou como e de quem Galileu ouvira essa decisão.

Isto era coisa séria. Galileu admitiu de imediato que fora informado de forma pessoal pelo cardeal Belarmino. Mas insistiu que Belarmino dissera de forma expressa que "a teoria de Copérnico podia ser apresentada *ex suppositione*, exatamente como o próprio Copérnico a apresentara".

Galileu obviamente sentia-se bastante seguro. Tinha na mão um trunfo, e agora o jogava: submeteu à corte uma carta, o certificado que o próprio Belarmino redigira em maio de 1616, pouco antes de Galileu retornar a Florença. O documento explicava que Galileu simplesmente fora informado das decisões da Inquisição e da Congregação do Índex, e que não havia questão de refutação ou punição.

O comissário Maculano tinha agora dois documentos contraditórios à sua frente: a declaração sóbria de Belarmino e o severo documento não assinado que se originara do cardeal Segizzi e sobre o qual Galileu ainda não fora adequadamente informado. Agora Maculano foi ao cerne da questão utilizando um diversionismo tático:

Havia *outras pessoas* com Belarmino no dia em que Galileu fora advertido a não tomar Copérnico ao pé da letra?

Sim, disse Galileu. Havia alguns padres dominicanos, mas ele não conseguia recordar seus nomes, e tampouco os encontrara posteriormente.

Agora padre Maculano enfiou a faca: alguma proibição (*praeceptum*) fora emitida naquela ocasião, pelos dominicanos ou outros?

Galileu deu uma resposta estranha:

> Lembro-me de que a transação teve lugar como se segue: o senhor cardeal Belarmino mandou me chamar uma manhã e me disse certos particulares que prefiro reservar para os ouvidos de Sua Santidade antes de comunicá-los a outros. Mas no fim das contas o que ele me disse foi que a opinião de Copérnico, contradizendo a Santa Escritura, não deve ser mantida nem defendida. Escapa à minha memória se esses padres dominicanos estavam presentes antes ou se vieram depois; e tampouco me lembro se estavam presentes quando o senhor cardeal me disse que a citada opinião não devia ser sustentada. Pode ser que tenha sido emitido um comando (*precetto*) instando-me a não manter nem defender a opinião em questão, mas não me recordo dele, pois isso foi há muitos anos.[94]

Pela última vez Galileu tenta aqui explorar os laços especiais de amizade que tinha com o papa Urbano VIII Barberini. É impossível dizer que informação de Belarmino ele queria transmitir a Urbano. Ao que tudo indica, Belarmino disse alguma coisa referente ao fato de o então cardeal Barberini olhar de forma favorável o trabalho de Galileu – algo que na época de qualquer maneira todo mundo sabia.

Mas o comissário Maculano fingiu não ter ouvido. Não disse uma única palavra sobre os "certos particulares" que Galileu não divulgaria para a Inquisição. Sabia que a antiga proximidade do papa Urbano com Galileu era um assunto que não devia ser mencionado nesse contexto, e certamente não pelo próprio réu; isso apenas constrangeria o papa.

Em vez disso, o comissário seguiu seu plano de ataque: poderia o réu não se lembrar de uma promessa de não "sustentar, ensinar ou defender de maneira alguma" a doutrina de Copérnico – e de quem a exigira?

Sabiamente, Galileu absteve-se de negar que tal coisa pudesse ter sido mencionada. Mas, se fosse este o caso, ele não se lembrava, porque agira de acordo com o documento escrito de Belarmino, que nada dizia sobre "de maneira alguma" ou "ensinar".

Mesmo assim Maculano indagou: como ele pôde considerar escrever o *Diálogo*? Obtivera permissão especial?

Não, retrucou Galileu, e tampouco a havia requerido, pois o *Diálogo* de maneira alguma tentava sustentar, ensinar ou defender a teoria de Copérnico – ao contrário, tentava repudiá-la!

Esta afirmação deve ter impressionado Maculano como notável, para dizer o mínimo. Galileu sem dúvida fora aconselhado a ser maleável, mas isto era ir um pouco longe demais, especialmente estando sob juramento. É de duvidar que o próprio comissário tivesse lido o livro, mas tinha a opinião especializada do comitê formado no outono anterior para ir adiante.

Ele também não deu sequência a esse comentário, mas em vez disso voltou-se para as circunstâncias em torno do *imprimatur*, e o interrogatório terminou logo depois com Galileu ainda recuando: os argumentos de Copérnico eram fracos (*invalide*) e não conclusivos. Em seguida, ele assinou as atas do interrogatório, jurou manter segredo sobre o que se passara – os atos da Inquisição eram tão secretos que nem mesmo a pessoa acusada ou condenada tinha permissão de dizer algo a respeito deles – e foi conduzido à sua confortável prisão.

Convencido com razões

E ali, nas salas da Inquisição, Galileu permaneceu um bom tempo. Sua cambalhota intelectual trouxera um problema a Maculano: se Galileu fosse tomado ao pé da letra, isto é, a se acreditar que seu *Diálogo* fosse um texto e essência anticopernicanos, então toda a fundamentação para o indiciamento desmoronava. Mas, se este fosse o caso, praticamente todo mundo que de fato *lera* o livro o havia entendido da maneira errada.

O comissário necessitava de uma opinião precisa sobre este ponto. Para poupar tempo – e provavelmente para estar seguro quanto ao resultado, também –, reconvocou o comitê que havia lido o *Diálogo* no outono anterior. Do ponto de vista legal, este procedimento era presumivelmente bastante legítimo: a primeira opinião do comitê tinha sido uma avaliação informal feita não por solicitação do Santo Ofício, mas por ordem do próprio papa. Agora os três membros eram solicitados a responder a uma simples pergunta: tinha Galileu violado a ordem de não sustentar, ensinar ou defender de maneira alguma a teoria de que a Terra se movia e o Sol permanecia parado?

As respostas vieram no decorrer dos próximos dias, e foram unânimes em todas as questões de essência. Galileu com certeza *ensinara* e *defendera* a teoria de Copérnico, e era veementemente (*vehementer*) suspeito também de sustentá-la. Padre Inchofer, o jesuíta, emitiu a opinião mais longa e severa, certificando-se de apontar que entre os pecados de Galileu estavam os ataques a Scheiner:

> O objetivo mais importante de Galileu é atacar o padre Cristóvão Scheiner, que recentemente escreveu de maneira ampla contra os copernicanos: mas isto nada mais é do que defender, desgraçadamente desejar manter a doutrina do movimento da Terra ...[95]

Num sentido estritamente legal, o padre Inchofer estava completamente certo em seu julgamento. Galileu sustentara, ensinara e defendera o sistema heliocêntrico e era culpado. O fato de que não era apenas a lei – ou, sob este aspecto, a teologia – que contava dentro da Igreja católica, mas toda a convoluta matriz de conexões, protetores e influência, era algo que ele próprio descobriria por si mesmo em breve. Inchofer teve de deixar Roma em desgraça após argumentar contra a prática de castrar meninos novos para manter puras suas vozes de canto. Este ponto de vista dificilmente podia ser chamado de herético – mas o coro na Capela Sistina necessitava de *castrati*, e Inchofer foi exilado para Milão!

As opiniões de Inchofer e dos outros, contudo, não resolveram os problemas de Maculano, e sim criaram novos. Em primeiro lugar, mostraram que Galileu dera uma explicação falsa durante seu interrogatório: o *Diálogo* não podia, em nenhum sentido razoável, ser visto como um ataque a Copérnico. Em segundo lugar, em termos legais, seria muito pior se eles tivessem de assumir que Galileu *sustentava* a visão copernicana, em vez de a ter meramente ensinado ou defendido. As últimas duas podiam, forçando um pouco, ser vistas como exercícios intelectuais irresponsáveis num nível hipotético ou teórico. Mas *sustentar* uma visão que era expressamente proibida, tanto pela Inquisição como pela Congregação do Índex, era uma contravenção séria: era heresia.

Maculano tinha sozinho a responsabilidade pelo desenvolvimento posterior do caso. O papa havia se retirado para Castelgandolfo com seu sobrinho, o cardeal Francesco. Galileu esperava, impaciente e ansioso. Passou-se uma semana, depois duas, sem qualquer palavra da corte. Maculano levou o assunto para a reunião semanal dos chefes do Santo Ofício em 27 de abril. Os cardeais concordaram que Galileu fora desonesto em seu depoimento, que manifestamente negara o que qualquer um podia ler no *Diálogo*. Mas concordaram também que a questão ainda apresentava "várias dificuldades".

Essas dificuldades não eram de caráter legal ou teológico, e com certeza não estavam relacionadas com ciência natural, mas eram ligadas à posição e reputação de Galileu. Embora fosse importante dar um exemplo que mostrasse que Urbano era um católico ortodoxo e confiável, os Estados papais não podiam dar-se ao luxo de desconsiderar inteiramente a relação com a Toscana e com o grão-duque. Era preferível uma solução discreta, e padre Maculano acreditava que o papa, também, expressara um desejo similar.

E assim o comissário Maculano pediu a permissão dos cardeais para tentar alguma conversa privada com Galileu, sem atas ou testemunhas, para fazer o réu perceber seu verdadeiro erro. Dessa forma, o interrogatório oficial seguinte poderia se realizar sem estorvos e levar ao resultado que todo mundo queria: a admissão e declaração incondicionais de Galileu de suas "intenções" – os motivos pecaminosos que o tinham conduzido ao caminho da heresia. Este último aspecto era muito importante para se chegar a um julgamento e uma sentença.

Foi acordado que tentar tal conversa poderia ser proveitoso, e assim Maculano visitou Galileu alguns dias depois.

Duas semanas de "prisão" visivelmente benigna haviam claramente deixado o orgulhoso e belicoso matemático tão tratável que ele não insistiu mais em leituras forçadas do *Diálogo* para se livrar do gancho com sua honra intacta. Mas também é provável que padre Maculano o tenha lembrado, em termos corteses e decorosos, de um conhecido aspecto da prática inquisitorial: "convencer com razões."

Ou, como às vezes era também chamado – *esame rigoroso*, "exame rigoroso".

Não há dúvida de que a pura e simples tortura era uma parte normal da prática de trabalho da Inquisição. A forma mais comum era o *strappado*, no qual as mãos da vítima eram amarradas às costas e ela era então erguida pelos pulsos, às vezes com pesos atados aos pés. O comissário tinha à disposição um grande sortimento de alternativas – parafusos de pressão, "botas espanholas" e a temida tortura com água, na qual derramava-se água na boca da vítima até que esta ficasse a ponto de sufocar.

Galileu sabia dessas "razões convincentes" – como todo mundo –, não importava quão secretas as decisões e os métodos deveriam ser. Portanto, não havia motivo para ameaçá-lo diretamente com tortura, ou mostrar-lhe os instrumentos para tal, o que também fazia parte do procedimento rotineiro.

Padre Maculano e seus colegas clérigos no Santo Ofício não queriam pôr as mãos em Galileu se isso fosse possível. Preferiam lidar com sínteses escritas e não forçar informações e admissões. Seu prisioneiro era muito respeitado, além de velho e frágil. Os procedimentos burocráticos da Inquisição incluíam examinar o prisioneiro antes de usar tortura para se certificar de que ele ou ela eram forte o suficiente para suportá-la. Esse velho reumático de 69 anos com sua hoste de enfermidades dificilmente passaria no teste, se fosse para ter algum significado.

Galileu entendeu esses sinais, não há dúvida quanto a isso. Admitiu seu erro, mostrou-se contrito e disposto a formular uma admissão para a corte – de fato, começou imediatamente. Três dias depois de sua conversa com padre Maculano, apresentou-se mais uma vez para o interrogatório formal.

Dessa vez a sessão foi curta. O comissário fez apenas uma pergunta: o réu tinha alguma coisa que quisesse dizer?

Sim, ele tinha. Havia "lhe ocorrido" ler o *Diálogo* novamente, algo que alegava não ter feito por três anos. Queria ver se, "apesar de seus motivos puros", poderiam ter emanado de sua pena certas formulações que pudessem ser interpretadas como contrárias aos regulamentos da Igreja. E, ai dele, foi obrigado a admitir que isto provou acontecer. Um leitor que não entendesse seus motivos reais – que eram refutar Copérnico – poderia com facilidade ter a impressão de que os próprios argumentos que Galileu tentava refutar pareciam os mais convincentes. Era sobretudo o caso com a discussão sobre as manchas solares e as marés, argumentos que Galileu de forma honesta e sincera considerava incertos e inconvincentes, mas que infelizmente fizera parecer meticulosamente incontestáveis.

Com referência aos principais motivos de suas ações, tinha de admitir que brotavam, primeira e principalmente, de "ambição vã". Era uma tendência natural nos seres humanos, disse ele, admirar sua própria perspicácia e querer parecer mais astutos que seus companheiros, mesmo que neste caso fosse uma questão de promover teorias doentias. E citou Cícero: *Avidor sim gloriae quam sat est*, "Sou mais ávido de Glória do que o merecido". Se fosse escrever o livro de novo, teria sido mais cuidadoso para não dar a esses falsos argumentos uma força tão convincente.

Depois dessa admissão a sessão foi encerrada, e Galileu assinou as atas e proferiu o usual voto de silêncio. Em seguida foi levado de volta para seus quartos. Mas no caminho deve ter pensado alguma coisa mais, pois os registros do caso relatam que ele logo voltou à câmara da corte pedindo para acrescentar algo.

Para deixar bem claro que ele não endossava a proibida teoria de que a Terra se movia, tinha uma sugestão a fazer. O *Diálogo* terminava com Sagredo, Salviati e Simplício concordando em encontrar-se novamente e continuar sua discussão. Logo, não haveria dificuldade em acrescentar mais um "dia" ou dois. Aqui Galileu revisitaria os argumentos apresentados a favor da teoria proibida "e os confundiria da maneira mais eficaz que, pela bênção de Deus, possa me ser fornecida".[96] Terminou pedindo à corte – "este santo Tribunal" – que lhe permitisse a oportunidade de realizar seu plano.

É difícil saber exatamente como Maculano reagiu a esta sugestão absurda. De um modo ela podia ser vista, é claro, como prova de que a rebeldia e o orgulho de Galileu haviam sido completamente arrasados, e que ele lamentava tanto que estava disposto até mesmo a repudiar sua obra mais cara, a obra que lhe custara tantos anos de trabalho. Mas para qualquer um que conhecesse a produção e o estilo de escrita anterior de Galileu, a ideia *podia* ser também interpretada como um novo elo na sua estratégia sutil de promover ideias dúbias sob uma fina camada de reserva formal. Se Galileu recebesse permissão de acrescentar diversos capítulos, esse livro proibido viria a ser impresso, e caberia então ao *leitor* pesar os argumentos – não à autoridade eclesiástica relevante.

Mas Maculano com certeza não deixou de gostar do rumo tomado pelos acontecimentos. Deu uma súbita e surpreendente permissão a Galileu para mudar-se de volta à embaixada toscana na Villa Medici. O embaixador ficou estarrecido, mas feliz por Galileu, e também teve a clara impressão de que Maculano estava agora trabalhando com o cardeal Francesco Barberini para ter o assunto liquidado o mais discretamente possível.

Maio chegara a Roma, e Galileu encarou a evolução dos fatos com renovado otimismo. Em 10 de maio, foi convocado mais uma vez ao Santo Ofício, dessa vez para submeter sua defesa formal, à qual tinha direito segundo o regulamento.

Foi um resumo dos acontecimentos conforme o próprio Galileu os compreendera. Ele de fato fora advertido por Belarmino, mas a advertência dizia respeito apenas a apresentar o sistema de Copérnico como descrição da realidade. Não, ele não se lembrava de nenhuma ordem direta com as fatídicas palavras *ensinar* ou *de maneira alguma*. Se elas haviam sido ditas, ele as esquecera, ainda mais porque sua recordação era guiada pelo relato escrito de Belarmino. Ele não mencionara a advertência de 1616 para o censor, padre Riccardi, pela simples razão de que acreditava não estar fazendo nada de errado ao escrever o *Diálogo*.

Mas admitiu sua presunção e seu desejo de brilhar intelectualmente, e aceitou que seções do livro não estavam bem formuladas e deviam ser mudadas. Não repetiu sua sugestão de uma nova edição com capítulos adicionais, limitando-se a assegurar-lhes que repararia o dano "com toda a conveniência possível" – da maneira que suas Santíssimas Eminências, os cardeais, lhe "ordenassem ou permitissem" fazer. Concluiu detalhando seu precário estado de saúde e rogando para ser tratado com "indulgência e brandura".

Depois Galileu teve permissão de voltar à embaixada. O embaixador pensou que agora o assunto seria resolvido dentro daquele mês. Percebeu, é claro, que não havia esperança para o *Diálogo*, e informou Florença de que ao que tudo indicava Galileu seria condenado a uma punição simbólica por ter ignorado a advertência de Belarmino. Como o matemático ainda se apegava à esperança de que o livro fosse publicado em uma ou outra forma, não teve coragem de mencionar isto diretamente a ele.

Outro bom sinal foi que Galileu teve permissão de deixar os recintos da embaixada para pequenas caminhadas. Maculano também prometera ir à Villa Medici; o embaixador presumiu que fosse para acertar os detalhes finais anteriores ao fechamento do caso.

Mas padre Maculano não veio. Maio passou sem uma palavra do Santo Ofício para Galileu. O embaixador ficou mais ansioso e usou seus contatos – indo por fim ao papa, que agora retornara de sua permanência temporária em Castelgandolfo. O que ouviu o deixou ainda mais apreensivo.

Enfim Galileu recebeu uma intimação. Na manhã de 21 de junho de 1633, deveria comparecer a um novo interrogatório.

"Eu, Galileu Galilei"

O caso, na verdade, não era tão simples quanto Maculano e Francesco Barberini tinham esperado. As tentativas de mandar Galileu para casa com uma advertência amigável e uma punição simbólica, certa quantidade de orações penitenciais, por exemplo, encontraram resistência. Algumas pessoas não estavam satisfeitas com as explicações de Galileu à corte. Não sabemos quem eram – podem ter sido jesuítas na Inquisição ou o próprio papa. Em todo caso, os interrogatórios legais de Galileu foram ampliados por uma detalhada acusação, *Contro Galileu Galilei*, elaborada nos gabinetes da Inquisição.

O documento começava com uma repetição acrítica das antigas acusações de Florença, aquelas provenientes dos padres dominicanos Lorini e Caccini. Foram sobretudo os boatos e queixas deste último que ajudaram a apresentar Galileu sob uma luz muito pobre. Na versão completamente distorcida de Caccini, o relato objetivo em *Cartas sobre manchas solares* virou um tratado totalmente pró-Copérnico.

A seguir, o documento passava para a advertência de Belarmino, mas mesmo aqui sua versão era imprecisa – misturava a exortação oral de Belarmino com a ata escrita, não assinada, que devia ter vindo de Segizzi. A declaração juramentada de Belarmino – a arma mais importante de Galileu – era, em contraste, varrida para o lado num par de linhas.

Nesse contexto, a obra de Galileu podia ser vista como quinze a vinte anos de atividade rebelde, mais ou menos herética. Quanto ao elogio que Maffeo Barberini lhe fizera em seus tempos de cardeal, ou o incentivo que ainda recebia durante os primeiros anos do papa no Santo Trono, nenhuma palavra era mencionada.

Estaria este documento destinado a formar a base para o tratamento do caso, ou a explicação de Galileu perante Maculano deveria ser considerada, possivelmente levando em conta sua idade, estado de saúde e ligação com o grão-duque?

O Santo Ofício era em princípio uma assembleia independente que chegava às suas próprias conclusões. Mas é óbvio, neste caso específico, no qual o papa Urbano VIII estava intensamente envolvido, que o julgamento do pontífice seria decisivo.

E o papa foi inflexível. Galileu apresentara uma alegação claramente herética, que "contradizia a Santa Escritura ditada pela boca de Deus", e devia ser encarcerado porque sua ação fora diretamente contrária à ordem de 1616.

E assim, na realidade, os cardeais tinham pouca escolha.

Durante a reunião do Santo Ofício em 16 de junho, foram planejadas as linhas gerais do interrogatório final. O documento de acusação foi elaborado, aprovado sem dissensão, recebendo o seguinte endosso:

> *Sanctissimus* [o papa] *decrevit* [decretou] que o dito Galileu deve ser interrogado sobre sua intenção, mesmo com ameaça de tortura, e, *si sustinuerit* [uma vez passado por este exame de intenção], deve abjurar *de vehementi* [sob veemente suspeita de heresia] numa assembleia plenária da Congregação do Santo Ofício, então deve ser condenado a encarceramento ao bel-prazer da Santa Congregação, e ordenado a não tratar mais, de nenhuma maneira, seja em palavras ou por escrito, sobre a mobilidade da Terra e a estabilidade do Sol; caso contrário, incorrerá nas penalidades de relapso. O livro intitulado *Diálogo de Galileu Galilei, o lince* deve ser proibido.[97]

O embaixador ficara sabendo da maior parte, mas, fiel ao seu costume, poupara Galileu do pior, dizendo apenas que provavelmente o *Diálogo* seria banido. Foi, portanto, um Galileu bastante despreparado que compareceu ao interrogatório de 21 de junho.

Maculano primeiro perguntou se o réu tinha mais alguma coisa a dizer. Galileu respondeu que não tinha nada de importante a acrescentar.

O comissário foi então direto ao cerne da questão. Teria Galileu, agora ou anteriormente (e neste caso, quando), sustentado que o Sol era o centro do mundo e que a Terra não era, mas estava em movimento, e também tinha uma rotação diária?

Muito tempo atrás, antes da decisão da Congregação do Índex e antes da advertência, disse Galileu, ele havia sido neutro e tinha considerado ambos os modelos, o ptolomaico e o copernicano, como viáveis, que um ou outro podia estar de acordo com a realidade. Mas, após a decisão, todas as dúvidas se foram, porque estava convencido da sabedoria da Igreja. Portanto, acreditava plenamente e sem reservas no modelo de Ptolomeu: a Terra estava parada e o Sol em movimento. O *Diálogo* foi escrito para apresentar as diferentes possibilidades e enfatizar que a verdade deve ser encontrada num "pensamento mais elevado".

Maculano disse que seu livro não dava essa impressão. Ali parecia que Galileu ainda acreditava em Copérnico, ou ao menos acreditava ao escrevê-lo. Por conseguinte, se ele não resolvesse dizer a verdade, a corte teria de recorrer aos "remédios apropriados".

Talvez apenas neste ponto é que o velho tenha se dado conta da gravidade da situação.

Mas agora, com tranquila dignidade, ele se ateve à sua própria fala. Estava cansado de inventar desculpas posando como anticopernicano mal compreendido. Replicou:

> Eu não sustento e não sustentei essa opinião de Copérnico desde que me foi ordenada a intimação de que devia abandoná-la; quanto ao resto, estou aqui em vossas mãos – fazei comigo o que vos aprouver.[98]

Padre Maculano repetiu o aviso, e desta vez completamente despido de eufemismos: Galileu devia falar a verdade, *alias devenietur ad torturam* – "do contrário eles recorrerão à tortura". Galileu retrucou:

> Estou aqui para submeter-me (*far l'obbedienza*); e não sustentei esta opinião depois que a determinação foi feita, como já disse.[99]

Aqui o interrogatório terminou. Galileu assinou com a mão trêmula e foi mandado para o "quarto de prisioneiro" no Santo Ofício, onde tinha residido antes. Não foi autorizado a voltar para a embaixada.

E ali ficou sentado, a tarde e a noite inteiras. No curso dessas longas e solitárias horas, todo seu otimismo evaporou – agora era meramente uma questão de quão total seria a derrota. Ele tinha tempo de sobra para refletir sobre a inequívoca ameaça de tortura: seria apenas uma parte formal do processo legal de julgamento ou havia uma chance real de ser levado para os porões da Inquisição ao nascer do dia?

Sua defesa era que literalmente não acreditara nos ensinamentos de Copérnico desde 1616. Mas conseguiria se safar com isso? Muita gente o tinha ouvido vociferar em favor da teoria de que a Terra possuía movimento – e ninguém menos que Sua Santidade Urbano VIII Barberini. E que punição poderia esperar? Mesmo que provavelmente ainda se apegasse à garantia de sua idade, fama e posição, a lembrança do destino de Bruno e a grotesca "punição" póstuma a De Dominis apenas nove anos antes deviam estar em sua cabeça.

Ou talvez seus pensamentos tenham se voltado para Dante, seu grande compatriota, cuja obra ele sabia de cor. No oitavo círculo do Inferno o viajante se depara com vários tipos de trapaceiros, entre eles um certo Mestre Adamo, falsificador executado em Florença na época de Dante. Numa cena intensa, o pecador conta como vivencia a eternidade, mutilado e grudado no local, com uma sede ardente e um incessante anseio por uma única gota de água, um castigo para sua "sede" de riqueza, que o levou a esse crime. Mestre Adamo foi queimado publicamente no cadafalso. Não era coincidência que o castigo para falsificação e heresia fosse o mesmo. Ambos os crimes representavam ataques aos próprios alicerces da sociedade: o monopólio estatal em fixar o padrão terreno de valor e o correspondente monopólio da Igreja em fixar o padrão espiritual.

Quando o dia enfim amanheceu, foi um velho esgotado que os guardas vieram buscar. Traziam consigo um manto branco e o vestiram em Galileu – a vestimenta tradicional do penitente.

Então Galileu foi levado para fora da prisão da Inquisição para uma carroça à sua espera. Ele devia percorrer um trajeto público pelo centro de Roma. O itinerário o levou a cruzar o Tibre, através das ruas estreitas em torno da Piazza Navona, e terminou perto do Panteão, a apenas alguns passos do primeiríssimo lugar que visitara em Roma, 46 anos antes, o Colégio Romano dos jesuítas.

Mas não foi nos jesuítas que o velho de traje branco desceu, mas nos seus vizinhos, os dominicanos. Sua viagem acabou na pequena praça em frente à austera fachada de tijolos castanho-amarelados da igreja de Santa Maria sopra Minerva.

Galileu conhecia bem a igreja, pois era intimamente associada à sua cidade natal. Uma estátua de Cristo feita por Michelangelo ficava junto ao coro, e o grande pintor florentino Guido di Pietro Angelico ali estava sepultado. Mas Galileu não foi conduzido para a nave da igreja com sua maravilhosa abóbada azul-celeste. Foi levado através de uma porta lateral à esquerda para o sóbrio salão do convento dominicano.

Ali, seus juízes o aguardavam: os chefes do Santo Ofício, o Conselho de Cardeais. Mas o Conselho não estava completo. Se Galileu tivesse erguido os olhos – sua visão já não era muito boa – para buscar um lampejo de amizade ou encorajamento do cardeal Francesco Barberini, teria sido em vão. O sobrinho do papa não estava lá, e dois outros cardeais também estavam ausentes.

Galileu recebeu ordem de se ajoelhar. Então o arrazoado, julgamento e sentença foram lidos em voz alta.

As longas frases em latim fluente que ecoavam sob os afrescos do teto do salão baseavam-se na mais rigorosa interpretação da cadeia de fatos e na advertência de 1616. É verdade que a corte aceitou que Galileu pudesse ter esquecido as notórias palavras *ensinar* e *de maneira alguma*, mas achou que a súmula de Belarmino, apresentada por Galileu, de nada servia para sua defesa. Mesmo sem conter as palavras *ensinar* e *de maneira alguma*, claramente afirmava que as ideias de Copérnico eram contrárias à Santa Escritura.

Em suma, a publicação do *Diálogo* era "uma transgressão aberta da dita proibição" (*aperte transgressio praedicti praecepti*). Logo, Galileu era claramente culpado, e um julgamento unânime foi passado "no santíssimo nome de Nosso Senhor Jesus Cristo" e também "da gloriosíssima Santa Mãe e eterna Virgem Maria". Galileu foi considerado "veementemente suspeito" de heresia e seu *Diálogo* foi banido.

Pela opinião dada, a sentença foi na realidade bastante leniente. A provável heresia de Galileu seria perdoada contanto que ele fizesse uma abjuração pública imediata. Para prevenir qualquer recaída e enfatizar a seriedade do caso, foi-lhe dada uma sentença de prisão "com duração ao nosso bel-prazer" e a ordem de ler os sete salmos penitenciais uma vez por semana durante três anos.

Nada foi mencionado sobre as consequências de Galileu recusar-se a abjurar. Havia boas razões para supor que isso não ocorreria. A cerimônia continuou enquanto era dado a Galileu, ainda de joelhos, um documento para ler e assinar. Começava assim:

> Eu, Galileu Galilei, filho do falecido Vincenzo Galilei, florentino, setenta anos de idade, denunciado diante deste tribunal e ajoelhado perante vós eminentíssimos e reverendos senhores cardeais ..., tendo diante dos meus olhos e tocando com minhas mãos os Sagrados Evangelhos, juro que sempre acreditei, acredito e, com a ajuda de Deus, no futuro acreditarei em tudo que é sustentado, pregado e ensinado pela Santa Igreja Católica e Apostólica.

Seguia-se uma recapitulação de suas ofensas e então a abjuração propriamente dita: "Eu abjuro, amaldiçoo, abomino os erros e heresias acima mencionados e de forma geral todo outro erro, heresia e seita de algum modo contrária à Santa Igreja." Isto era repetido de forma ligeiramente diferente mais duas vezes. A parte final o próprio Galileu teve de adicionar ao documento e assinar:

> Eu, Galileu Galilei, abjurei conforme acima com minha própria mão.[100]

Depois disso a cerimônia foi concluída, e Galileu levado de volta aos quartos da Inquisição, que agora deviam ser vistos como sua prisão.

Eternidade

O MITO MAIS persistente em relação a Galileu é que ele se levantou da sua posição de joelhos no salão dos dominicanos e murmurou obstinadamente: "*Eppur si muove*" – "e no entanto ela se move".

O cerne da bizarra cerimônia à qual Galileu acabara de ser sujeitado era a abjuração. A palavra "heresia" era na verdade usada pela Inquisição para significar duas coisas diferentes: uma era a negação pura das verdades doutrinárias, como quando os luteranos consideraram a Eucaristia uma refeição "simbólica" na qual o corpo e o sangue de Jesus não estavam literalmente presentes; outra era a transgressão dos comandos ou determinações da Igreja.

Os ensinamentos de Copérnico não são mencionados diretamente como heréticos no julgamento (apenas "contrários à Santa Escritura"), então foi o *flagrante desdém pela advertência de 1616* – a "clara transgressão da dita proibição" – que constituiu o ato herético de Galileu.

Para propósitos de condenação, porém, a diferença era irrelevante. Qualquer tipo de heresia de qual se suspeitasse, a única boia de salvação era abjurar. Qualquer um que se recusasse a fazer isso estaria, por definição, confirmando sua heresia, e a única solução que restava era o cadafalso. Mas para dar a oportunidade de a pessoa se salvar pelo repúdio, a corte precisava estar convencida de que o réu, de corpo e alma, desejava remediar seus erros. A tortura era muitas vezes usada com esse propósito, para obter uma verdade real de motivos e atitudes. A abjuração então fornecia "prova" para um compromisso legal de que o arrependimento era genuíno.

Mas isto não conferia à cerimônia outra função legal. Se o pecador fosse *novamente* detido por heresia no futuro, não haveria volta. Ele teria então quebrado o juramento de compromisso que a abjuração representava, e a morte na fogueira era inevitável. A Inquisição calara a boca de Galileu – e sua pena – para sempre.

É bastante certo que bem no fundo ele ainda *acreditava* nas teorias de Copérnico. Mas igualmente certo é o fato de que daí em diante se absteve da mínima expressão dessa crença.

O julgamento contra Galileu não foi só relativamente brando, mas, no sentido estritamente legal, totalmente irrepreensível. Ele passara *sim* por cima dos decretos de 1616, como quer que fossem interpretados, porque *de fato* apresentara em seu *Diálogo* os ensinamentos de Copérnico como esmagadoramente prováveis. Não importa como ele próprio tenha apresentado o caso, não era preciso mais do que alfabetização comum para ver isso.

Mesmo assim, não há dúvida de que Galileu saiu do processo um homem profundamente decepcionado e arrasado. Sozinho entre os presentes no salão do convento, ele sabia que o julgamento era tanto uma monumental tolice quanto estava do ponto de vista legal correto. Ele trancava a Igreja católica numa posição intelectual irremediável como negadora surda e cega de um fato físico cada vez mais óbvio, uma posição que se tornaria um dos mais dolorosos problemas na longa história da Igreja.

Para Galileu em especial foi ainda pior, na medida em que os próprios fundamentos do caso assemelhavam-se a uma traição moral por parte de um homem que ele sempre contara como seu amigo, o papa Urbano VIII Barberini. Afinal, em tempos melhores, Maffeo Barberini havia redigido uma elegia ao matemático e assinado *come fratello* – "como irmão". Sua atitude agora era qualquer coisa menos fraternal.

O que Galileu *não* via era que ele próprio, com sua autoassertividade, impaciência e estilo provocativo, fizera muitos inimigos e contribuíra para o azedamento da atmosfera em Roma.

Talvez um outro ator envolvido também visse que o julgamento era uma falência moral e intelectual, mas ele não estava presente em Santa Maria sopra Minerva. O sobrinho do papa, cardeal Francesco Barberini, não pôs seu nome no julgamento. Isto pode ter sido acidental. O dever de comparecer às reuniões plenárias não era levado tão a sério pelos cardeais, e dois outros também estiveram ausentes. Mas Francesco tinha sido membro da Academia dos Linces, entendia os argumentos em favor das teorias copernicanas e sabia que não podia ser iludido por referências à tradição e à Santa Escritura. Ademais, embora tivesse muito a agradecer ao tio, também testemunhara em primeira mão a desconcertante mudança que transformara um Maffeo Barberini aberto, intelectualmente inquisitivo, num Urbano VIII desconfiado, pomposo e arrogante.

De todas as pessoas envolvidas no caso, era apenas Francesco que conhecia *ambos*, Galileu e Urbano VIII, havia muitos anos.

Quais eram os pensamentos mais íntimos de Urbano ninguém sabe. Mas o provável era que estivesse mais preocupado com outro acontecimento iminente. Seis dias depois de pronunciado o julgamento, ele consagrou o baldaquim de bronze de Bernini na Igreja de São Pedro, uma construção imensa que era meio escultura, meio arquitetura. Ali, apenas o papa era – e ainda é – autorizado a conduzir a missa.

Na fundação de mármore deste centro definitivo do mundo católico estavam entalhadas as abelhas de Barberini.

O julgamento em Santa Maria sopra Minerva não teve como alvo apenas Galileu, mas serviu também para fazer cessar a disseminação das ideias de Copérnico como um todo. Para este fim foi imediatamente copiado e enviado para os outros escritórios da Inquisição pela Itália e pelo resto da Europa, acompanhado de uma instrução aos inquisidores locais para que o tornassem de conhecimento público, sobretudo entre matemáticos e filósofos. Logo começaram a chegar confirmações de todos os cantos de que a ordem fora seguida.

O inquisidor em Pádua, por exemplo, assegurou-lhes de que não só tornara o julgamento e a revogação conhecidos a professores de filosofia e matemática na universidade, como também incluíra "outros palestrantes públicos", sacerdotes, vários eruditos, "nossos escritores" – e mandou exibir uma cópia em cada livraria.

Por outro lado, não teve muita sorte em relação à segunda parte do julgamento: o banimento do *Diálogo*. O inquisidor recebeu de volta apenas um exemplar, de um filósofo que claramente estava assustado demais para ficar com ele, mas, apesar de "empregar os melhores esforços", não tinha conseguido apoderar-se de outros. Não era algo estranho: o livro logo se tornara um item do mercado negro extremamente procurado, que mudava de mãos por doze vezes o seu preço original.

Galileu cumpriu apenas uma noite nos aposentos da Inquisição. No dia seguinte disseram-lhe que, por ora, seu encarceramento podia ser transferido para a embaixada na Villa Medici. É provável que isto tenha sido obra de Francesco Barberini.

Mas a Villa Medici não fora planejada para abrigar prisioneiros indefinidamente, e tampouco o embaixador queria assumir a responsabilidade pelo abalado e abatido Galileu. No entanto, uma petição oficial ao papa solicitando que Galileu fosse autorizado a voltar para Florença para lá cumprir sua sentença foi de imediato recusada.

A solução foi encontrada num alojamento inesperado. O arcebispo de Siena, Asciano Piccolomini, pertencia a uma família toscana de posição considerável, que tinha produzido tanto intelectuais como clérigos proeminentes – o mais famoso entre eles tendo sido o papa da Renascença Pio II. Se o respeito do augusto arcebispo pelo arrivista Urbano VIII era menos que entusiástico, sua admiração pelo toscano Galileu era bem mais genuína. Piccolomini lera o *Diálogo* e percebera que Copérnico provavelmente estava certo, e que o livro poria o autor em muito maus lençóis.

Agora ele se oferecia para assumir responsabilidade por este celebrado prisioneiro e mantê-lo em prisão domiciliar no seu palácio. Era uma sugestão à qual ninguém podia objetar. Levava o problema de Galileu para longe de Roma e mais perto do seu território doméstico, ao mesmo tempo mantendo-o seguramente sob supervisão clerical. O arcebispo despachou de imediato sua própria carruagem, e em 6 de julho Galileu deixou a Villa Medici. Pela sexta e última vez na vida disse adeus a Roma.

O arcebispo Asciano de Siena era um homem sábio, além de estudado, e compreendia a natureza humana. Deu as boas-vindas a Galileu e no dia seguinte reportou-se a Roma por meio de uma carta inusitadamente reservada:

> ... ontem o Signore Galileu Galilei chegou à minha casa, para cumprir o que foi ordenado pela Santa Congregação, cujos comandos serão estritamente obedecidos por mim, nesta e em todas as outras coisas. Sou exigido a responder a Vossas Eminências desta maneira, e de maneira humilde obedeço.[101]

Após esta obediência nominal no papel, o arcebispo esqueceu toda a humildade em relação ao Santo Ofício e energicamente botou Galileu para fazer a única coisa que poderia deixar o arrasado e insone velho de pé outra vez: trabalhar.

O palácio do arcebispo ficava ao lado da monumental Catedral de Siena, uma obra-prima de arquitetura em mármore verde-claro e escuro que um dia pretendera demonstrar à principal rival, Florença, a extensão do poder e da riqueza que os habitantes da cidade tinham a seu dispor. Mas Piccolomini era agora bispo de uma tranquila cidade provinciana, onde apenas o grande hipódromo Palio na praça da cidade recordava os dias de antiga glória e festividade.

Nessas pacíficas redondezas o arcebispo exortou seu hóspede e "prisioneiro" a pensar sobre mecânica. Qualquer tipo de trabalho sobre problemas cosmológicos e astronômicos estava obviamente fora de questão. Galileu precisava descobrir uma nova trilha ou, mais precisamente, retornar às questões que exercitara por cinquenta anos: movimento, queda, velocidade, aceleração – tudo sobre o que trabalhara tão intensamente, mas sobre o qual ainda nada escrevera.

O julgamento não só limitara a vida cotidiana física de Galileu, mediante exílio e aprisionamento; mais sério que tudo para o orgulhoso toscano era que as regras do Santo Ofício haviam afetado sua honra e posição. Viver em retiro como "pessoa privada" não tinha nenhum sentido para um homem com o passado e a ambição de Galileu – sua identidade estava ligada à posição social e pública a que chegara. Ele escreveu para sua filha

Maria Celeste no convento, dizendo que se sentia como se tivesse sido "riscado do rol dos vivos".

Havia apenas duas coisas que em alguma medida poderiam reabilitá-lo em sua posição. A primeira era receber permissão para retornar a Florença, onde podia ter contato com a corte. Seus amigos logo começaram a trabalhar nisso. Mas o mais importante era escrever outro livro que assombrasse os círculos cultos da Europa.

O arcebispo o incentivou o máximo que pôde. Embora a prisão domiciliar fosse formalmente mantida, seu carcereiro eclesiástico tratava de assegurar que pessoas interessantes fossem convidadas ao palácio, de modo que Galileu pudesse ter discussões com elas. Tampouco estava Asciano Piccolomini especialmente preocupado em esconder seus verdadeiros pensamentos sobre a sabedoria das decisões do Santo Ofício. Exprimia-se de forma tão aberta e deixava Galileu com rédeas tão livres que representantes do baixo clero da diocese logo mandaram uma carta anônima de reclamação para Roma. Nela, Galileu era acusado de espalhar "ideias não católicas" na cidade e dizer que podia provar suas hipóteses filosóficas com "invencíveis raciocínios matemáticos". O arcebispo era acusado de afirmar que seu prisioneiro era "o maior homem do mundo", e que todos os pensadores progressistas concordavam com ele.

Nesta atmosfera, parte do irreprimível otimismo de Galileu retornou. Ainda estava pessimamente afetado pelo reumatismo durante o outono, porém conseguiu mais ou menos superar a insônia e alguns espasmos incontroláveis nos membros, que haviam começado após sua humilhação em Roma. E assim decidiu fazer o esforço: Sagredo, Salviati e Simplício haveriam de se encontrar outra vez.

Uma morte e duas novas ciências

O Santo Ofício estava claramente acostumado a reclamações anônimas por escrito. Em todo caso, não tomou conhecimento óbvio das acusações contra Galileu e seu venerabilíssimo anfitrião, a menos que a decisão de permitir que Galileu voltasse para Florença fosse motivada por uma sensação de que poderia ser vantajoso afastá-lo de um auxílio influente tão poderoso quanto um arcebispo. Se aqueles nos mais altos círculos da Igreja calculavam que o grão-duque Fernando II era mais fácil de controlar do que um de seus próprios prelados, estavam completamente certos.

Em termos formais, foi com base na saúde de Galileu que sua pena foi comutada para prisão domiciliar em sua própria quinta em Pian de Gulliari, perto de Arcetri. Mas os termos eram duros – ele tinha de viver sozinho, sem autorização para receber visitas exceto com permissão do inquisidor local, e tampouco, obviamente, era-lhe permitido envolver-se no ensino ou discussão de temas cosmológicos. Em dezembro de 1633, Galileu estava de volta em casa.

Na prática, as condições de sua prisão domiciliar não eram tão estritas a ponto de impedi-lo de visitar as filhas no convento vizinho de San Marco. Mas ali o aguardava uma nova preocupação. Sua filha sensata e prática, irmã Maria Celeste, o manteve informado e confortado com suas cartas durante toda sua permanência em Roma e Siena. Ela desviava seus pensamentos para problemas concretos do dia a dia: "... o motivo de o vinho se estragar é que você nunca desmanchou [os barris] em pedaços para expor a madeira ao calor do sol."[102] Maria Celeste chegara a prometer cumprir a parte do seu castigo que consistia na repetição semanal dos salmos penitenciais, e já estava se ocupando disso.

Mas ela não estava bem. As preocupações com o destino do pai a afetaram, tinha dores de barriga e sentia-se fraca e doente. Na primavera de 1634, um mês depois do septuagésimo aniversário do pai, Maria Celeste ficou com disenteria. Na semana seguinte enfraqueceu com rapidez, e morreu pacificamente no convento em 2 de abril.

A tristeza com o ocorrido quase destruiu Galileu. Ele pôs de lado seu trabalho no livro novo. O arcebispo Piccolomini enviou suas condolências: "Há muito eu sabia que ela era a maior bênção que você tinha no mundo", escreveu, e acrescentou de forma confortadora que ela agora estava num mundo diferente e melhor. Galileu descreveu sua própria condição: "... meu pulso está irregular por causa de distúrbios no coração, [eu sofro de] profunda melancolia e completa falta de apetite." Descreveu também como, em sua solidão, ouvia a voz da filha chamando por ele.

Um conhecido remédio para o desânimo e a melancolia era o vinho, sobretudo o bom vinho. Felizmente seus amigos perceberam isto e lhe mandavam presentes. Ele agradeceu a um deles por lhe mandar amostras de dois vinhos das "arborizadas encostas que Baco adorava" (não fica claro a que distrito ele se refere): "São diferentes no sabor, mas igualmente bons, de igual qualidade, e aliviam tanto minha garganta que tento apreciá-los sozinho, sem compartilhar com os outros." "Uma mente alegre", ele prossegue, "é o que melhor preserva a vida e a saúde."[103]

No ano seguinte Galileu recebeu um magnífico presente do grão-duque Fernando: mais de uma centena de garrafas de vinho de muitas regiões diferentes, e ele menciona presentes de vinho do "cardeal" (que pode ter sido Francesco Barberini), do irmão mais novo do grão-duque e do duque de Ghisa. Caracteristicamente, ele tinha uma predileção especial pelo *siracusano*, o vinho da região em torno de Siracusa na Sicília. Esse vinho do sul não só era encorpado e forte, mas Galileu assumia ser o mesmo vinho que "meu mestre Arquimedes"[104] um dia apreciara – o grande filósofo e físico prático de fato viveu na colônia grega na Sicília.

Durante a primavera e o verão Galileu conseguiu mais uma vez achar forças para continuar seu livro. Suas condições de trabalho não eram inspiradoras. Não havia limitações sobre sua correspondência, apenas sobre suas visitas, mas o problema com os olhos que o vinha perturbando havia anos foi aos poucos piorando. Ele estava agora impressionantemente independente de fontes de literatura para completar seu novo trabalho. (Por incrível que pareça, a biblioteca de Galileu consistia em somente cerca de quarenta livros na época de sua morte. Sua adega de vinhos era muito mais suprida!) A obra era construída em grande medida sobre seu próprio trabalho de muitos anos, mas ele precisava ser capaz de ler as próprias anotações. Além disso, sentia a idade, as doenças e outras pressões, e tinha de admitir que, aqui e ali, era-lhe difícil acompanhar os raciocínios sutis que esboçara em seus dias de juventude.

Mas as notícias que lhe chegavam de fora também o encorajavam. O Santo Ofício não tinha autoridade na França do cardeal Richelieu. Um exemplar do *Diálogo* caíra nas mãos de um admirador austríaco de Galileu, que o traduziu para o latim, a *língua franca* dos cultos. O tradutor se assegurou de que o livro fosse impresso em Estrasburgo – com a ajuda de um editor holandês, o famoso Louis Elzevier de Leiden. Isto foi em 1635, e no ano seguinte Elzevier também publicou a *Carta a Cristina*, em sua versão original em italiano com uma tradução latina.

Elzevier nada tinha a temer por imprimir essa obra teologicamente controversa. Os holandeses tinham expulsado a Espanha e o catolicismo e brilhavam como um oásis de liberalismo na Europa, embora talvez existisse alguma intolerância entre calvinistas extremos.

Como Galileu predissera, o sistema copernicano fora perfeitamente aceito no norte da Europa, graças, e não pouco, ao seu *Diálogo*. Mas o julgamento da Inquisição não deixou de ter suas ramificações. Ele fez com que René Descartes, pró-Galileu e devoto católico que participara do exército do imperador no início da Guerra dos Trinta Anos, deixasse de lado sua obra acabada sobre a nova visão de mundo, mesmo vivendo na Holanda e não correndo perigo de qualquer ação direta.

Mais importante, porém, foi o entusiasmo que o *Diálogo* criou. O matemático holandês Martinus Hortensius tinha obtido um exemplar já no verão de 1634 e tornou-se um ardente copernicano. Numa aula inaugural naquele ano, Hortensius abordou a situação da matemática como ciência e a chamou de "uma rainha, reinando sobre o espírito e as ações do homem".[105] E não foi só como intérprete de Copérnico que Galileu influenciou os eruditos da Europa. Sua controvertida hipótese de que "a filosofia é escrita neste grandioso livro … na linguagem da matemática" também começou a fazer progresso, para grande embaraço dos acadêmicos aristotélicos.

Galileu conseguiu aprontar o suficiente de seu livro para começar a se preocupar com o problema seguinte: onde publicá-lo. O julgamento não dizia expressamente que ele devia se abster de publicar *qualquer coisa* para sempre; dizia respeito apenas à sua relação com Copérnico. O papa

Urbano VIII, todavia, não considerava o assunto encerrado. Quando o embaixador toscano perguntou, em nome de Galileu, se um prisioneiro velho e enfermo podia ter uma dispensa da prisão domiciliar para visitar um médico em Florença, a réplica foi que, a menos que essas petições cessassem, Galileu seria trazido de volta a Roma e jogado num cárcere da Inquisição! E quanto aos seus livros, o papa decretou que *nenhuma* obra de Galileu podia ser impressa, nem mesmo reimpressões de livros que haviam saído anos antes.

De início parecia que a República de Veneza podia ser sua salvação.

O corajoso Paolo Sarpi fora seguido por um herdeiro à altura, o padre Micanzio. Ele havia escrito a biografia de Sarpi e, com a morte deste, assumiu a posição de conselheiro teológico para o Senado de Veneza, posição que gerava muitos confrontos com Roma, pois Veneza permanecia pouco propensa a dobrar os joelhos aos ditames da Igreja em grandes e pequenas questões.

O destemido Micanzio conhecia Galileu desde os seus tempos de Pádua e era um franco simpatizante. Durante o caso escreveu numa carta:

> Que isto não perturbe Vossa Senhoria e não o distraia de ir adiante. O golpe foi dado: vós produzistes uma das mais singulares obras já impressas pelo gênio filosófico. Proibir sua circulação não diminuirá a glória do autor: ela será lida a despeito da malévola inveja, e Vossa Senhoria verá que será traduzida para outras línguas.[106]

Mas quando chegou a hora de fazer algo por Galileu, Micanzio superestimou demais a independência republicana de Veneza. Ao levantar a questão com o inquisidor local, descobriu que provavelmente até o Pai-Nosso teria o *imprimatur* negado se fosse Galileu a querer publicá-lo!

Com a ajuda do grão-duque, foram realizadas investigações sobre a possibilidade de publicação na região de língua alemã. Mas ali havia um detalhe que levou Galileu a abandonar a ideia: o padre Cristóvão Scheiner tinha retornado à Alemanha. A influência jesuíta era de fato grande, mas não universal, então não era certo que tipo de rebuliço Scheiner poderia ter começado. No entanto, era óbvio que Galileu estava tão assustado que não queria correr riscos.

Muita coisa aponta para o fato de que Galileu nunca absorveu *completamente* a tremenda mudança na atitude de Urbano VIII Barberini. Como consequência, jogava grande parte da culpa do que acontecera nos jesuítas. Vários de seus amigos compartilhavam essa opinião. Numa carta, Galileu repetia algo que em tese teria sido dito pelo matemático jesuíta Grienberger:

> Se Galileu tivesse sabido como conservar a afeição dos padres deste Colégio, teria vivido gloriosamente neste mundo e nada destes seus tempos ruins teria vindo a acontecer, e ele teria podido escrever como bem desejasse sobre tudo, até mesmo, digo eu, sobre o movimento da terra.[107]

Todavia, existe alguma dúvida de que esta fosse uma citação correta do habitualmente cauteloso e discreto Grienberger.

Enquanto seus amigos trabalhavam em possibilidades de publicação dentro da Europa, Galileu obteve uma surpreendente dispensa para viajar mais de cinquenta quilômetros da sua casa. O motivo provável para a afabilidade do Santo Ofício nessa ocasião particular era a razão da viagem: o embaixador francês para os Estados papais manifestara o desejo de se encontrar com o idoso matemático.

Tal pedido era difícil de recusar com bases puramente diplomáticas, sobretudo agora que a guerra no norte estava entrando numa nova fase que tornava ainda mais difíceis as proezas de equilíbrio de Urbano VIII. A Espanha derrotara os suecos e outras tropas protestantes no sul da Alemanha, restabelecendo assim um definido domínio católico. Mas isto levou a França a entrar diretamente na guerra contra a Espanha em 1635. Uma guerra a princípio religiosa, ou ao menos um conflito com fortes tons religiosos, transformara-se numa luta de poder entre os dois Estados católicos mais importantes.

O embaixador François de Noailles estudara com Galileu em Pádua, e ficou chocado com o tratamento que seu velho professor havia recebido.

Agora estava voltando a Paris para consultas sobre a turbulenta situação e passaria pela cidadezinha de Poggibonsi, ao sul de Florença. Galileu recebeu permissão de encontrar-se lá com ele.

A conversa com Noailles foi um grande estímulo para o isolado Galileu, e ambos naturalmente conversaram sobre as perspectivas de publicação do novo livro – a tradução do *Diálogo*, é claro, fora impressa em território francês. Mas é menos certo que Galileu tivesse levado consigo uma cópia de seu novo manuscrito como presente para o embaixador – como declarou mais tarde. O encontro, porém, lhe forneceu uma admirável explicação de como o manuscrito saiu do país – como bagagem diplomática!

A solução para o problema da publicação residia na Holanda. Louis Elzevier, editor de Leiden, visitou a Itália e, com ou sem permissão, também se encontrou com Galileu em sua casa. Na época o manuscrito ainda não estava completo. Elzevier levou parte dele consigo, e deveria receber o resto via Micanzio em Veneza.

Para leve frustração de Elzevier, Galileu parecia nunca terminar o livro. A razão era simples. O velho, com sua visão deficiente, percebeu que seria seu último livro, e queria incluir todos os seus pensamentos e ideias – inclusive reflexões novas que, mesmo agora na velhice, jamais cessavam de povoar sua mente.

Esse livro também era escrito em forma de diálogo. Aos poucos, Galileu aprontou quatro "dias", e tinha planos definidos para um quinto; ao mesmo tempo, enviou ao editor um "apêndice", que nada tinha a ver com o resto do livro.

Compreensivelmente, Elzevier foi ficando impaciente com este método de trabalho. Por fim – em 1637 –, anunciou que imprimiria "quatro dias" e o apêndice, e solicitou um prefácio e uma dedicatória.

Era uma situação bastante complexa. A firma de Elzevier estava em segurança, fora do alcance da Inquisição, mas Galileu não. Então ele veio com uma solução elegante, ainda que não totalmente honesta, para o problema. Como estava claro, não podia "presentear" o livro a qualquer potentado italiano leigo ou eclesiástico por meio de uma dedicatória. Então escolheu o embaixador de Noailles, bem consciente da sua poderosa posição na

França, onde tal dedicatória de fato seria encarada como uma honra. Ao mesmo tempo, isto dificultaria a interferência da Igreja. Era desaconselhável, no delicado momento atual da política externa, fazer algo que pudesse ofender um representante proeminente da França; sobretudo porque um ataque a Galileu seria visto inevitavelmente como apoio papal para o conservadorismo espanhol.

Mas a dedicatória também proporcionava a Galileu a chance de negar toda a responsabilidade pela impressão do livro. Conforme ele próprio descreveu, de Noailles levara uma cópia privada, escrita à mão, e de repente "fui notificado pelos Elzevier que tinham em mãos esse meu trabalho no prelo e que eu deveria decidir de maneira rápida por uma dedicatória".[108]

Como acabou acontecendo, a Igreja aceitou tacitamente essa ficção. Em 1638, o último livro de Galileu por fim saiu na Holanda. Era em italiano e foi publicado com o título *Discorsi e dimonstrazioni matematiche intorno à due nuove scienze* – "Discursos e demonstrações matemáticas em torno de duas novas ciências". Quando alguns exemplares gradualmente chegaram a Roma e ao resto da Itália, foram vendidos e lidos sem interferência da Igreja.

O título, na verdade, foi de Elzevier e não de Galileu, algo que ele lamentou consideravelmente, mas ninguém sabe qual foi o título que ele mesmo sugeriu. De certa maneira, fazia pouca diferença. Na época em que o livro chegou às suas mãos, ele já não era capaz de ler absolutamente nada.

O encontro com o infinito

O último livro de Galileu geralmente é citado pelo título simplificado *Duas novas ciências*. Dessa vez os três amigos, Salviati, Sagredo e Simplício, encontram-se depois de visitar o Arsenal, o famoso estaleiro de Veneza. Salviati fica impressionado com todo o conhecimento *prático* ali acumulado:

> A constante atividade que vocês venezianos exibem em seu famoso arsenal sugere à mente estudiosa um amplo campo de investigação, sobretudo naquela parte do trabalho que envolve mecânica; pois neste departamento todo tipo de instrumentos e máquinas são constantemente construídos por muitos artesãos, entre os quais deve haver alguém que, em parte por experiência herdada e em parte por suas próprias observações, tornou-se altamente perito e hábil em explicação.[109]

A primeira das "duas novas ciências" de Galileu é uma tentativa de tratamento técnico das características da matéria, com ênfase especial em fratura e deformação. O livro abre com uma discussão sobre como um navio grande é mais propenso a quebrar-se devido ao seu próprio peso do que um navio pequeno construído nas mesmas proporções.

Salviati afirma, bastante corretamente, que é possível levantar um pequeno obelisco sem dificuldade, ao passo que um obelisco grande de mesmas proporções é propenso a romper-se sob o próprio peso.[110] Isto leva a questões muito mais fundamentais: o que de fato mantém a matéria unida? Como ela é constituída?

É notável o quanto o papel de Simplício mudou desde sua aparição no *Diálogo*. Ele não é mais o aristotélico ingênuo e ligeiramente simplório que provoca comentários sarcásticos nos outros. Sua função agora é atuar como intermediário entre a física aristotélica e a física matematicamente orientada de Galileu. Sempre que introduz observações de Aristóteles, elas são recebidas com profundo respeito pelos seus interlocutores. Sagredo chega a citar uma "máxima infalível do Filósofo".[111] Isto está a mundos de distância das críticas cáusticas que o conservadorismo intelectual tacanho de Simplício solta no *Diálogo*, onde a influência de Aristóteles é encarada como a maior barreira ao progresso científico. Mas, em termos de literatura, esta mudança radical faz com que a tensão entre os personagens fique mais frouxa, tornando *Duas novas ciências* uma leitura muito menos envolvente.

O relato especulativo de Salviati sobre a constituição da matéria baseia-se na compreensão tradicional (compartilhada por Aristóteles) de que "a natureza abomina o vácuo".[112] Ele assume que todo material é composto de "átomos" – as menores e indivisíveis entidades de matéria – que são conservados unidos por minúsculos vácuos – *vacua* – que exercem o que se poderia chamar de "pressão negativa". Esta pressão mantém o material firme e intacto, mas deve haver uma grande quantidade de tais vácuos nos materiais mais rijos e menos quebráveis. Galileu está na verdade calculando aqui o peso da pressão atmosférica, sem se dar conta disso.

Mediante raciocínios geométricos bastante complexos os debatedores chegam a um ponto em que se veem quase forçados a se ajoelhar – perante o infinito. Simplício logo se mete e protesta contra a ideia de que uma linha finita tem um número infinito de pontos ao longo dela – pois uma linha comprida deve conter mais pontos do que uma curta, diz ele, mas não faz sentido dizer que um número infinito é maior que outro.

Salviati demonstra, de modo extremamente elegante, que os conceitos de "maior" e "menor" não podem ser aplicados ao infinito.[113] Ele pega números como exemplos. A quantidade de números comuns é obviamente infinita. Mas todo número tem um quadrado ($2^2 = 4$, $3^2 = 9$, $4^2 = 16$ etc.). Logo, o número de quadrados também é infinito – mesmo que a sequência seja claramente "menor", porque contém os números que ficam entre os quadrados.

Galileu – por intermédio de Salviati – não para aí, mesmo admitindo que nosso limitado intelecto humano possa não ser capaz de captar o infinito. E indica também que deve haver algum meio-termo entre o finito e o infinito, e que há grandezas que podem ser descritas usando quaisquer números que se queira. O número de pontos numa linha talvez seja um desses "meios-termos".

A esse respeito, Galileu estava bem perto de uma verdade que foi revelada totalmente pela primeira vez 250 anos depois: em 1874, Georg Cantor provou que havia *diversas* classes de infinito. Na verdade, os pontos numa linha pertencem à classe que *não pode* "ser organizada" numa progressão de números. Mas estas especulações mostram a força intelectual que ainda continuava viva no velho prisioneiro de Il Gioiello, e como ele tinha retido seu apetite por abordar os problemas mais fundamentais com raciocínio e lógica estrita.

A continuação de seu raciocínio, porém, é estranha e não fácil de entender. Salviati mostra que a distância entre os quadrados vai ficando cada vez maior quanto maior se tornam as raízes quadradas. Portanto, este não pode ser "o caminho para o infinito", ao contrário, ele se torna mais e mais distante à medida que os números crescem. E assim, o único número realmente infinito é 1![114] Ele contém todas as potências ($1^2 = 1$, $1^3 = 1$ etc.).

Galileu era um racionalista meticuloso, e qualquer tipo de misticismo lhe era estranho. Mas justo aqui é tentador pensar que sua matemática se deparou com a fronteira da metafísica. E atrás dela jaz o infinito, que pode ser resumido no número um. E quem é o Um que contém o Infinito? Quem pode ser que não o próprio Deus?

Os três continuam pressionando. Salviati discute o problema da velocidade da luz. A luz se propaga de forma instantânea, isto é, infinitamente depressa ou apenas extremamente rápido? Ele chega a sugerir um experimento para decidir a questão.[115] (O experimento não era preciso o bastante porque a velocidade da luz é muito grande. Mas num certo sentido Galileu contribuiu quando a velocidade da luz foi medida pela primeira vez, pelo astrônomo dinamarquês Ole Rømer, em 1676. A medição foi feita usando-se os satélites de Júpiter.)

Mas esse é o fim da incerteza e das afirmações vagas. O restante do primeiro dia é um verdadeiro triunfo científico por meio das leis do movimento, nas quais todos os experimentos de Galileu com a queda livre e o pêndulo estão presentes e sintetizados de modo exemplar. Simplício com seus contra-argumentos aristotélicos é posto em seu lugar de forma amigável e respeitosa. Especialmente magistral como peça de prosa científica é a longa seção em que Salviati argumenta uma proposição que parece bastante improvável para Simplício, a saber, que um novelo de lã e uma bola de chumbo cairão exatamente na mesma velocidade num vácuo total.[116]

Salviati fornece uma cuidadosa explicação da resistência do ar. E tenta também calcular o empuxo do ar, claramente com base em experimentos. A falta de instrumentos de medição acurados torna esta estimativa relativamente imprecisa. Salviati assume que a água é quatrocentas vezes mais pesada que o ar, quando o valor correto é aproximadamente 780 vezes. Com exceção disto, seu raciocínio é tão elegante e convincente que Simplício anuncia que, se estivesse em vias de começar seus estudos de novo, começaria lendo matemática!

O primeiro dia conclui com uma seção sobre pêndulos, na qual a lei vitalmente importante afirmando que o tempo de oscilação de um pêndulo é proporcional à raiz quadrada de seu comprimento é lançada quase como um adendo.[117] Muito mais espaço é dedicado a uma exegese bastante longa sobre teoria musical, que usa a experiência de pêndulos em cordas oscilantes.

Aqui Galileu está estendendo e lapidando o trabalho de seu pai, observações precisas sobre a relação do peso, comprimento e tensão das cordas – e o tom resultante. E também é trazido a uma conclusão com Salviati explicando que intervalos soam agradáveis ao ouvido e quais soam ásperos. A causa é puramente matemática:

> Os pulsos enviados pelos dois tons, no mesmo intervalo de tempo, serão comensuráveis em número, de modo a não manter o tímpano do ouvido em perpétuo tormento, curvando-se em duas direções diferentes para se submeter a impulsos sempre discordantes.[118]

Em poucas palavras: o número de vibrações (e portanto o tom) deve ter uma relação harmônica, por exemplo 2:3. Tudo é uma questão de proporção – mesmo a harmonia musical.

Neste ponto os três interrompem para um merecido descanso até o dia seguinte.

O segundo dia fornece uma descrição relativamente breve e técnica de como se calcula a força de ruptura de vários corpos. Salviati volta ao ponto inicial da conversa e demonstra em termos geométricos por que construções grandes são proporcionalmente mais vulneráveis que pequenas – e explica que é por isso que gigantes, muitas vezes maiores que gente comum, não podem existir. Se existissem, suas juntas pelo menos teriam de ser feitas de algum outro material![119] Todavia, mais uma vez Simplício apresenta objeções sólidas, sensatas: as baleias, diz ele, são monstruosamente grandes.[120] E assim Salviati tem a oportunidade de elucidar o efeito do empuxo, um tema recorrente no pensamento de Galileu ao longo de toda sua vida.

Mas é o terceiro dia o mais importante em *Duas novas ciências*. Durante esse dia, é apresentada toda a panóplia da outra nova ciência: a ciência do movimento, a cinemática. Galileu já não se preocupa em manter a ficção dos três interlocutores. O capítulo abre com uma breve dissertação em latim – em seu próprio nome. A introdução é como uma fanfarra triunfal para a obra de toda uma vida:

> Meu propósito é apresentar uma ciência muito nova que lida com um tema muito antigo. Não há, na natureza, talvez nada mais antigo que o movimento, com referência ao qual os livros escritos por filósofos não são nem poucos nem pequenos; não obstante, descobri por experimento algumas propriedades dele que são dignas de saber e que até agora não foram nem observadas nem demonstradas.[121]

Durante a conversa que se segue, Simplício e Sagredo começam a discutir as *razões* de os objetos se moverem. Salviati os interrompe de maneira polida mas firme, dizendo que há muitas causas: "a atração do centro" (a força da gravidade), a influência do meio onde estão se movendo, a força que atua entre os elementos básicos dentro do objeto.[122] Mas o método de Galileu, diz ele, é investigar e mostrar *como* o movimento ocorre, e não por quê.

Salviati está assim encapsulando algo que é extremamente crucial em Galileu. Seu modo de pensamento matemático fornece uma descrição do *que de fato acontece*, ao passo que a lógica aristotélica tradicional sempre se preocupou com especulações sobre causa e efeito, sem fundamentar-se numa descrição suficientemente rigorosa da realidade. Mesmo Simplício às vezes começa a compreender um pouco disso quando exalta a exatidão da matemática.

Este é o único lugar em *Duas novas ciências* onde o leitor desconfiado poderia captar um eco do debate em torno do sistema copernicano. Salviati fala sobre o que pode acontecer com alguém que apresenta prova irrefutável de que noções velhas e arraigadas são erradas:

> [Há] um forte desejo de manter velhos erros, em vez de aceitar verdades recém-descobertas. Este desejo às vezes os induz a unir-se contra essas verdades, embora intimamente acreditando nelas, apenas com o propósito de baixar a estima na qual certos outros são mantidos pela multidão não pensante.[123]

Sabiamente, Galileu não continua nessa linha. Mas sem dúvida acredita que esta descrição serviria muito bem para um Grassi, um Scheiner – e talvez até mesmo um Urbano VIII.

O quarto dia também aborda o movimento – mas dessa vez "forçado", não "natural" (como a queda livre). O ponto de partida é a aplicação tristemente prática tal como as investigações têm para a balística. Nesse capítulo voam balas de mosquete e de canhão. Por meio da elegante geometria de seções cônicas, Galileu (agora Salviati é mais uma vez um mero comentador) prova que, se a bala é disparada horizontalmente, sua trajetória é parabólica – contanto que se aceite sua afirmativa de que a linha de movimento curva da bala pode ser analisada como consistindo em dois movimentos inteiramente *independentes*. Um é o movimento uniforme no plano horizontal imposto pelo potência da arma, o outro é a queda livre que afeta todos os corpos.

Este lampejo de percepção é talvez tão importante quanto a lei da queda. Ele forma a base de todas as descrições práticas do movimento real.

Salviati promete que os três irão se encontrar de novo para conversar sobre impacto, ou seja, o breve contato entre corpos – no quinto dia da obra. Mas esta parte nunca foi escrita.

Depois disso, *Duas novas ciências*, e a produção científica de Galileu, terminam com o apêndice, que contém um artigo de cinquenta anos sobre o centro de gravidade nos corpos. O velho prisioneiro em Il Gioiello mergulha nos pensamentos do jovem de 23 anos que foi a Roma e discutiu com os jesuítas. E assim o trabalho da sua vida chega ao fim.

"Esse Universo... não é maior que o espaço que ocupo"

> ... ai, meu senhor, teu caro amigo e servo Galileu durante o mês passado ficou irreparavelmente cego. Agora imagine, Vossa Senhoria, o quanto estou aflito ao pensar sobre esse céu, esse mundo e esse Universo que eu, com as minhas maravilhosas observações e claras demonstrações, revelei centenas e milhares de vezes mais do que havia sido habitualmente visto pelos sábios de todos os séculos passados; agora para mim ele é reduzido e limitado de modo que não é maior que o espaço que ocupo.[124]

Galileu ditou essas palavras em 2 de janeiro de 1638.

Duas novas ciências foi um sucesso editorial. O livro despertou particular interesse na Alemanha e na França, e uma tradução francesa ficou pronta dentro de um ano. Mas cinquenta exemplares também chegaram a Roma, sem ninguém tentar impedir – na verdade, o próprio cardeal Francesco Barberini comprou o livro. Como fora impresso fora da jurisdição da Inquisição, e como patentemente não continha nenhum traço de copernicanismo, o livro foi deixado em paz e depressa esgotou.

Um exemplar acabou chegando a Arcetri e à Villa Il Gioiello. Mas quando Galileu teve o livro nas mãos, estava completamente cego.

Galileu seguiu trabalhando com intensidade, tanto enquanto sua visão aos poucos se apagava como ao ser envolvido pelas trevas totais. As proibições que circunscreviam sua liberdade de ação nunca foram oficialmente revogadas, mas aos poucos as coisas foram se tornando um pouco mais fáceis. Dois jovens alunos mudaram-se para lá; redigiam suas cartas e liam para ele em voz alta. Primeiro, o jovem Vincenzo Viviani, que mal completara dezesseis anos. Depois, nos últimos meses de Galileu, o mais velho, e posteriormente mais renomado, Evangelista Torricelli, que tomou nas mãos a tocha das ideias do velho mestre referentes à pressão atmosférica e construiu o primeiro barômetro.

Antes de perder a visão, Galileu conseguiu fazer uma última importante observação astronômica usando seu amado telescópio. Ele tinha estudado a Lua por mais de 25 anos. Nenhuma outra pessoa conhecia como ele cada detalhe de sua superfície. Agora ele percebeu que às vezes era possível ver pequenas áreas que em geral não faziam parte da área visível. Ele pôde determinar que esse corpo celeste exibia um mínimo movimento de "balanço" quando visto da Terra. Ele chamou o fenômeno de *libração* da Lua.

A carta que escreveu para padre Micanzio em Veneza sobre esta libração contém algumas sentenças dignas de nota. Galileu se pergunta se o fenômeno pode ter algum efeito sobre as marés. E, como se não bastasse, conclui:

> ... [as marés] que por consenso comum de todos, a lua é árbitro e superintendente.[125]

Nesta pequena cláusula jaz o solapamento de todo o quarto dia do *Diálogo*. Na quietude de seu isolamento, Galileu começara a duvidar de sua grande ideia, sua prova definitiva para a posteridade do sistema copernicano. Ele começara – contrariando seu instinto normal – a deslocar-se rumo ao "consenso comum de todos" [*comune consenso di tutti*].

É difícil conceber que isto tenha ocorrido por motivos religiosos, ou por respeito ao julgamento da Inquisição. Talvez o argumento de Kepler tenha enfim causado uma impressão sobre ele, ou talvez ele tenha simplesmente repassado mais uma vez seus primeiros raciocínios e visto sua fragilidade. Se assim foi, esta foi uma das suas maiores façanhas intelectuais: uma coisa é ver através dos débeis argumentos de outros, outra bem diferente é examinar cuidadosa e criticamente uma linha de raciocínio que formara uma base central no seu próprio ponto de vista sobre o mundo.

Outro velho projeto que lhe era muito querido ainda ocupou boa parte do tempo de Galileu: fixar a longitude explorando os satélites de Júpiter – a combinação característica de ciência afiada e sóbria aplicação prática.

O grande admirador de Galileu em Amsterdã, o matemático Hortensius, recebeu a incumbência de verificar a possibilidade de assegurar os direitos disso para a Holanda. Foi destemido ante as dificuldades práticas apresentadas pelas observações. Hortensius contatou Galileu e planejou uma viagem à Itália. Mas de repente este homem talentoso morreu, aos 34 anos apenas, em 1639. Isto pôs fim ao uso marítimo das estrelas mediceias de uma vez por todas.

O velho cego em Il Gioiello era um dos homens mais famosos da Europa, e, apesar do embargo de visitas, colegas e admiradores vinham em segredo prestar seus respeitos. Um deles foi John Milton. O grande poeta inglês, extremamente culto, tinha um profundo interesse em astronomia. Em sua principal obra, *Paraíso perdido*, a luta entre Deus, Satã e os anjos é localizada num Universo estruturado de maneira cuidadosa, embora em larga medida construído com princípios ptolomaicos, basicamente a partir de considerações poéticas. Milton (que também ficaria cego e isolado na velhice) usou as experiências de seu encontro com Galileu num contexto político doméstico. Ele foi um dos que apoiaram Cromwell e enfatizava a liberdade de pensamento que existia na Inglaterra, em oposição à intolerância católica que tão profundamente afetara Galileu.

Contudo, Galileu também recebeu discreta assistência e apoio da Igreja.[126]

O assim chamado movimento piarista era uma ordem de frades cultos e gentis. A ordem era bem representada na Toscana e desfrutava de especial boa vontade do grão-duque Fernando. Os piaristas dirigiam as chamadas *scuole pie* – "escolas pias" –, mas, em contraste com os poderosos e intelectualmente aristocráticos jesuítas, trabalhavam de forma discreta com as massas da população, dando educação elementar a crianças pobres em leitura, escrita e aritmética.

Em certos lugares – inclusive Florença – os piaristas também tinham começado a dar educação superior, de maneira muito modesta e discreta, para não aborrecer os jesuítas. O grão-duque teve tanto prazer nisso que autorizou um proeminente piarista a ensinar dois de seus irmãos mais novos. Também olhava de maneira favorável para o fato de, na prática, padre Clemente Settimi ter assumido o papel de secretário de Galileu. Foi a este infatigável Settimi que Galileu, aos 76 anos, ditou uma carta contendo seus pensamentos sobre o *cicloide*, a curva descrita por um ponto fixo num círculo que rola sobre uma reta.

Padre Clemente também funcionava como enfermeiro de Galileu. Era contra as regras da ordem passar a noite fora do claustro, mas o monge obteve permissão especial de Roma, de modo a poder ficar com Galileu quando necessário.

Não foi mero sentimento pio de humanidade que levou os piaristas em Florença a ajudar Galileu. Settimi e outros irmãos com instrução matemática eram na verdade copernicanos convictos. Mas a Inquisição havia simplesmente relaxado um pouco suas garras em relação a Galileu; ela decerto não adormecera. E assim os esforços de Clemente Settimi pelo velho chegaram a um fim abrupto quando um membro da ordem denunciou seus colegas matemáticos ao Santo Ofício:

> Todos os acima sustentam que não existe ciência mais verdadeira ou certa do que aquela que Galileu ensina com a ajuda da matemática; eles a chamam de nova filosofia e o modo verdadeiro de filosofar, e muitas vezes disseram ... que é o caminho verdadeiro de aprender a conhecer Deus ...[127]

Nem o papa nem o Santo Ofício podiam tolerar tais ideias se espalhando dentro da Igreja, não importava quão devota fosse a ordem piarista nas suas atividades do dia a dia. A ordem foi dissolvida em 1646.

A pessoa mais próxima a Galileu em seus últimos anos, além do seu jovem aluno Viviani, foi seu filho. Os choques que haviam azedado a relação nos tempos de juventude de Vincenzo tinham sumido. Ele se tornara um responsável homem de família, e foi a ele que Galileu confiou seu último projeto.

Era relativamente desnecessário usar os satélites de Júpiter para estabelecer a longitude. A única vantagem que eles tinham era que seus eclipses eram muitos e previsíveis – deveriam ser usados apenas para fixar o tempo de maneira acurada. A coisa toda podia ser feita de maneira muito mais simples se se pudesse construir um medidor de tempo mundano que fosse absolutamente confiável.

Galileu pode ter tido essa ideia antes, mas, em 1641, aos 77 anos, tentou soprar vida nela. Sessenta anos atrás ele havia descoberto que pequenos movimentos do pêndulo eram uma espécie de medida de tempo, mas não usara isto para nada exceto seu curioso *pulsilogium*. Agora sabia muito mais sobre as características do pêndulo, e percebeu que em teoria ele podia ser usado como coração de uma máquina para medir o tempo – um relógio perfeito. Mas não podia esboçar sozinho o princípio, muito menos construir um modelo que funcionasse.

Assim, convocou seu filho e explicou a ideia, uma ideia que poderia assegurar prosperidade futura para a família se pudesse ser concretizada. Mas Vincenzo não era um inovador e empreendedor como o pai. Deixou o projeto parado, e assim foi o holandês Christiaan Huygens quem acabou fazendo em 1656 o primeiro relógio de pêndulo funcional, em perfeita sintonia com a mudança da ciência e tecnologia para o norte da Europa.

No outono de 1641, Evangelista Torricelli, então com 33 anos, veio para Il Gioiello. Foi ele quem anotou um dos últimos pensamentos de Galileu.

O velho matemático do grão-duque finalmente voltara para Euclides, um companheiro pela sua longa vida e a própria fundação de suas tentativas de "ler" a natureza – "este grandioso livro ... que permanece continuamente aberto para o nosso olhar".

No quinto livro dos *Elementos* de Euclides são definidas as regras gerais de proporcionalidade, tanto das grandezas aritméticas (números) quanto das geométricas (áreas, corpos). Doente e acamado, incapaz de fazer uma anotação ou abrir um livro, Galileu ditou sua nova interpretação de certas passagens que sempre foram dadas a estudantes dos problemas de Euclides. Ele ainda se lembrava de seus velhos amigos Sagredo e Salviati, mortos havia mais de vinte anos, porque ditava em forma de diálogo.

Mas sua força não estava à altura. Na noite de quarta-feira, 8 de janeiro de 1642, pouco menos de um mês antes do seu 78º aniversário, Galileu morreu em sua cama. Com ele estavam Vincenzo, Torricelli e Viviani, que viria a escrever sua primeira biografia.

Nela, ele descreve a cena da morte:

> Com firmeza filosófica e cristã, ele [Galileu] entregou sua alma ao Criador, enviando-a para, até onde podemos crer, desfrutar e admirar mais de perto aquelas maravilhas eternas e imutáveis, que essa alma, por meio de fracos recursos, com tamanha avidez e impaciência, buscou trazer para perto dos olhos de nós mortais.[128]

Epílogo

O papa Urbano VIII também demonstrou firmeza ao ouvir a notícia da morte de Galileu, mas não foi do tipo filosófico ou cristão. A notícia chegou a Roma numa carta ao cardeal Francesco Barberini do núncio em Florença (que obviamente recebera a data errada):

> Galileu [Il Galileo] morreu na quinta-feira, dia 9, e no dia seguinte seu corpo foi colocado privadamente na Santa Croce [igreja de Santa Croce em Florença]. Corre o rumor de que o grão-duque deseja prover uma suntuosa tumba para ele, comparável e em frente à de Michelangelo Buonarroti, e ele tem em mente dar a modelagem da tumba para a Accademia della Crusca. Em vista do meu respeito por Vossa Eminência, julguei que deveria saber disto.[129]

O respeito do núncio pelo tio de Francesco, que era o real destinatário da informação sobre os rumores, era ainda mais elevado. E a opinião de Sua Santidade sobre Galileu não se modificara, como viria a descobrir o embaixador toscano numa audiência. Eis seu relatório para Florença acerca da sua conversa com Urbano VIII, um verdadeiro estudo na arte da diplomacia:

> … ele me disse que queria que eu compartilhasse com ele em confiança um particular, e apenas pelo simples propósito de conversa, e não realmente que eu me sentisse obrigado a escrever algo sobre o assunto; era que Sua Santidade ouvira dizer que o Sereníssimo Senhor [o grão-duque da Toscana] poderia ter planos para uma tumba erigida para ele na Santa Croce,

> e perguntou-me se eu sabia algo a respeito. Na verdade ouvi falar nisso já por muitos dias, não obstante respondi que nada sabia a respeito. A resposta de Sua Santidade foi que ele ouvira alguma notícia, mas não sabia ainda se era verdadeira ou falsa; em todo caso ele mesmo assim queria me dizer que não seria de forma alguma um bom exemplo para o mundo que Sua Alteza fizesse tal coisa, uma vez que ele [Galileu] aqui esteve diante do Santo Ofício devido a uma opinião muito falsa e errônea, com a qual impressionou muitos outros por aqui, e provocou tamanho escândalo universal com uma doutrina que estava condenada.[130]

O grão-duque Fernando, como de costume, tendia a evitar situações desagradáveis, e o corpo de Galileu foi posto para repousar numa modesta capela lateral, sem inscrição.

Corrigir isto e erguer um monumento digno para seu mestre tornou-se o trabalho de vida de Vincenzo Viviani. Como, em curto prazo, obviamente não chegaria a lugar nenhum com uma tumba física de mármore, ele decidiu preservar a memória de Galileu em dois outros projetos. Um deles era uma edição das obras reunidas (reconhecidamente sem o *Diálogo*). Essa edição estava pronta em 1656. O segundo projeto, e mais importante, era sua biografia, iniciada mais ou menos na mesma época, mas não impressa antes da sua morte.

Sendo incapaz de colocar Galileu no lugar certo no sentido físico – ao contrário de Michelangelo –, Viviani conseguiu fazê-lo de maneira intelectual, ou melhor, espiritual. Apenas mudou a data de nascimento de Galileu três dias para diante, de 15 para 18 de fevereiro de 1564. Foi nesse dia que Michelangelo morreu!

Assim Galileu foi inserido na linhagem dos grandes toscanos a partir de Dante. Na época também era popular compará-lo com Colombo. Mas em Florença um filho da cidade era naturalmente mais apropriado do que o genovês Colombo, então Viviani traçou o paralelo com Américo Vespúcio, o homem que quase por acaso veio a dar seu nome à América:

> ... a fama imortal desse outro florentino Amerigo, que não só descobriu um pedaço de terra, mas inúmeros mundos e novas luzes no céu.[131]

Mas aqueles do outro lado da disputa também tinham sua imagem de Galileu.

Durante o século XVII, vários jesuítas publicaram resenhas históricas sobre o desenvolvimento da matemática e ciências correlacionadas. Para eles era muito difícil evitar um homem que fora talvez o maior e sem dúvida o mais famoso cientista da primeira parte do seu próprio século. Resolveram o problema de Galileu fazendo uma distinção entre suas conquistas científicas de um lado e sua defesa de Copérnico de outro. Como cientista, ele podia ser elogiado, mais ou menos criticamente; como copernicano, tinha de ser inevitavelmente condenado.

Urbano VIII deparou-se com muitos outros problemas durante seu longo pontificado, e nem sempre conseguiu impor sua solução. Seu revés mais doloroso veio quando tentou – em nome dos Barberini – tomar o pequeno ducado de Castro de seus arquirrivais, a família Farnese. Ele não hesitou em excomungar o duque como parte de sua política de poder. Mas os outros estados italianos intervieram, e Urbano teve de aceitar o status quo anterior.

O papa Urbano morreu em 1644. *Seu* monumento foi projetado por Bernini e colocado na Basílica de São Pedro na posição mais central possível, bem ao lado da "cadeira de São Pedro". Como era o costume, o próprio Urbano planejara o monumento. Ele queria enfatizar seu passado florentino, então foi fornecido a Bernini um padrão artístico – os monumentos de Michelangelo para os Médici de Florença. O túmulo de Urbano VIII foi decorado com duas estátuas alegóricas, Caridade e Justiça.

Vincenzo Viviani foi para o túmulo aos 81 anos, em 1703, sem ter erigido um monumento. Na verdade, ele foi para o túmulo de *Galileu*, porque, a seu próprio pedido, foi posto para repousar na mesma cripta que seu velho mestre. Seu testamento tinha uma cláusula que impunha aos seus beneficiários trabalhar pelo bem do monumento.

A vida de Galileu esteve ligada de perto à família Médici, mas o triste legado desta apenas realçou sua reputação. O último grão-duque, João Gastão, lentamente comeu e bebeu até morrer. Não teve herdeiros, e as grandes potências da Europa nomearam como seu sucessor o duque de Habsburgo de Lorena, sem consultar João Gastão ou qualquer outro toscano. Isto na prática deixou a Toscana como mero apêndice do Império Austríaco por volta de 1730.

Então uma onda de nacionalismo varreu o negligenciado e empobrecido grão-ducado. Com tristeza, muitos comparavam a atual situação funesta com os tempos em que Florença e a Toscana eram um foco cultural e econômico na Europa. Foi um levante nacional totalmente impotente, limitado a símbolos. Colocar a tumba de Galileu em frente à de Michelangelo era um gesto simbólico que valia a pena: aí todo visitante da Santa Croce passaria, logo ao entrar, entre esses dois representantes máximos da arte e ciência toscanas.

Mais de um século se passara desde o julgamento. O papa Clemente XII Corsini, ele próprio um florentino, não teve dúvidas acerca de uma circunspecta reabilitação de Galileu para irradiar um pouco da necessária glória sobre sua cidade natal. Também na esfera artística as coisas decididamente estavam em declínio em Florença, mas o escultor Foggini, que recebeu a incumbência, era um competente mestre barroco tardio. Galileu é retratado numa atitude heroica contemplando o céu, telescópio na mão. Duas figuras alegóricas femininas igualmente adornam sua tumba; são a Astronomia e a Geometria.

O epitáfio de Galileu foi escrito em latim, a única língua formal o suficiente para tal ocasião, mas talvez tenha sido um pouco paradoxal para um homem que de forma consciente escrevera seus principais trabalhos na sua língua-mãe. Galileu foi descrito como "o restituidor da geometria, astronomia e filosofia, sem paralelo na sua época".

Em 1737, no dia 12 de março – a mesma data em que Michelangelo foi enterrado na Santa Croce –, os restos mortais de Galileu foram transferidos para uma urna no novo monumento.

Finalmente Florença restaurava a honra de seu filho. O fato de ser florentino fica claro pelo sufixo do seu nome no epitáfio: "Patric.flor" – cidadão notável de Florença.

Levou mais tempo no resto da Itália. Em 1820, um professor na Universidade de Roma quis publicar um livro-texto explicando o sistema copernicano sem tratá-lo como hipotético – uma visão que nessa época claramente se tornara universal nos círculos profissionais. Mas um funcionário clerical zeloso recusou-se a sancionar a publicação, citando o decreto de 1616. Isto levou a uma situação extremamente bizarra, pois o Santo Ofício precisou se meter e assegurar que o livro fosse publicado, ameaçando represálias *contra* as forças que levantavam obstáculos à publicação de um texto atual!

Isto significava que haviam desaparecido as bases formais para o banimento de *De revolutionibus orbium coelestium* de Copérnico e do *Diálogo* de Galileu. Quando enfim saiu uma nova edição do *Index librorum prohibitorum* em 1835, ambos os títulos haviam sido discretamente apagados da lista.

Galileu tornou-se um símbolo importante para as forças que atuaram no sentido da unificação de uma Itália fragmentada durante o século XIX. Isto inspirou Antonio Favaro a publicar uma edição científica de suas obras reunidas em vinte maciços volumes, de 1890 a 1909. A importância que foi atribuída a Galileu pode ser vista pelo título de série dos volumes: *Edizione Nationale* – "Edição nacional".

No decorrer do século XIX os arquivos do Vaticano foram em certa medida abertos para pesquisadores que quisessem estudar Galileu. (Os arquivos do Santo Ofício permanecem fechados até hoje, embora certos documentos tenham sido tornados públicos após requisição especial.) Isto levou a uma onda de autocríticas eclesiásticas, mas foi uma onda que ganhou impulso muito lentamente. Ainda na época do Concílio Vaticano II na década de 1960 – uma tentativa radical de repensar a relação entre a Igreja e mundo moderno –, o caso Galileu só foi mencionado em termos muito vagos.

Foi o próprio conterrâneo de Copérnico, o papa polonês João Paulo II, quem de fato encarou de frente o problema Galileu em todas as suas ramificações. Ele admitiu os erros da Igreja em diversas ocasiões, por exemplo, durante o discurso feito na Universidade de Pádua em 1992, onde foi convidado para o 400º aniversário da nomeação de Galileu como professor nessa instituição.

No meio da cidade velha de Florença, a apenas alguns passos do edifício Ufizzi de Cosme I, fica o Palazzo Castellani, que nos dias de hoje contém o Museu de História da Ciência – *Museo de Storia della Scienza*. Assim como na Galeria Ufizzi, grandes partes de sua coleção vieram originalmente das coleções particulares dos Médici.

Galileu é a grande atração do museu. As coleções e a biblioteca podem ser consideradas a Meca da pesquisa moderna sobre Galileu. Mas entre os artefatos da coleção que pertenceram a Galileu, ou podem ser associados a ele, há um objeto bastante peculiar.

Trata-se de um recipiente de vidro em forma de ovo, decorado com uma faixa de metal dourado. O recipiente está sobre um alto pedestal cilíndrico de mármore e, ao se chegar perto o suficiente do pedestal, pode-se ver uma longa inscrição ao redor deste. O objeto todo tem cerca de cinquenta centímetros de altura.

Mas o foco principal de atenção é claramente uma coisa branco-acinzentada, alongada e um pouco curva, dentro do ovo de vidro.

A contribuição duradoura de Galileu para a ciência baseia-se primeira e principalmente em sua descrição do movimento uniformemente acelerado (queda livre), e nas primeiras investigações dos céus com auxílio técnico. Em ambos os campos ele produziu um trabalho que o torna uma figura-chave na história da ciência. Também importante é talvez a sua *abordagem* da ciência natural, com ênfase no experimento, na observação e no processamento matemático, em vez de na tradição e no raciocínio abstrato.

O paradoxo é que, apesar de ser *lembrado* mais do que talvez qualquer outro cientista através dos tempos, isto se dá por causa da batalha sobre o sistema copernicano. No entanto, apesar de todo o radical avanço da sua descoberta dos satélites de Júpiter, com relação a essa revolucionária visão do Universo ele não passa de uma nota de rodapé entre Kepler e Newton em termos históricos.

O dramático caso judicial com suas linhas de batalha claramente desenhadas o transformou numa figura simbólica perfeita. Junto com seu papel como experimentador – graficamente trazido à vida na história de Viviani sobre largar bolas da torre inclinada de Pisa –, o caso fez Galileu parecer uma figura paterna da ciência moderna, uma ciência que desafia a estupidez e o preconceito em sua busca pura do conhecimento. É assim que ele é descrito num livro-texto de física do sexto ano colegial na Noruega da década de 1960:

> Sua importância para a ciência dificilmente pode ser superestimada, e deve ser considerado um dos seus maiores homens. Ele fez do experimento a coisa vital ...[132]

Na Itália isto proporcionou a Galileu o status de uma espécie de santo secular, um símbolo da liberdade intelectual e rebelião contra autoridades religiosas e mentalidades estreitas. Pelo menos um historiador italiano caiu num completo ostracismo por ter questionado a atitude radical em relação ao martírio do grande homem. E o sentimento não se limita à Itália. Em 1959, Arthur Koestler escreveu *The Sleepwalkers* [Os sonâmbulos], onde a vida e o destino de Galileu desempenham um papel absolutamente central como o próprio "divisor de águas" onde religião e ciência tristemente partiram para caminhos separados. Ele atribui uma boa dose do fracasso ao temperamento difícil de Galileu. O livro despertou reações violentas e relativamente não acadêmicas por parte dos dois maiores pesquisadores de Galileu:

> [O tratamento de] Galileu é apenas desonesto do começo ao fim. ... Koestler alinhavou toda acusação desacreditada, antiga e moderna, que já foi feita contra ele ... [e] acrescentou algumas distorções deliberadas por conta própria.[133]

As conquistas corajosas e obstinadas de Galileu na disseminação de novas verdades não podem ser postas em dúvida. E também não é diminuí-lo em nada dizer que seus motivos eram diversificados, como todos os motivos humanos, e que sua intensa teimosia podia se transformar em outra característica humana, julgar-se dono da verdade. Mas a história da sua reputação também mostra que mesmo pessoas que se distanciam da religião com base no racionalismo, ou ao menos a censuram por interferir em áreas da vida que não são da sua conta, também têm necessidade de santos e mártires.

Para esses devotos Galileu está acima de qualquer alusão de crítica, ele se tornou um ícone, um personagem que não deve ser maculado. Somos obrigados a chamar essa admiração de adulação. O objeto estranho no Museu da História da Ciência em Florença enfatiza isto. Pois se trata de uma relíquia terrena – uma antirrelíquia, se preferirem, num país cujas inúmeras igrejas estão repletas de objetos sagrados.

É o dedo indicador direito de Galileu, o dedo que um dia segurou sua pena e firmava seu telescópio quando ele o virava para o céu.

Posfácio

A LITERATURA SOBRE GALILEU é enorme e cresce rapidamente. E é também bastante diversificada: Volker R. Remmert lista *onze* linhas diferentes na moderna pesquisa sobre Galileu. Embora meu livro se baseie em muitas fontes, eu não queria, nem podia, fazer justiça a essa pletora de interpretações. Em vez disso, tentei traçar uma imagem clara e completa de Galileu, seu ambiente e destino. Isto, é claro, envolveu uma quantidade de escolhas ao longo do caminho.

As seguintes tiveram forte influência como pano de fundo do meu trabalho:

O magistral, vívido e até ligeiramente malévolo retrato de Galileu feito por Arthur Koestler em *The Sleepwalkers*. Meio ciência, meio romance, ele necessita de um bocado de ampliação e correção, particularmente à luz de toda a nova pesquisa feita nos anos – mais de quarenta – desde que Koestler escreveu o livro. Isto à parte, é o relato que melhor estimula o apetite pelo *homem* Galileu e o papel que sua personalidade desempenhou em seu próprio destino e no destino de sua obra.

No que se refere à contribuição científica de Galileu, segui amplamente as elegantes reconstituições de Stillman Drake, que coloca suas principais descobertas na teoria do movimento no período em Pádua. Drake é um irreprimível admirador e defensor de Galileu, mas, até onde um leigo pode julgar, sua supervalorização de Galileu como físico experimental é solidamente apoiada pela pesquisa moderna.

Nos últimos vinte anos surgiram dois livros que fornecem uma interpretação totalmente nova da carreira e do destino de Galileu. *Galileo, Courtier* [Galileu, homem da corte], de Mario Biagioli, lida com a relação que Galileu e a ciência de sua época tinham com a complicada estrutura social em torno da Igreja, universidades e nobreza – o que poderíamos chamar de cultura de patronado. Biagioli tem tido influência sobre quase tudo escrito sobre Galileu nos últimos anos. Também no meu trabalho há muitos vestígios dele.

Galileu herético, de Pietro Redondi, reinterpreta o caso inteiro, na verdade até mesmo o curso dos acontecimentos a partir dos primeiros tempos na década de 1620, de forma sensacionalmente novelesca. Ele acredita que foi o atomismo de Galileu conforme formulado – quase de passagem – em *O ensaiador* a causa real de sua ruína, porque ameaçava violar a doutrina da transubstanciação. (O livro de Grassi de 1626, p.160, nesse caso assumiria um significado inteiramente diferente.) Nessas circunstâncias, o caso judicial de 1633 pareceria algum tipo de manobra para salvar Galileu de uma acusação mais perigosa e condenação certa como herege. Se Redondi estiver correto, a história da renúncia de Galileu e sua inteira relação com a Igreja precisa ser reescrita. Contudo, Redondi encontrou pouco respaldo entre historiadores da ciência profissionais, e optei por não basear meu trabalho na sua interpretação.

Meu relato da relação de Galileu com a Igreja apoia-se em muitas fontes, mas acima de tudo em *Galileu – pelo copernicanismo e pela Igreja*, de Annibale Fantoli. Esta lúcida e equilibrada exposição é parte da nova série de estudos sobre Galileu (*Studi Galileiani*) do Vaticano, e precisa é claro ser lida como tal. Mas o livro sóbrio e bem-documentado de Fantoli provê um resumo daquilo que agora sabemos ter ocorrido no palco e nos bastidores da longa e triste história do tratamento dado a Galileu pela Igreja católica.

O mais controvertido ponto de todo o "caso Galileu" é de longe o memorando do cardeal Segizzi, aquele que contém as famosas palavras *Nec quovis modo teneat, doceat aut defendat*. Até bem pouco tempo era habitual assumir que o documento era uma falsificação, produzida em 1632, talvez diretamente por ordem de Urbano VIII, para assegurar que Galileu fosse considerado culpado. No entanto, parece haver pouca dúvida de que o documento é genuíno (ver Fantoli, p.219-22 do original). Os detalhes do que de fato aconteceu no encontro com Belarmino e Segizzi em 26 de fevereiro de 1616, que resultou em dois memorandos diferentes, é incerto. Meu relato segue Fantoli.

O uso das palavras "ciência" e "cientista" no meu livro pode muito bem ser anacrônico. Os termos deveriam ser "filosofia natural" e "filósofo". Mas como agora encaramos grande parte do trabalho de Galileu como pioneiro na área de experimentação cognitiva humana que chamamos de *ciência*, considerei que isso facilitaria a leitura.

Galileu e seus contemporâneos usavam eles próprios o termo "Itália". De modo geral, porém tentei evitar a palavra e usar em seu lugar "continente italiano", "os estados italianos" etc., para evitar associações com o atual Estado nacional italiano. O motivo disso é que a antiga divisão da Itália em estados e principados menores desempenha um papel vital na compreensão da época, e da sorte de Galileu.

O grande encontro eclesiástico que detonou o início da Contrarreforma muitas vezes foi chamado de Concílio Tridentino. Todavia, *Trento* é o nome moderno da cidade onde o encontro ocorreu, portanto optei por usar "Concílio de Trento", de acordo com o uso histórico moderno, até onde sei.

Em geral permiti-me usar o termo antiquado "gravidade específica" em vez de "densidade", ou mesmo "massa específica", simplesmente porque acredito que seja mais conhecido.

As citações da Bíblia no original são da versão do rei Jaime.

Meus agradecimentos pelo auxílio com este livro vão primeira e principalmente para meus editores, os incansáveis Hans Petter Bakketeig e Arne Sundland, na Gyldendal Dokumentar, e em seguida a todo mundo com quem tive conversas e discussões. Obrigado também à equipe da Biblioteca de Fredrikstad que me assistiu com muitos pedidos de livros especiais, à prestativa equipe do Center för Vetenskapshistoria em Estocolmo e a Daniela Pozzi do Istituto e Museo di Storia della Scienza em Florença. Quaisquer mal-entendidos ou interpretações equivocadas neste livro não se devem a essas gentis pessoas que me ajudaram, mas total e completamente a mim.

Apêndice

Papas

Pio IV (Giovanni de Médici, 1559-65)
Pio V (Antonio Ghislieri, 1566-72)
Gregório XIII (Ugo Boncompagni, 1572-85)
Sisto V (Felice Peretti, 1585-90)
Urbano VII (Giambattista Castagna, 1590)
Gregório XIV (Niccolò Sfondrati, 1590-91)
Inocêncio IX (Giovanni Fachinetti, 1591)
Clemente VIII (Ippolito Aldobrandini, 1592-1605)
Leão XI (Alessandro de Médici, 1605)
Paulo V (Camillo Borghese, 1605-21)
Gregório XV (Alessandro Ludovisi, 1621-23)
Urbano VIII (Maffeo Barberini, 1623-44)
...
Clemente XII (Lorenzo Corsini, 1730-40)
...
João Paulo II (Karol Wojtyła, 1978-2005)
Bento XVI (Joseph Ratzinger, 2005-13)
Francisco (Jorge Bergoglio, 2013-)

Papas mencionados no texto estão em itálico.

Grão-duques da Toscana

Cosme I (1537-74)
Francisco (1574-87)
Fernando I (1587-1609)
Cosme II (1609-20)
Fernando II (1620-70)
Cosme III (1670-1723)
João Gastão (1723-37)

Notas

Referências compreendendo um numeral romano seguido por um número de página são de *Le opere di Galileo Galilei* (o numeral romano indica o volume). Em uma boa quantidade de casos julguei conveniente dar duas referências para citações diretas: primeiro para uma fonte inglesa ou alemã e depois para *Le opere*. Em tais casos SN refere-se à edição de *Sidereus nuncius* de Albert von Helden. D representa a edição de Stillman Drake do *Diálogo*. TNS é a edição de Crew/De Salvio dos *Discorsi e dimonstrazioni matematiche, intorno à due nuove scienze*.

Algumas citações foram tiradas da edição crítica de Von Gebler e não comparadas com *Le opere*.

Todas as traduções não creditadas de outra maneira são minhas (e do tradutor para o inglês). Ao traduzir do italiano para o norueguês (e um par de vezes cautelosamente do latim para o norueguês), busquei apoio em traduções inglesas e alemãs. As traduções para a língua inglesa nem sempre foram acessíveis ao tradutor, e ele, portanto, ocasionalmente baseou sua tradução na minha.

1. Galileu (Roma, 1623): *O ensaiador*. Em S. Drake e C.D. O'Malley: *The Controversy of the Comets of 1618*. Filadélfia: University of Pennsylvania Press, 1960, p.189; *Il Saggiatore*. Milão: Feltrinelli, 1992, p.48.
2. IX, 213-23.
3. Aqui citado de Ginzberg, ix.
4. Ricci, 542-3.
5. Ricci, 545 e segs.
6. Yates, 208.
7. X, 56-7.
8. Hamel (em Von Meÿenn I), 136.
9. Ver dois panfletos de Favaro sobre o tema. É claro que isto não se referia a Gustavo Adolfo, *alegação que às vezes é feita*.
10. Bassani/Bellini, 130.
11. XIX, 218.
12. XIX, 219.
13. XIX, 220.
14. X, 143-54.
15. II, 519.
16. Galileu Galilei: *Il Saggiatore*, 1623. Milão: Feltrinelli, 1965, p.38; trad. Drake em *The Controversy of the Comets of 1618*, op.cit., p.183-4.
17. Bassani/Bellini, 233.

18. Wootton, 128.
19. SN, 30-1; III, 56.
20. SN, 93; X, 343.
21. Fantoli (trad. Coyne), 116; X, 353.
22. Ver Bellinato.
23. SN 109n; X, 442.
24. Fantoli (trad. Coyne), 121; X, 484 e 485.
25. Fantoli (trad. Coyne), 121-2; X, 499.
26. XI, 119. (Também citado de maneira ligeiramente imprecisa por Koestler, 432.)
27. Fantoli (trad. Coyne), 124-5; III, Parte I, 290.
28. Biagioli, 64; XI, 176.
29. XI, 241-2.
30. V, 281.
31. XII, 130.
32. Apêndice I de Blackwell, *Galileo, Bellarmine and the Bible*, p.183.
33. Fantoli, 184; XII, 172.
34. Fantoli (trad. Santillana), 213; XII, 207.
35. Fantoli (trad. Santillana), 215; XIX, 320.
36. Maurice A. Finocchiaro (org. e trad.): *The Galileo Affair.* Berkeley: University of California Press, 1989, p.146.
37. Fantoli (trad. Coyne), 216; XIX, 321.
38. Redondi, 7.
39. Fantoli, 219-20; XIX, 321-2.
40. Fantoli (trad. Santillana), 223; XIX, 3.
41. Fantoli, 228; XIX, 348.
42. Fantoli (trad. Santillana), 225; XIX, 242.
43. Campanella, 14.
44. Campanella, 19.
45. Fantoli (trad. Santillana), 272-3; XII, 390-1.
46. XI, 529.
47. Camporesi, 64.
48. XII, 494.
49. Fantoli (trad. Santillana), 282; VI, 145-6.
50. Fantoli (trad. Coyne), 286; XIII, 119.
51. Fantoli (trad. Coyne), 287; XIII, 130-1.
52. Fantoli (trad. Coyne), 294; VI, 366.
53. Fantoli (trad. Coyne), 289; VI, 221.
54. VI, 226.
55. Drake, *Discoveries*, 278; VI, 352.
56. Fantoli (trad. Coyne), 295; XIII, 146-7.
57. VI, 279-81.
58. Fantoli (trad. Coyne), 319; XIII, 135.

59. Biagioli, 315n.
60. D, 5; VII, 29.
61. D, 69; VII, 94.
62. Em *Lezioni americani*. Citado aqui de Frova e Marenzana, 45-6.
63. D, 93; VII, 118.
64. D, 103; VII, 128.
65. D, 256; VII, 281.
66. D, 341; VII, 368.
67. D, 345; VII, 372.
68. D, 345; VII, 372.
69. D, 357; VII, 384.
70. D, 358; VII, 385.
71. D, 359; VII, 386.
72. D, 367; VII, 394.
73. D, 463; VII, 487-8.
74. D, 464; VII, 488.
75. Fantoli (trad. Coyne), 392; XIV, 367.
76. Fantoli (trad. Coyne), 391; XIV, 360.
77. Biagioli, 337.
78. Fantoli (trad. Santillana), 395; XIV, 370.
79. Fantoli (trad. Finocchiaro), 396; XIV, 372.
80. Fantoli (trad. Santillana), 460; XIV, 373.
81. Fantoli, 399 e segs.; XIV, 383 e segs.
82. Fantoli (trad. Finocchiaro), 400; XIV, 384.
83. Fantoli (trad. Finocchiaro), 401; XIV, 384.
84. Fantoli (trad. Finocchiaro), 403; XIV, 392.
85. Fantoli (trad. Santillana), 220; XIX, 321-2.
86. Fantoli (trad. Coyne), 405-6; XIV, 407.
87. Fantoli (trad. Coyne), 406; XIV, 410.
88. Fantoli (trad. Coyne), 410; XIX, 333.
89. Fantoli (trad. Coyne), 410; XIX, 281 e 335.
90. Fantoli (trad. Finocchiaro), 416; XV, 56.
91. Fantoli (trad. Finocchiaro), 416; XV, 56.
92. Fantoli (trad. Coyne), 417; XV, 62.
93. Fantoli (trad. Coyne), 420; XV, 85.
94. Fantoli (trad. Santillana), 423; XIX, 339-40.
95. Von Gebler, 353.
96. Fantoli (trad. Santillana), 432; XIX, 344.
97. Fantoli (trad. Santillana), 440; XIX, 283.
98. Fantoli (trad. Santillana), 443; XIX, 361-2.
99. Fantoli (trad. Coyne), 443; XIX, 362.
100. Fantoli (trad. Santillana), 445-6; XIX, 406-7.

101. Von Gebler, 373.
102. Bonelli e Shea, 50.
103. Camporesi, 53.
104. Camporesi, 55.
105. Remmert, 155.
106. Fantoli (trad. Coyne), 460; XIV, 372.
107. Fantoli (trad. Coyne), 454; XVI, 116-7.
108. TNS, xviii; VIII, 43.
109. TNS, 1; VIII, 49.
110. TNS, 5; VIII, 53.
111. TNS, 12.
112. TNS, 11; VIII, 59 e segs.
113. TNS, 31 e segs.; VIII, 77 e segs.
114. TNS, 38; VIII, 83.
115. TNS, 42 e segs.; VIII, 87 e segs.
116. TNS, 60 e segs.; VIII, 104 e segs.
117. TNS, 107-8; VIII, 149-0.
118. TNS, 104; VIII, 147.
119. TNS, 130-1; VIII, 169.
120. TNS, 131-2; VIII, 170.
121. TNS, 153; VIII, 190.
122. TNS, 166-7; VIII, 202.
123. TNS, 169; VIII, 204.
124. Fantoli (trad. Coyne), 512; XVII, 247.
125. Fantoli (trad. Coyne), 370; XVII, 215.
126. Remmert, 129-30.
127. Remmert, 130.
128. Fantoli (trad. Coyne), 490; XIX, 623.
129. Fantoli (trad. Coyne), 490; XVIII, 378.
130. Fantoli (trad. Coyne), 491-2; XVIII, 378-9.
131. Remmert, 25; XIX, 62.
132. Isaachsen, 15n.
133. Santillana e Drake, 258.

Referências bibliográficas

Literatura

Bassani, Riccardo e Fiora Bellini. *Caravaggio assassino*. Roma: Donzelli, 1994.

Bedini, Silvio A. "The instruments of Galileo Galilei", in McMullin, Ernan (org.). *Galileo, Man of Science*, p.256-92.

Bellinati, Claudio. "Galileo Galilei e lo Studio di Padova", in *L'Osservatore Romano*, 2-3 set. 1991.

Biagioli, Mario. *Galileo, Courtier. The Practice of Science in the Culture of Absolutism*. Chicago/Londres: University of Chicago Press, 1993.

Bialas, Volker. "Johannes Kepler", in Meÿenn, Karl von. *Die großen Physiker I*, p.157-69.

Blackwell, R.J. *Galileo, Bellarmine and the Bible*. Notre Dame: University of Notre Dame Press, 1991.

Bonelli, Maria Luisa Righini e William R. Shea. *Galileo's Florentine Residences*. Florença: Istituto e Museo di Storia della Scienza [ano desconhecido].

Campanella, Tommaso. *Apologia di Galileo*. Publicado por e com prefácio de Luigi Firpo. Turim: Unione Tipografico – Editrice Torinese, 1968.

Caporesi, Piero. *The Magic Harvest. Food, Folklore and Society.* Traduzido do italiano para o inglês por Joan Krakover Hall. Cambridge: Polity Press, 1998.

Castella, Gaston. *Papsgeschichte*. Tomos I-III. Edição atualizada e ampliada. Frechen: Komet MA – Service und Verlagsgesellschaft [ano desconhecido].

Christianson, John Robert. *On Tycho's Island. Tycho Brahe and his Assistants 1570-1601*. Cambridge: Cambridge University Press, 2000.

Cipolla, Carlo M. *Faith, Reason and the Plague. A Tuscan Story of the Seventeenth Century.* Traduzido do italiano para o inglês por Muriel Kittel. Brighton: The Harvester Press, 1979.

Dante Alighieri. *Helvetet*. Traduzido para o norueguês por Magnus Ulleland. Oslo: Gyldendal, 1993.

Davies, P.C.W. e Julian Brown (orgs.). *Superstrings – A Theory of Everything?*. Cambridge/Nova York/Melbourne: Cambridge University Press, 1988.

Drake, Stillman. *Dialogue Concerning the Two Chief World Systems*. Berkeley: University of California Press, 1967.

______. *Galileo Galilei et al., The Controversy of the Comets of 1618*. Filadélfia, PA: University of Pennsylvania Press, 1960.

______. *Galileo: Pioneer Scientist*. Toronto/Buffalo/Londres: University of Toronto Press, 1990.

______. e Charles T. Kowal. "Galileo's Sighting of Neptune", in *Scientific American* n.243 (dez. 1980), p.52-9.

Fantoli, Annibale. *Galileo – For Copernicanism and for the Church*. Traduzido do italiano para o inglês por George V. Coyne, S.J. 2. ed. rev. Estado da Cidade do Vaticano/Roma: Vatican Observatory Publications, 1996.

Favaro, Antonio. *Galileo Galilei e Gustavo Adolfo di Svezia. Ricerche inedite*. Pádua: Tipografia del seminario, 1881.

______. *L'episodio di Gustavo Adolfo di Svezia nei racconti della vita di Galileo*. Veneza: Officine grafiche di C. Ferrai, 1906.

Feldhay, Rivka. "The Use and Abuse of Mathematical Entities: Galileo and the Jesuits Revisited", in Machamer (org.). *The Cambridge Companion...*, p.80-145.

Finocchiaro, Maurice A. (org. e trad. ingl.). *The Galileo Affair*. Berkeley: University of California Press, 1989.

Frova, Andrea e Mariapiera Marenzana. *Parola di Galileo*. Milão: Rizzioli, 1998.

Galilei, Galileu. *Dialogue Concerning the Two Chief Systems*. Traduzido para o inglês, com notas revistas, por Stillman Drake. Prefácio de Albert Einstein. 2. ed. rev. (1967). 11ª imp. Berkeley/Los Angeles: University of California Press [ano desconhecido].

______. *Dialogue Concerning Two New Sciences*. Traduzido para o inglês por Henry Crew e Alfonso de Salvio. Com introdução de Antonio Favaro. Nova York: Dover Publications [ano desconhecido].

______. *Il Saggiatore*. No volume II das *Opere*, publicado e com introdução de Seb. Timpanaro. Milão-Roma: Rizzoli & C. Editori, 1938.

______. *Le Opere di Galileo Galilei*, volumes I-XX. Publicado por Antonio Favaro. (Reedição da *Edizione Nazionale*.) Florença: G. Barbèra Editore, 1968.

______. *Sidereus nuncius or The Sidereal Messenger*. Traduzido, anotado e com introdução e posfácio de Albert van Helden. Chicago: University of Chicago Press, 1989.

Garstein, Oskar. *Klosterlasse. Stormfuglen som ville erobre Norden for katolisismen*. Oslo: Aschehoug/Thorleif Dahls kulturbibliotek, 1998.

Gebler, Karl von. *Galileo Galilei. Leben und Werk*. (Publicado por G. Peers a partir da publicação original de 1875). Essen: Emil Vollmer Verlag [ano desconhecido].

Ginzburg, Carlo. *The Cheese and the Worms. The Cosmos of a Seventeenth-century Miller*. Traduzido do italiano para o inglês por e com prefácio de John e Anne Tedeschi. Londres: Penguin Books, 1992.

Gregori, Mina. *Caravaggio. Come nascono i capolavori*. Milão: Electa, 1991.

Grell, Ole Peter e Bob Schribner (orgs.). *Tolerance and Intolerance in the European Reformation*. Cambridge: Cambridge University Press, 1996.

Hamel, Jürgen. "Nicolaus Copernicus", in Meÿenn, Karl von: *Die großen Physiker I*, p.131-45.

Heer, Friederich. *The Holy Roman Empire*. Traduzido do alemão para o inglês por Janet Sondheimer. Londres: Phoenix, 1995.

Hellesnes, Jon. *René Descartes*. (Série Ariadne.) Oslo: Gyldendal, 1999.

Hibbert, Christopher. *The Rise and Fall of the House of Medici*. Londres: Penguin Books, 1985.

Isaachsen, D. (org. Johan Holtsmark). *Lærebok i fysikk for realgymnaset I*. 1. ed., 2. imp. Oslo: Aschehoug, 1965.

Jardine, Lisa. *Ingenious Pursuits*. Londres: Little, Brown and Company, 1999.

Koestler, Arthur. *The Sleepwalkers. A History of Man's Changing Vision of the Universe* (1959). Londres: Penguin Books, 1977.

Krafft, Fritz. "Aristoteles". Em Meÿenn, Karl von. *Die großen Physiker I*, p.78-101.

Lagerkvist, Lars O. *Sverige och dess regenter under 1000 år*. Estocolmo: Albert Bonniers Förlag AB, 1982.

Machamer, Peter. "Galileo's Machines, his Mathematics, and his Experiments", in Machamer, Peter (org.). *The Cambridge Companion...*, p.53-79.

______ (org.). *The Cambridge Companion to Galileo*. Cambridge / Nova York / Melbourne: Cambridge University Press, 1998.

McMullin, Ernan (org.). *Galileo, Man of Science*. Nova York / Londres: Basic Books, Inc. 1967.

Mereu, Italo. *Storia dell'Intolleranza in Europa*. 6. imp. Milão: Tascabili Bompiani, 2000.

Meÿenn, Karl von (editor). *Die großen Physiker. I-II*. Munique: Verlag C.H. Beck, 1997.

Michelsen, Karin (org.). *Cappelens musikkleksikon*. Oslo: J.W. Cappelens Forlag, 1979.

Montanelli, Indro e Roberto Gervaso. *L'Italia del Seicento*. Milão: Rizzoli Editore, 1969, 1998.

Panofsky, Erwin. *Galileo as a Critic of the Arts*. Haia: Martinus Nijhoff, 1954.

Pustka, Josef. *Basilica si Santa Maria Maggiore*. Roma: D.EDI.T s.r.l., 1997.

Ravaglioli, Armando. *Breve storia di Roma dalle origini ai giorni nostri*. 2. ed. Roma: Tascabili Economici Newton, 1995.

Redondi, Pietro. *Galileo, Heretic*. Traduzido do italiano para o inglês por Raymond Rosenthal. Princeton, Nova Jersey: Princeton University Press, 1987.

Remmert, Volker R. *Ariadnefäden im Wissenschaftslabyrinth. Studien zu Galilei: Historiographie – Mathematik – Wirkung*. Berna: Peter Lang, 1998.

Reston, James. *Galileo: A Life*. Nova York: Harper Collins Publishers, 1994.

Ricci, Saverio. *Giordano Bruno nell'Europa del Cinquecento*. Roma: Salerno, 2000.

Rystad, Göran. *Religionskriger og enevelde*. Traduzido do sueco para o norueguês por Egil A. Kristoffersen. (Volume 11 da *Cappelens verdenshistorie*, org. Erling Bjøl.) Oslo: J.W. Cappelens Forlag A / S, 1985.

Santillana, Giorgio de e Stillman Drake. "Arthur Koestler and his Sleepwalkers", in *Isis* n.50 (1959), p.255-60.

Sharratt, Michael. *Galileo, Decisive Innovator*. Cambridge / Nova York / Melbourne: Cambridge University Press, 1994.

Singh, Simon. *Fermat's Last Theorem*. Londres: Fourth Estate, 1997.

Sobel, Dava. *Galileo's Daughter*. Londres: Fourth Estate, 1999.

______. *Longitude*. Londres: Fourth Estate, 1996.

Teres, Gustav. *The Bible and Astronomy*. Budapeste: Springer Orviosi Kiadó Kft., 2000.

Turner, Jane (org.). *A Dictionary of Art*. Londres: Macmillan, 1996.

Vannucci, Marcello. *The History of Florence*. Traduzido do italiano para o inglês por Charles Lambert. Roma: Newton Compton Editori, 1988.

Wallace, William A. "Galileo's Pisan studies in Science and Philosophy", in Machamer (org.): *The Cambridge Companion*..., p.27-52.

_______. *Galileo's Logic of Discovery and Proof*. Dordrecht / Boston / Londres: Kluwer Academic Publishers, 1992.

White, Michael. *Leonardo. The First Scientist*. Londres: Little, Brown and Company, 2000.

Wootton, David. *Paolo Sarpi. Between Renaissance and Enlightenment*. Cambridge / Nova York / Melbourne: Cambridge University Press, 1983.

Yates, Frances A. *Giordano Bruno and the Hermetic Tradition* (1964). 10ª imp. Chicago: University of Chicago Press, 1999.

Internet

The Galileo Project. Rice University, 1995. Chefiado por Albert van Helden e Elizabeth Burr: <http://es.rice.edu/ES/humsoc/Galileo>.

The Catholic Encyclopedia: <http://www.newadvent.ord/cathen>.

Università di Padova: <http://www.unipd.it>.

Índice onomástico

1ª EDIÇÃO [2015]

ESTA OBRA FOI COMPOSTA POR MARI TABOADA EM DANTE PRO
E IMPRESSA PELA UMLIVRO EM PROCESSO DE IMPRESSÃO SOB
DEMANDA SOBRE PAPEL PÓLEN SOFT DA SUZANO S.A. PARA
A EDITORA SCHWARCZ A PARTIR DE MAIO DE 2020

FSC®
www.fsc.org
MISTO
Papel produzido a partir de fontes responsáveis
FSC® C128038

A marca FSC® é a garantia de que a madeira utilizada na fabricação do papel deste livro provém de florestas que foram gerenciadas de maneira ambientalmente correta, socialmente justa e economicamente viável, além de outras fontes de origem controlada.